Pascal Voggenhuber

Deine Geistführer sind bei Dir

Pascal Voggenhuber

Deine Geistführer sind bei Dir

Deine unsichtbaren Begleiter aus der Geistigen Welt und wie du Kontakt aufnehmen kannst

Giger Verlag

Infos über den Verlag und zu weiteren Büchern
unter www.gigerverlag.ch

2. Auflage 2021

Telefon 0041 55 442 68 48
www.gigerverlag.ch
Lektorat: Josef K. Pöllath M.A.
Korrektorat: Susanne Langer-Joffroy M.A.
Umschlaggestaltung:
Hauptmann & Kompanie Werbeagentur, Zürich
Layout und Satz: Roland Poferl Print-Design, Köln
Druck und Bindung: GGP Media GmbH, Pössneck

ISBN 978-3-03933-040-9

Inhalt

Mit diesem Buch erhältst du auch vier Meditationen als Geschenk, von mir selbst gesprochen. Diese kannst du dir gratis online anhören auf:
www.geistführer.info

Vorwort

Es ist Anfang 2021, und ich sitze wieder einmal an meinem Laptop und schreibe ein Buch. Diesmal geht es um mein Lieblingsthema. Vor über zehn Jahren ist mein erstes Buch zum Thema Geistführer erschienen, und es war eines meiner bestverkauften Bücher überhaupt. Viele Menschen interessiert inzwischen, was ein Geistführer ist. Damals war dies noch nicht der Fall. Geistführer waren noch nicht sehr bekannt, und es wurde hauptsächlich von Engeln gesprochen. Ich hätte nie gedacht, dass in zehn Jahren das Interesse so stark wachsen würde.

Mein Verlag hat mich vor Kurzem gefragt, ob wir das Buch, das ich also vor gut zehn Jahren geschrieben habe, nochmals neu auflegen können, weil es immer noch auf großes Interesse stößt. Ich habe einige Tage überlegt und dann darum gebeten, es nicht noch einmal aufzulegen, da ich lieber ein neues Buch zu dem Thema schreiben würde. Schließlich hat sich in all den Jahren sehr viel geändert: Ich habe viele neue Erfahrungen gemacht und neue Techniken, Theorien und Übungen entwickelt. Ein Buch sollte doch aktuell sein, so argumentierte ich. Sabine Giger, meine Verlegerin, fand, dass dies eine sehr gute Idee sei. Und nun hast du, liebe Leserin, lieber Leser, dieses Buch in deinen Händen.

Mir ist ein neues Buch sehr wichtig, da sich heute das Bewusstsein der Menschen ganz erheblich verändert hat und man Dinge ansprechen und erklären kann, was früher meines Erachtens nicht möglich gewesen ist. Außerdem will ich dir in diesem Buch vor allem Techniken und Übungen zeigen, die du auf einfache Weise in deinen Alltag integrieren kannst, sodass die Verbindung zu deinem Geistführer wesentlich einfacher hergestellt werden kann, ohne dass du jahrelang deine Hellsinne trainieren musst.

Natürlich wirst du auch die eine oder andere Übung schon von meinen anderen Büchern her kennen, schließlich kann ich »das Rad nicht neu erfinden«, wie man so schön sagt, und ich möchte mit diesem Buch möglichst mein gesamtes Wissen zu diesem Thema weitergeben. Daher muss ich mich notgedrungen auch wiederholen, da sonst das Buch nicht vollständig wäre.

In den letzten Jahren konnte ich sehr viele Seminare zum Thema Geistführer geben, und ich habe dabei erfahren, was die Hauptbedürfnisse der Teilnehmer sind, was sie wirklich weiterbringt und welche Schwierigkeiten es gibt, eine Verbindung zum Geistführer herzustellen, wenn jemand die Geistige Welt noch nicht von klein auf wahrgenommen hat. Da ich selbst seit meinem dritten Lebensjahr in Verbindung stehe mit einem meiner Geistführer, war es am Anfang oft für mich die größte Herausforderung, jemandem dabei zu helfen, diese Verbindung zu wecken, wenn er dieses Talent nicht schon von klein auf hat und es auch aktiviert hat.

Das alles sind Gründe, warum mir ein neues Buch zu diesem Thema so wichtig ist. Schließlich habe ich in den letzten Jahren exakt dies gelernt, und mir ist dabei bewusst geworden, dass eine tiefe Freundschaft und Verbindung zum Geistführer viel wichtiger ist, als mit seinen Hellsinnen gut und klar die Geistige Welt wahrnehmen zu können. Falls diese Sinne bei dir noch nicht aktiv oder auch noch nicht so stark trainiert sind, wirst du von diesem Buch ungewöhnlich stark profitieren. Du wirst viele Übungen und Techniken finden, wie du mit deinem Geistführer zusammenarbeiten kannst, ohne über mediale Fähigkeiten verfügen zu müssen. Ich bin überzeugt, dass jeder Mensch dieses Talent hat. Man muss es nur aktivieren. Bei dem einen dauert es länger, beim anderen geht es schneller. Aus Erfahrung weiß ich, dass sich durch diese Übungen und die Verbindung mit dem Geistführer mit der Zeit die außersinnlichen Fähigkeiten von ganz allein einstellen und sich natürlich entwickeln.

Viele Seminarteilnehmer hatten schon nach einem Wochenend-Seminar wunderschöne Erfolge und einen neuen oder auch mehrere Freunde gefunden. Und genau darum geht es: um Freundschaft und Vertrauen. Denn sie tragen dazu bei, dass sich unsere Persönlichkeit entwickeln kann.

Ich wünsche dir viel Spaß auf der Reise zu deinem Geistführer und danke dir für dein Vertrauen, dass ich dich dabei begleiten darf.

Alles Liebe, dein Pascal

Meine ersten Schritte mit dem Geistführer

Bevor ich mit den einzelnen Übungen und Theorien beginne, möchte ich dir ganz kurz ein wenig von mir erzählen, damit sich die Leserinnen und Leser, die mich noch nicht kennen und für die es das erste Buch von mir ist, ein besseres Bild von mir machen können. Ich möchte dir von meiner Geschichte erzählen, wie es mir ergangen ist und wie ich das gelernt habe, was ich mit dem vorliegenden Buch zu vermitteln versuche. Du wirst dabei feststellen, dass ich kein Theoretiker bin.

Du musst wissen, dass alles, was ich schreibe, meine persönliche Meinung, meine persönliche Erfahrung ist. Sie ist für mich absolut richtig! Ganz wichtig ist mir dabei, dass du mir nicht einfach nur glaubst, sondern dass du alles zu deiner eigenen Erfahrung machst. Vieles, was du in diesem Buch liest, mag vielleicht zu dem, was ich in meinem ersten Buch geschrieben habe oder was du aus anderen Büchern zu diesem Thema gelesen oder gehört hast, in Widerspruch stehen. Das ist mir durchaus bewusst. Doch wie schon gesagt, habe ich mich selbst auch sehr stark weiterentwickelt. Ich sehe heute Dinge teilweise komplett anders, und Menschen, die sich auch massiv entwickelt haben, kann man heute wesentlich mehr Wissen zumuten und ihnen dieses Wissen auch anders vermitteln.

Dabei gilt es zu bedenken, dass es nicht wichtig ist, was irgendwelche Medien oder Autoren wie ich sagen, viel wichtiger ist ausschließlich deine Erfahrung und was dein Geistführer dir in Zukunft erklärt.

Mach dir alle Tipps von Autoren und Medien, die dir helfen, zu eigen, doch mach dir dabei bewusst, dass all ihr Wissen nicht absolut ist, sondern dass das Wissen, das sie weitergeben, auf ihrem Entwicklungsstand basiert. Deswegen gibt es auch oft große Unterschiede in den jeweiligen Aussagen, gerade in Bezug auf die Themen Geistführer, Schutzengel und Engel. Am Ende haben alle recht, weil die Themen ja mit ihrer eigenen Entwicklung und ihren eigenen Erfahrungen zu tun haben. Mach daher selbst deine Erfahrungen, und du wirst feststellen, dass sie das sind, was dich letztendlich am stärksten weiterbringt.

Noch einmal zurück zum Anfang: Seit ich mich erinnern kann, hatte ich immer einen Geistführer an meiner Seite. Die ersten Erinnerungen an ihn habe ich, als ich drei Jahre alt war. Schon damals war es für mich ganz normal, Verstorbene zu sehen und einen Begleiter an meiner Seite zu haben. Mein erster Geistführer, mit dem ich in Kontakt stand, hieß Zoey. Er ist zwar nicht mein Hauptgeistführer, doch ein sehr wichtiger Geistführer in meinem Team. Meinen Hauptgeistführer habe ich erst viel später kennengelernt. Über die Unterschiede der Geistführer wirst du im Laufe dieses Buches noch mehr erfahren. Zoey hat sich mir schon damals gezeigt, als ich noch ein kleines Kind war, und er zeigte sich in der Form eines Jungen in meinem Alter. Für mich war Zoey einfach ein Freund, der meistens da war, der mir Tipps gab oder mit mir spielte oder eben die Freizeit mit mir verbrachte. Ich wäre nie auf die Idee gekommen, dass er ein Geistwesen ist, obschon ich sehr schnell gelernt habe, dass nur ich ihn sehen konnte und dass ihn meine Mutter zum Beispiel gar nicht wahrgenommen hat. Doch meine Mutter hat auch nie etwas gegen Zoey gesagt. In ihren Augen war Zoey einfach eine Kinderfantasie, und sie ließ mich machen. Dadurch konnte ich diese Freundschaft auf ganz natürliche Weise leben und erfahren. Auch Zoey hat nie gesagt, dass er ein Geistwesen ist. Er war einfach ein Freund.

Versuch dich einmal an deine eigene Kindheit zu erinnern: Hattest du auch unsichtbare Freunde? Vielleicht hast du selbst auch Kinder, und du erwischst sie dabei, wie sie mit jemand reden oder spielen, den du selbst nicht sehen kannst. Vielleicht ist es ja ein Geistführer. Ich bin sogar davon überzeugt, dass es in den meisten Fällen ein Geistwesen ist. Sicher nicht immer, denn wir dürfen nicht vergessen, dass sich Kinder oft wunderschöne Fantasiewelten schaffen und dass nicht alles übernatürlich ist. Ich kann zum Beispiel an meinem Sohn sehr gut beobachten, wie sich außersinnliche Wahrnehmung und Kinderfantasien mischen. Ich glaube, dass die meisten Menschen in ihrer Kindheit eine wesentlich bessere Anbindung an die Geistige Welt hatten, die leider durch die Erziehung oder den Intellekt immer mehr verloren ging oder einfach nicht mehr als real angesehen wird.

Da mich meine Mutter einfach machen ließ, konnte ich die Verbindung zu meinem Geistführer relativ natürlich aufrechterhalten. Mit zehn Jahren hatte ich einen Unfall: Ich wurde von einem Traktorenanhänger überfahren und brach mir dabei fast alle Knochen. Es folgten einige Operationen und eine sehr schwierige Genesung. Als ich dann langsam wieder laufen lernte, machte mein Rücken nicht mehr richtig mit. Ich hatte täglich große Schmerzen, und es verging nahezu kein Tag, an dem ich ohne starke Schmerzmittel auskam. Schulmedizinisch gab es keine Lösung. Nur durch Zufall kam ich zu einer Heilerin. Nachdem ich bei ihr einmal in einer Behandlung war, war ich schmerzfrei, und ich lernte dabei Geistiges Heilen kennen. Für mich war dies eine riesige Befreiung, weil mich diese Schmerzen fast zwei Jahre begleitet hatten, und auf einmal war ich schmerzfrei. Ich besuchte die Heilerin dann regelmäßig, durfte von ihr spirituelle Bücher ausleihen, und sie zeigte mir, wie man die Verbindung zur Geistigen Welt aufbaut und die heilende Energie nutzen kann. Für mich war dies damals eher ein Spiel, das mir einfach Spaß gemacht hat. Ich durfte ausprobieren und konnte auf sehr kindliche Weise lernen.

Doch dass nicht jeder Verstorbene oder Geistführer wahrgenommen werden kann und dass dabei Vertrauen sehr wichtig ist, wurde mir erst in meiner Jugend bewusst, als mir nämlich immer klarer wurde, dass dies alles offenbar nicht so normal ist, wie ich immer gedacht hatte. Dass das nicht normal ist, hat mich anfänglich sehr beunruhigt. Schließlich wollte ich auch normal sein, und deswegen suchte ich mir Hilfe. Mein Vorteil war auch hier wieder meine Mutter, da ihre Mutter und ein Onkel von ihr auch schon Verstorbene wahrgenommen hatten und dies in der Familie kein Geheimnis war. Kurz: Diese Thematik war meiner Mutter nicht so fremd, wie es vielleicht in anderen Familien der Fall ist.

Darüber hinaus hat meine damalige Heilung durch die Geistheilerin auch die Sicht meiner Mutter völlig verändert. Obwohl ich in meiner Jugend kaum noch mit jemand über Zoey gesprochen habe, weil mir inzwischen bewusst geworden war, dass nicht alle Zoey wahrgenommen haben, war meine Mutter kurz etwas irritiert, als ich ihr erzählte, dass ich immer noch die Geistigen Freunde aus meiner Kindheit habe und dass ich auch immer öfter Verstorbene wahrnehmen kann. Sie hat mich nur einmal gefragt, ob ich etwa einen Scherz mache. Doch als ich verneinte, hat sie dies nicht mehr angezweifelt und sich sofort überlegt, wie man mir am besten helfen könnte. Sie hatte deswegen das Gefühl, ich bräuchte Hilfe, weil mich meine Wahrnehmungen zunächst belasteten, da mir immer klarer wurde, dass diese Begabung eben nicht normal ist.

Während meiner Kindheit und frühen Jugend war dies das Normalste auf der Welt für mich. Sehr früh kam ich dann mit Esoterik und Meditation in Berührung. Und das kam so: Meine Mutter ging mit mir auf eine Esoterikmesse, weil sie überzeugt war, dass mir dies helfen würde. Sie selbst war vorher noch nie auf einer solchen Messe gewesen. Doch sie sagte: »Dort sind alle genauso wie du!« Ich hatte mich sehr auf die Messe gefreut und mir vorgestellt, es würden viele junge Menschen mit Turnschuhen daran teilnehmen, die gern Hip-Hop hören und Dinge sehen, die anderen Menschen verborgen bleiben. Wenn du jemals auf einer Esoterikmesse warst, dann kannst du ermessen, welch ein Schock die Teilnahme für mich gewesen ist. Ich weiß noch, dass ich dachte: »Wenn ich wirklich so bin wie die, dann will ich das auf keinen Fall sein!«

Man muss wissen, dass auf solchen Messen damals viele Leute mit Aluminiumhüten und in weißen Kleidern herumrannten und auf besonders Heilig und Jesus machten. Solche Leute gibt es heute sicher auch noch, doch sie sterben buchstäblich langsam aus, und an ihre Stelle tritt immer mehr eine bodenständige Spiritualität.

Die Messe war dennoch ein spannendes und lustiges Erlebnis für mich. Ich sah dort zum ersten Mal ein Medium, das in England ausgebildet worden war und Jenseitskontakte herstellte. Es nahm Kontakt mit Verstorbenen auf und gab die Botschaften ans Publikum weiter. Von diesem Medium war ich total fasziniert, da ich die Verstorbenen selbst auch wahrnehmen konnte. Doch so wie dieses Medium konnte ich nicht mit den Verstorbenen kommunizieren. Das aber wollte ich unbedingt lernen. Noch in meiner Jugend besuchte ich die ersten Seminare, und schon bald folgte eine intensive achtjährige Ausbildung zum Medium in der Schweiz und in England am renommierten Arthur Findlay College. Mit 27 Jahren habe ich dann mein erstes Buch veröffentlicht: »Leben in zwei Welten«, und damit begann der große Durchbruch. Ein paar Monate nach der Veröffentlichung wurde dieses Buch ein Bestseller, und auf einmal konnte ich mich vor Anfragen zu Einzelberatungen, Eventeinladungen und Interviews etc. nicht mehr retten. Ich konnte mir sehr schnell einen Namen als Medium und Autor machen und durfte einen großen Beitrag dazu leisten, dass die Spiritualität und außersinnliche Wahrnehmung modern und alltagstauglich wurde.

Was mich in der Zeit immer begleitet hatte, war das Thema Geistführer. Es wurde eines meiner beliebtesten Seminarthemen, und auch meine Verbindung zu meinen Geistführern wurde immer intensiver. Ich bin unglaublich dankbar für diese Verbindung und für die Freundschaft mit meinem Geistigen Team. Es stand mir, gerade wenn mein Leben einmal nicht so einfach war, immer mit Rat und Tat zur Seite, und ich wünsche mir für dich, dass auch du bald eine solche Freundschaft zu deinem Geistführer und Team erleben darfst. Auch wenn ich hier meine Biographie nicht in aller Breite ausführen kann, hoffe ich doch, dass sie dich dazu ermuntert, mit mir »den Weg durch dieses Buch zu gehen«. Ich freue mich, dass du nun mit deiner Reise beginnst, und danke dir für dein Vertrauen.

Was ist ein Geistführer

Jetzt beginnen wir mit dem größten Widerspruch zu meinem ersten Geistführer-Buch, falls du es gelesen haben solltest. Vielleicht denkst du jetzt: »Aber das hat er doch vor zehn Jahren ganz anders erklärt!« Da hast du völlig recht. Dafür gibt es zwei Gründe: Erstens habe ich mich – wie schon erwähnt – weiterentwickelt, und zweitens waren damals, als mein erstes Buch erschienen ist, religiöse, kirchliche Themen noch relativ stark im Buchmarkt vertreten. Auch die Szene und das Bewusstsein waren aus meiner Sicht damals noch nicht so weit. Deswegen habe ich damals noch die Hierarchie der Geistigen Welt in Engel, Erzengel, Geistführer und Geistige Helfer unterteilt. Doch mir war damals schon bewusst, dass dies nicht ganz der Wahrheit entspricht, jedenfalls nicht meiner Wahrheit. Auch wurde ich in den vergangenen Jahren immer wieder gefragt, was der Unterschied zwischen einem Engel und einem Geistführer sei? Wer ist höher, ein Erzengel oder ein Geistführer? Was ist mit den Krafttieren, den Feen, Elfen und Zwergen? Wo sind diese Wesen alle anzusiedeln?

Für mich ist eines klar: Es gibt keine Unterschiede, es ist alles dasselbe! Ich kann mir vorstellen, dass jetzt einige die Augen rollen oder kurz vor einem Kollaps stehen.

Doch lies weiter und lass mich genau erklären, was ich damit meine:

Diese Hierarchien und Einteilungen sind von Menschen gemacht. In der Geistigen Welt gibt es kein »höher« oder »besser« etc. Auch wenn in den Medien oft behauptet wird, es gebe Wesen, die höher schwingen, und andere, die weniger hoch schwingen. Doch dies ist alles nur ein menschliches Konstrukt. Die Geistige Welt ist eine Einheit. Jedes Wesen, jede Energie ist genauso richtig, wie sie ist, und es ist jede Energie genauso, wie sie ist. Wir Menschen müssen immer alles in eine Logik bringen. Doch im Grunde genommen lässt sich das alles ganz einfach erklären. Wir alle haben eine Energie, die uns immer begleitet, die uns unterstützt und uns bei unserem persönlichen spirituellen Wachstum hilft. Am Ende ist es einfach eine Energie, die mit Namen und Kategorien belegt wird, wie Engel, Erzengel, Geistführer, Krafttier, Aufgestiegene Meister etc. Und diese Namen haben wir Menschen den Wesen gegeben. Es ist spannend zu beobachten, dass gerade jene, die an Engel glauben, oft Probleme damit haben, wenn ich sage, es sei alles dasselbe. Viele fühlen sich sogar angegriffen und haben das Gefühl, ich würde damit die Engel und Erzengel degradieren. Doch dem ist nicht so. Dieses Empfinden kann nur jemand haben, der in den Kategorien von »höher« und »besser« denkt. Das ist weder spirituell noch ist die Geistige Welt solchem Egodenken unterworfen.

Ich will niemandem die Engel wegnehmen. Ich will vielmehr eine Verbindung zu den Engeln schaffen. Wenn ich zum Beispiel vom Hauptgeistführer spreche, dann meine ich damit dasselbe wie einen Schutzengel.

Du bist noch nicht davon überzeugt? Lass mich dir erklären, wie ich darauf komme, dass alles dasselbe ist. Mir ist schon sehr früh aufgefallen, dass die Geistwesen, die die Menschen begleiten, unterschiedlich aussehen. Sie zeigen sich fast alle den Kindern auch als Kinder. In unseren Breitengraden haben viele Erwachsene Lichtwesen bzw. Engelwesen an ihrer Seite. In Indien dagegen haben nur jene Geistige Begleiter, die dem christlichen Glauben angehören. Der andere Teil in Indien hat eher Wesen als Geistige Begleiter, die aussehen wie die indischen Götter. Bei den Schamanen, die in dieser Tradition groß geworden sind, siehst du nie ein Engelwesen, sondern Krafttiere. Als ich dies erkannte, wurde mir schnell klar, dass es sich um nur eine Energie handelt und dass die Form, die das jeweilige Wesen annimmt, ob Engel, Fee, Krafttier, Erzengel, Jesus oder Geistführer, mit unserem Glauben zu tun hat, was mir später übrigens auch von meinem Geistführer bestätigt wurde. Die Wesen zeigen sich dir so, wie du sie annehmen kannst und richten sich in ihrer Form danach, was und woran du glaubst.

Ihre Form ist also nicht fest. Diese Energie erscheint dir so, wie es für dich stimmig ist, und so, dass du keine Angst haben musst. Sie hat nur einen Wunsch: Sie will mit dir zusammenarbeiten, mit dir Freundschaft pflegen, sie hat weder ein Ego noch eine feste Form. Und deswegen nimmt auch jedes Medium die Geistige Welt unterschiedlich wahr. Auch dies ist nur ein Spiegel des Mediums. Wenn du also mit einem richtigen Schamanen – und damit meine ich jemanden, der in dieser Tradition geboren wurde – sprechen und ihn fragen würdest: »Was denkst du über Erzengel?«, dann würde er höchstwahrscheinlich antworten: »Ich weiß nicht, was das ist. Ich habe noch nie einen Erzengel gesehen!« Er würde dir erzählen, dass wir Tiere (Krafttiere) als Begleiter und Beschützer haben. Doch Engelwesen, so wie wir sie kennen, würde er nicht wahrnehmen können, und zwar nicht, weil es keine Erzengel gibt, sondern weil sich ihm diese Energie als Krafttier zeigt und nicht als Engelwesen.

Noch ein Beispiel: So, wie ich damals gelernt habe, dass die Energie, die uns begleitet, einfach nur eine Energie ist und sich in der Form zeigt, wie wir es jeweils annehmen können, war Zoey mein erster Geistführer. Er hat sich in meiner Kindheit als Kind in meinem Alter gezeigt. Er ist im Lauf der Jahre mit mir mitgewachsen. Er zeigte sich zum Beispiel als Jugendlicher, als ich selbst ein Jugendlicher war. Für mich war zu der Zeit noch nicht klar, dass Zoey mein Geistführer ist, da er einfach nur ein junger Typ in Jeans, Hoodie und Turnschuhen war, ähnlich wie ich selbst auch. Als ich dann in der medialen Schule in England war, sprachen alle Schüler immer wieder von Geistführern, ihren Begleitern, die sehr weise und liebevoll seien. Sie zeigten sich als weise Wesen, z.B. als jüdischer Rabbi, Schamane, Kräuterfrau, Yogi, als buddhistischer Mönch, Gelehrter oder in einer anderen speziellen Form. Doch mein Geistiger Begleiter war einfach nur ein junger Typ in Turnschuhen. Er sah nicht besonders weise aus, und seine Botschaften, die er mir gab, waren eher die eines jungen Typen, und sie waren auch nicht besonders weise. Als ich dann erfuhr, dass dies mein Geistführer ist, war ich ehrlich gesagt ein bisschen enttäuscht. Ich dachte mir: »Wahrscheinlich bin ich spirituell so unterentwickelt, dass mein Geistführer ein normaler Junge von der Straße ist.« Alle anderen glänzten mit ihren Weisen an ihrer Seite. Ihre Sprache war wohlklingend, mystisch und oft kryptisch. Mein »Turnschuh«-Geistführer ohne Licht und Liebe trallala mit seiner direkten Sprache, die wie eine von der Straße klang, machte nicht den Eindruck, als sei er ein Lichtwesen. Zoey bekam meine Enttäuschung mit und sagte: »Was stört dich?« Ich erklärte ihm, dass ich ihn mag, dass er mein bester Freud ist, doch dass ich kaum glauben kann, dass er ein Geistführer ist, nach allem wie er aussieht und spricht. Seine Sprache war eher wie meine: Sie war direkt, klar und manchmal auch derb. Und ich sagte ihm auch, dass ich mir von einem Geistführer etwas anderes erwarten würde, dass ich dachte, ein Geistführer sei eher druidenhaft, ein alter Mann mit langem weißem Bart und mit einer wohlklingenden, lichtvollen Sprache, die sich irgendwie intelligent anhört. Ich war damals ohnedies auf einem Kelten-Trip. Doch Zoey lächelte nur und erwiderte gar nichts. Ich hatte ein etwas schlechtes Gewissen, weil ich ihn im Grunde genommen nicht beleidigen wollte. Ich war einfach enttäuscht. Vom nächsten Tag an konnte ich Zoey nicht mehr wahrnehmen. Einige Tage lang konnte ich keinen Geistführer mehr an meiner Seite erkennen. Jetzt war ich erst richtig im Stress und hätte am liebsten Zoey zurückgehabt. Doch eines Tages sah ich dann wieder einen Geistführer an meiner Seite, worüber ich überglücklich war, denn er war exakt so, wie ich mir einen Geistführer vorgestellt hatte: alt, wie ein Druide mit langem weißem Bart. Er sprach sehr weise und kryptisch, und ich war unglaublich stolz auf ihn. Mein spirituelles Ego schien bis zum Mond zu wachsen. Auch meine Mitschüler nahmen die Veränderung an meiner Seite wahr. Und jetzt hatte ich das Gefühl, dazuzugehören. Mein Geistführer passte zu den anderen Geistführern meiner Mitschüler.

Doch jetzt hatte ich ein ganz anderes Problem: Mein neuer Begleiter an meiner Seite sprach so weise, so kryptisch, so hochtrabend und komplex, so unglaublich spirituell, dass ich seine Botschaften nicht mehr verstand, jedenfalls meistens. Das war mir allerdings am Anfang völlig egal. Ich hatte ja meinen Geistführer, der sich wirklich zeigen lassen konnte. Doch nach etwa drei Monaten wurde mir das Ganze zu steif. Ich verstand kaum etwas von dem, was er sagte, ich konnte seine Lehren nicht nachvollziehen, und es machte mir auch nicht wirklich Spaß. Ich vermisste meinen Freund Zoey unglaublich stark, der mit mir auf einer Wellenlänge lag, nicht nur, was die Mode betraf, sondern vor allem auch geistig, wo wir uns austauschen konnten, und zwar so, dass ich es verstehen konnte. Ich fragte meinen neuen Geistführer, der mir bis dahin noch nicht einmal seinen Namen verraten hatte: »Wo ist Zoey? Und wie heißt du eigentlich?!« Seine Antwort war diesmal sonnenklar: »Zoey ist hier. Ich bin es, und meinen Namen weißt du hiermit auch!« – »Du bist nicht Zoey. Du bist ein

Druide, und deine Antworten sind zu neunzig Prozent unverständlich für mich!« – »Du wolltest mich doch in dieser Form, weil ich dir in meiner ursprünglichen Form als Zoey nicht spirituell genug war. Du musst eines verstehen: Wir sind einfach eine Energie, die sich so zeigt, wie es die Menschen annehmen können. In meiner ersten Form war es die für dich richtige. Du warst ein Kind, und da hätte ich dir als Druide eher Angst gemacht. Deswegen wählte ich die Form eines Kindes in deinem Alter, eine Form, die so spricht wie du und deren Botschaften du verstehen konntest. Doch jetzt willst du dies nicht mehr, weil du glaubst, dass meine Form etwas über die Qualität deiner Spiritualität aussagt. Doch das ist falsch. Ich bin immer noch ich. Nur du verstehst mich nicht mehr!«

In diesem Augenblick verstand ich, was er mir sagen und zeigen wollte, und ich wünschte mir meinen alten Zoey zurück, den coolen, verständlichen, modernen Geistführer, meinen Freund, den ich verstand und der dadurch auch meine Entwicklung maßgeblich vorantreiben konnte. Mein Wunsch wurde erhört, und ich war unglaublich dankbar dafür. Zudem hatte ich eine wichtige Lektion gelernt.

Ich hoffe, ich konnte dir damit verständlich machen, dass alle Wesen dasselbe sind, dass die Form lediglich unserem Glauben entspricht. Wenn du in einer Gesellschaft aufgewachsen bist, in der viel von Engeln gesprochen wurde, dann würdest du das, was ich als Hauptgeistführer bezeichne, eher als Schutzengel bezeichnen. Somit werden Menschen, die in einer jüdischen, christlichen oder islamischen Tradition aufwachsen, eher Engel wahrnehmen, weil es in diesen Religionen und Traditionen Engelwesen gibt. Doch alle Menschen, die mit dieser Religion oder Tradition nicht in Berührung gekommen sind, werden keine Engel wahrnehmen, vielmehr werden sich ihnen die Geistigen Wesen so zeigen, dass sie sie annehmen und verstehen können. Wenn wir das verstehen, dann verstehen wir auch, warum jedes Medium eine andere Sicht hat.

Ich will dir im Folgenden dennoch eine kleine Unterteilung der Geistigen Welt aufzeigen, da jeder Geistführer eigene, spezielle Aufgaben hat. Diese Unterteilung ist jedoch keine Unterteilung in »besser«, »größer« oder »spiritueller«. Die Geistigen Führer sind einfach Experten auf einem jeweils anderen Gebiet, und jedes Gebiet, jede Aufgabe ist genauso wichtig wie die andere. Was ich dir mit diesem Kapitel bewusst machen möchte, wenn sich dir ein Geistführer als Jesus, Erzengel, Buddha, St. Germain oder etwas Ähnliches zeigt, dann tut er dies, weil dies deinem Glauben, deiner Tradition, deinem Ego oder deinem Wunsch entspricht. Nicht jedoch, weil es zum Beispiel wirklich der historische Jesus ist. Er zeigt sich dir nur so, damit du ihn annehmen kannst, weil es sein Wunsch ist, mit dir in Kontakt zu treten. Und dafür wählt er die Form, die du akzeptieren kannst. Wenn für dich das Aussehen nicht wichtig ist, dann kann es gut sein, dass du deinen Geistführer einfach in Form einer kraftvollen Energie wahrnimmst, und dies ist genauso wertvoll und richtig, wie alle anderen Erscheinungsformen.

Was sind Geistführer

Ich muss noch einmal betonen, dass diese Unterteilung uns Menschen hilft, besser zu verstehen, was Geistführer sind. Es ist keine Unterteilung in »höher« oder »besser«, sondern es ist eine Unterteilung, die sich auf die Aufgaben bezieht, auf welchem Gebiet der jeweilige Geistführer Experte ist. Mir persönlich ist es sehr wichtig, dass man diese sogenannte »Unterteilung« als Leser versteht. Sie hilft uns, besser zu verstehen, wer die Bewohner in der Geistigen Welt sind und welche Aufgabengebiete sie haben.

Hauptgeistführer

Kommen wir als Erstes zum Hauptgeistführer. Ich nenne einen der Geistführer Hauptgeistführer, da er spezielle Eigenschaften und Aufgaben hat. Er ist nämlich von der ersten bis zur letzten Inkarnation immer bei uns. Falls du nicht an mehrere Leben glauben solltest, dann eben von der Geburt bis zum Tod. Doch ich gehe einmal davon aus, dass die meisten Leserinnen und Leser wie ich an mehrere Leben glauben. Somit hat dich dieser Geistführer schon immer begleitet, auch wenn du gerade nicht inkarniert bist, also wenn du in der Geistigen Welt bist und auf deine nächste Inkarnation wartest. Er ist immer an deiner Seite. Er berät und unterstützt dich, und er achtet darauf, dass du deinem Lebensplan folgst, den du dir gewählt hast. Wenn wir noch in der Geistigen Welt sind, also bevor wir ins Leben kommen, suchen wir mit ihm zusammen unseren Lebensplan aus. Wir planen die wichtigsten Punkte in unserem Leben, und er steht uns mit seinem Rat zu Seite. Wenn wir sagen, er sei immer an unserer Seite, von Beginn an bis zum Ende, dann ist dies im Grunde falsch, da wir in alle Ewigkeit existieren. Er ist also immer an unserer Seite, deswegen nenne ich ihn Hauptgeistführer. Er ist im Unterschied zu allen anderen Geistführern immer bei uns. Seine Aufgabe oder das Gebiet, auf dem er Experte ist, könnte man folgendermaßen umschreiben: »Menschen sowohl im Leben als auch im Jenseits zu unterstützen, zu beraten und ihnen dabei zu helfen, ihre Aufgaben zu erfüllen.«

Wenn wir es wieder auf menschliche Weise erklären wollen, könnte man ihn auch als deinen persönlichen Manager bezeichnen, der dich in allen Belangen unterstützt und berät. Für mich ist es dasselbe Wesen wie mein Schutzengel oder das Wesen, das viele als Schutzengel bezeichnen. Ich nenne ihn einfach Hauptgeistführer.

Ergänzung zum ersten Kapitel
Ich spreche auch deswegen von Geistführer, weil ich in der spiritualistischen Tradition Englands groß geworden bin. In dieser Tradition und während meiner Ausbildung zum Medium dort wurde nie von Engeln gesprochen, sondern immer nur von Geistführern. Daher nenne ich diese Wesen heute auch Geistführer.

Zurück zum Hauptgeistführer: Er ist für mich wie der allerbeste Freund. Er ist derjenige, der mir am nächsten ist, da er immer an meiner Seite ist, und dies schon über viele Leben und zwischen den Leben, wenn ich zum Beispiel nicht auf der Erde inkarniert bin. Er ist der Geistführer, der mich am besten kennt und mich deswegen auch am besten unterstützen kann.

Auch wenn du zum Beispiel deinen Hauptgeistführer nicht wahrnehmen kannst oder wenn du nicht an Geistführer glaubst, wirst du dennoch auf der unbewussten Ebene von deinem Hauptgeistführer geleitet und geführt. Die Geistführer erschaffen oft Umstände oder Bedingungen in unserem Leben, an denen wir wachsen und lernen können. Sie geben uns durch Gedankenblitze Botschaften, lassen ein Gefühl oder einen Gedanken entstehen und unterstützen uns in unseren Träumen. Meistens wird durch bestimmte Umstände oder Begegnungen in unserem Leben unsere Entwicklung gefördert und ein Lernprozess angestoßen. Auch wenn wir nicht an sie glauben, bekommt dennoch jeder die Führung, die er braucht. Leider sind diese Umstände vorwiegend im Außen, oft sind die Lernprozesse nicht nur angenehm und schön, häufig sind sie auch unangenehm, vor allem dann, wenn wir unser Leben nicht bewusst gestalten, wenn wir nicht erkennen, dass alles im Außen einen Grund, eine Ursache hat. Je stärker reflektiert wir durchs Leben gehen, je weniger wir uns als Opfer der Umstände verstehen, desto besser können wir unsere Leben im Außen aktiv gestalten und verändern. Dies ist ein sehr komplexes Thema, eigentlich wäre es ein Thema für ein eigenes Buch. Falls dich dieses Thema besonders interessiert, dann empfehle ich dir mein Buch »Enjoy this Life«.

Wenn wir jedoch Kontakt zu unserem Geistführer haben, wenn wir mit der Zeit lernen, mit unserem besten Freund zu kommunizieren, dann können wir unseren Geistführer auch aktiv um Hilfe bitten. Wir können besser verstehen, warum dieses oder jenes in unserem Leben passiert, und wir können im Idealfall optimal darauf reagieren. Und dadurch wird häufig auch der Schmerz des Lernprozesses abgemildert. Du darfst das nicht falsch verstehen: Auch wenn du Kontakt zu deinem Geistführer hast, wirst du Probleme haben, wirst du schwierige Themen bewältigen müssen, wirst du Lernprozesse in deinem Leben durchlaufen müssen. Doch du wirst besser verstehen, warum etwas so oder so verlaufen ist, und dadurch wird alles nicht ganz so tragisch. Außerdem wirst du vorher eher gewarnt, wenn dein Leben droht, aus dem Ruder zu laufen. Du wirst Tipps bekommen, was du ändern solltest. Grundvoraussetzung ist allerdings, dass du deinem Geistführer vertraust und dass du die Dinge auch veränderst, die er dir vorschlägt. Denn in den allermeisten Fällen ist es nicht so, dass wir keine Botschaft erhalten haben. Wesentlich häufiger kommt es vor, dass wir das, was er uns zu sagen hat, nicht hören wollen. Gerade wenn es unangenehm ist, wenn wir handeln müssen, Dinge verändern, uns bemühen oder an uns arbeiten müssen, wenn die Botschaft so gar nicht dem entspricht, was wir uns wünschen, gerade dann handeln viele Menschen nicht danach und fühlen sich dann vom Geistführer verlassen.

Bevor ich dir zeige, wie du klare Inputs von deinem Geistführer bekommst, musst du also akzeptieren, dass dir die Antworten nicht immer in deinen Kram passen werden. Oft ignorieren wir dann, was uns unangenehm ist. Doch dies ist dann deine persönliche Entscheidung. Ich vergleiche es oft mit Menschen, die eine Frage haben und dazu eine Tarot-Karte ziehen. Ziehen sie eine negative Karte, dann wiederholen sie den Vorgang und ziehen erneut eine Karte mit der Ausrede, sie hätten sich nicht konzentriert oder müssten das Ziehen nochmals prüfen etc. Sie ziehen dann so lang, bis sie eine Karte haben, die ihnen passt. Oder sie reden es sich schön, wenn die Karte eine negative Botschaft zeigt. Und dann sind sie auch noch völlig verwundert, wenn die Botschaften nicht stimmen. Dabei stimmen die Botschaften meistens. Nur tendieren wir dazu, dass wir Botschaften, die uns zum aktiven Handeln oder Loslassen von Menschen oder Situationen, von allem, was uns unangenehm ist, am liebsten verdrängen und am besten gar nicht erst hören wollen. Am Ende sind wir dann enttäuscht und haben das Gefühl, dass uns nicht geholfen wird. Doch du solltest eines wissen, dein Geistführer lässt dich nie im Stich. Er wird dir immer helfen, auch wenn seine Hilfe nicht so ausfällt, wie du es gern hättest. Seine Unterstützung wird immer optimal sein. Doch du wirst dies nicht immer so sehen, weil wir mit dem Bewusstsein eines Menschen denken und fühlen.

Dein Hauptgeistführer hat jedoch immer das große Ganze im Blick, und deswegen kann dir sein Tipp in diesem Moment deines Lebens eher schwer, unangenehm oder schmerzhaft erscheinen. Am Ende wird immer alles gut.

Beispiel

Das folgende Beispiel soll dir noch einmal verdeutlichen, was ich damit meine und was ich häufig bei meinen Geistführer-Seminaren erlebe.

Jemand ist unglücklich im Beruf, jetzt machen wir mit dem Geistführer eine Situationsheilung zu diesem Thema. Er erhofft sich, »dass es im Beruf toll wird, dass er vom Chef die notwendige Anerkennung bekommt und dass er eine Lohnerhöhung erhält«. Das kann nach einer Situationsheilung durchaus geschehen. Es kann aber auch passieren, dass er am nächsten Tag zur Arbeit kommt und vom Chef gekündigt wird. Nun ist er total im Stress und denkt, die Situationsheilung habe nicht funktioniert. Sein Wunsch hat sich ja nicht erfüllt. Doch er übersieht dabei, dass er damit die Chance hat, die Arbeitsstelle zu wechseln, etwas Neues zu beginnen, vielleicht etwas ganz anderes zu machen oder sogar selbstständig zu werden und damit all das zu bekommen, was ihm bisher gefehlt hat.

Wenn er all diese Möglichkeiten sieht, dann hat die Übung bestens funktioniert. Dasselbe können wir auch auf unsere Partnerschaft übertragen. Viele wünschen sich vom Geistführer, dass er ihnen hilft, die Partnerschaft zu optimieren. Sie hoffen, dass dann alles leicht und schön wird und dass damit die Liebe der ersten Tage zurückkommt. Doch leider ist häufig das Gegenteil der Fall: Der Partner packt seine Koffer und geht. Beim Verlassenen setzt sofort ein Mangeldenken ein. Er sieht nur die Verletzungen und dass es nicht so gekommen ist, wie er es sich gewünscht hat. Doch der Geistführer wusste, dass sich der Wunsch mit diesem Partner nicht erfüllen lässt. Deswegen kam es zur Trennung, welche dir die Chance bietet, jemand Neuen kennenzulernen, der dir genau das gibt, was du brauchst. Vielfach erkennen wir das leider nicht.

Das mögen vielleicht zwei extreme Beispiele sein, doch für mich ist es wichtig zu verstehen, dass es nicht immer angenehm ist, den Geistführer um Hilfe und Beistand zu bitten. Du solltest auch einsehen, wenn nach einer Situationsheilung mit dem Geistführer der Partner davonläuft, dass er sich früher oder später ohnedies von dir getrennt hätte. Der Geistführer oder die Heilung hat lediglich bewirkt, dass es früher zur Trennung kam, damit du nicht noch zwei oder drei Jahre in einer unglücklichen Beziehung leben musstest. Es wird nie etwas geschehen, was am Ende nicht gut für dich ist. Dieses Vertrauen in deinen Geistführer musst du immer haben. Damit dieses Vertrauen entstehen kann, braucht es Zeit, und deswegen ist für mich die Verbindung zum Hauptgeistführer wie die Verbindung zu meinem besten Freund, bei der das Vertrauen auch erst über die Jahre gewachsen ist. Und durch das Vertrauen wächst auch die Verbindung zum Freund immer stärker. Am Anfang ist dafür auch Geduld und Übung notwendig, bis es zu einer klaren, starken Verbindung kommt zwischen dir und deinem Geistführer, d. h., die Verbindung war schon immer da, bis du jedoch die Sprache und die Antwort deines Geistführers verstehen, bis du dich aktiv mit ihm austauschen kannst, dazu brauchst du Geduld und Übung. Später im Buch findest du viele Tipps und einfache Übungen, die dir helfen, diese Verbindung leicht und schnell zu stärken, wenn du sie regelmäßig in deinen Alltag integrierst. Ich hoffe, ich konnte dir den Hauptgeistführer verständlich machen.

Wie bereits erwähnt, arbeite ich zu 90 Prozent nur mit meinem Hauptgeistführer, weil er immer da ist und ich seine Schwingung am besten erkennen und wahrnehmen kann. Deswegen beziehen sich auch die meisten Übungen hier auf den Hauptgeistführer, damit die Verbindung zu ihm besonders gestärkt wird. Natürlich könntest du bei jeder meiner Übungen auch ein anders Geistwesen einsetzen, doch ich empfehle dir, sie immer beim Hauptgeistführer anzuwenden, da er der »Manager« ist. Wenn er meint, dass noch ein zusätzlicher Geistiger Experte für dieses oder jenes Problem oder in deinem Leben notwendig ist, dann wird er für dich den idealen Experten organisieren. Das ist sein Job, und er wird ihn so machen, dass es für uns optimal läuft. Also verlass dich hundertprozentig auf ihn und vertrau ihm einfach.

Geistführer

Ich habe früher immer einen Unterschied zwischen Engeln und Geistführern gemacht. Heute unterscheide ich dagegen nicht mehr. Früher war ich noch mehr von anderen Menschen und meinen Lehrern geprägt. Heute verlasse ich mich nur noch auf das, was ich wahrnehme, und ich nehme keinen qualitativen Unterschied zwischen Geistführern und Engeln wahr. Allerdings ist mir aufgefallen, dass die Geistwesen zum Beispiel in der Schweiz, in Österreich oder in Deutschland vom Aussehen her eher den Lichtwesen oder eben den Engeln gleichen, weil hier der Glaube an Engel oder an Lichtwesen weiter verbreitet ist. In England dagegen, wo man eher an Geistführer glaubt oder die Wesenheiten Geistführer nennt, zeigen sie sich mir eher als Inder, Chinesen, Araber, Juden oder in Erscheinungsformen, die wir als weise oder besonders spirituell bezeichnen. Allerdings unterscheide ich zwischen Hauptgeistführer und normalem Geistführer. Wie du bereits weißt, haben alle einen Hauptgeistführer, der immer bei uns ist, uns immer begleitet und uns nie verlässt. Er ist der beste Freund, der immer bleibt. Ein normaler Geistführer ist ein Experte auf einem gewissen Gebiet, auf dem er uns unterstützt, oder er steht uns in einer bestimmten Lebensphase bei. Sobald wir diese Lebensphase bewältigt oder mit dem Problem umzugehen gelernt haben oder dieses Gebiet nicht mehr anwenden oder praktizieren, kann sich dieser Geistführer zurückziehen und zu jemand anderem gehen. Ein Beispiel zur Verdeutlichung: Nehmen wir an, du machst eine Heilerausbildung. Nun kann es gut sein, dass dein Hauptgeistführer auf dem Gebiet des Geistigen Heilens kein Experte ist. Dann kommt ein Experte auf diesem Gebiet zu deinem Geistigen Team hinzu. Nennen wir ihn zum besseren Verständnis Heiler-Geistführer. Er wird dich auf diesem Gebiet unterstützen, deine heilerischen Fähigkeiten fördern und trainieren, und solltest du später als Geistheiler arbeiten, dann wird er dir in den Heilbehandlungen, die du durchführst, beistehen. Wenn es nun aber zu einer Veränderung in deinem Leben kommt, wenn du zum Beispiel keine Lust mehr auf die Tätigkeit als Heiler hast oder wenn die Praxis nicht so läuft, wie es notwendig wäre, oder seien es auch andere Gründe, kurz: wenn du deine Heilfähigkeiten nicht mehr anwendest bzw. ausführst, dann wird dieser Heiler-Geistführer, bildlich gesprochen, arbeitslos. Er zieht sich zurück und geht zu jemand anderem, bei dem er seinen Job ausüben und sein Expertenwissen weitergeben kann. Vielleicht machst du ja dann etwas anderes, nehmen wir an, du beginnst Klavierspielen, dann bekommst du einen neuen Geistführer, der dich in deinen musischen Aktivitäten unterstützt und fördert. So haben wir zeitweise mehrere unterschiedliche Geistführer in unserem Team. Hauptgeistführer gibt es nur einen pro Person. Er ist dein »normaler« Geistführer, wenn man es so nennen will. Du kannst allerdings viele andere Geistführer haben, je nachdem, wie viele Interessen du hast und wie viel Unterstützung du gerade brauchst.

Wie gesagt: Diese Geistführer können weggehen, sich abwechseln oder einander ersetzen. Zurück zu unserem

Beispiel: Nehmen wir an, du beginnst eine Heilerausbildung, dann bekommst du auch einen Heiler-Geistführer. Da du jedoch noch am Anfang stehst, wirst du nicht gerade den absoluten Experten als Heiler-Geistführer bekommen. Je weiter du dich aber entwickelst und je besser, je professioneller du wirst, desto größer ist die Chance, dass du mit der Zeit auch einen neuen Heiler-Geistführer bekommst, weil du nun einen größeren Experten brauchst.

So kommt es bei den normalen Geistführern immer wieder zum Austausch und zu Veränderungen, doch betrifft das nie deinen Hauptgeistführer. Das ist sehr wichtig zu wissen, weil sich dadurch auch ab und zu die Energien verändern, die dich begleiten. Daher empfehle ich dir, dass du dich gerade in den ersten Jahren ganz auf deinen Hauptgeistführer konzentrierst, da dieser immer bleibt und du dich voll und ganz auf seine Energie konzentrieren kannst. Im Übrigen brauchst du dir wegen dieser Wechsel keine Gedanken zu machen. Dein Hauptgeistführer, dein Manager, regelt das alles für dich. Er wird dafür sorgen, dass du immer die Experten an deiner Seite hast, die du gerade in der jeweiligen Lebensphase brauchst.

Ich beispielsweise bitte nie um einen spezifischen Experten, das überlasse ich alles meinem Hauptgeistführer. Er weiß genau und viel besser als ich, wen ich in meinem Team brauche. Auch bei Kollegen, die ihre Geistführer Engel nennen, gibt es Engel, die für bestimmte Lebenssituationen zuständig sind. Das ist exakt so wie bei den Geistführern. Auch sie sind Experten auf ihrem Gebiet. Wir dürfen allerdings nie vergessen, dass nicht jeder Geistführer Experte in allen Bereichen ist. Es ist so wie bei uns Menschen: Der eine kann dies besser, ein andere etwas anderes. Zum besseren Verständnis liste ich unten nochmals Namen auf, wie andere die Geistführer nennen. Vielleicht hast du sie ja schon einmal gehört.

Kinder-Geistführer

Kinder-Geistführer gibt es sehr häufig. Viele von uns können sich vielleicht noch an die Zeit erinnern, als sie ihre unsichtbaren Freunde gesehen haben. Viele Kinder haben unsichtbare Freunde. Es sind meistens keine anderen als unsere Geistführer, häufig handelt es sich sogar um den Hauptgeistführer, der sich in Gestalt eines Kindes zeigt. Ich sehe bei vielen Kindern Kinder-Geistführer. Aber als Erwachsener hat man ebenso immer wieder einmal ein Kind als Geistführer. Wenn ich bei einer erwachsenen Person ein Kind als Geistführer sehe, dann weiß ich, dass dieser Geistführer versucht, ein bisschen Leichtigkeit ins Leben zu bringen oder das innere Kind bzw. die Kindlichkeit zurückzugeben. Bei verbissenen Menschen oder solchen, die einfach die Freude am Leben verloren haben, sehe ich immer wieder Geistführer, die sich als Kind zeigen und die mit ihrer fröhlichen und unbekümmerten Art das innere Kind zurückbringen wollen. Wenn du merkst, dass du verbissen bist, oder wenn du das Gefühl hast, dass dir deine Lebensfreude abhandengekommen ist, dann bitte doch um einen kindlichen Geistführer, der dir wieder ein Lächeln auf die Lippen zaubert. Auch bei jenen, die in der Seele ein Kind geblieben sind, nehme ich häufig mehr Kinder-Geistführer wahr als bei anderen Erwachsenen. Wenn man bei Erwachsenen Kinder-Geistführer sieht, ist es meistens nicht der Hauptgeistführer, weil dieser im Regelfall immer mit seinem Schützling mitwächst, vielmehr handelt es sich bei diesen Erwachsenen meistens um einen Geistführer, der eben für das Thema Lebensfreude oder inneres Kind an der Seite des Erwachsenen ist. Falls du Kinder hast, die mit imaginären Freunden spielen, dann weißt du jetzt, dass sie höchstwahrscheinlich mit ihrem Geistführer spielen.

Aufgestiegene Meister – weiße Bruderschaft – Rat der Weisen

Auch dies sind nur Namen für Geistführer, die ihnen von Menschen gegeben wurden. Es sind für mich ganz normale Geistführer. Ihr Gebiet, auf dem sie Experten sind, lässt sich als Lehre bezeichnen, sie unterstützen Menschen dabei, ihr Leben auf der Welt besser zu meistern. Buddha oder Jesus werden zum Beispiel zu den aufgestiegenen Meistern gezählt. Wenn ein Mensch von einem Geistführer dabei unterstützt wird, an sich und seinem Leben zu arbeiten, und wenn dieser Mensch sehr christlich erzogen wurde, dann kann es sein, dass sich ihm sein Geistführer als Jesus zeigt. Allerdings ist dies nicht der Jesus aus der Bibel. Der Geistführer zeigt sich in der Gestalt Jesu, weil sein Expertengebiet die Qualität von Jesus hat und weil sein Schützling in dieser Tradition geboren wurde oder weil dieser Mensch den Wunsch nach Jesus verspürt. Genauso verhält es sich mit Buddha, wenn sich jemand eher zum Buddhismus hingezogen fühlt.

Diese Geistwesen nehmen diese Formen an, weil es mit der Qualität ihrer Energie, mit ihrem Expertenwissen zu tun hat und nicht, weil sie dies wirklich sind. Geistführer, die sich als bekannte Personen zeigen, die einmal gelebt haben und die wir als weise bezeichnen, erscheinen in dieser Gestalt, weil es ihre Aufgabe ist, dem Menschen dabei zu helfen, den Aufstieg zu schaffen. Wir sind hier ja auf der Welt, um uns weiterzuentwickeln. Dies ist nicht immer so leicht, weil die Welt auch ein harter, schmerzvoller Ort sein kann. Deswegen zeigen sich diese Geistführer oft als bekannte Menschen, von denen wir wissen, dass sie ihr Leben gemeistert und den Aufstieg geschafft haben. Oder sie zeigen sich in einer Form, die der Mensch akzeptieren und ohne Angst annehmen kann.

Sicher hast du schon oft von Jesus- oder Marienerscheinungen gehört. Diese Erscheinungen sind für mich nichts anderes, als dass ein Geistführer diese Gestalt in der jeweiligen Situation angenommen hat, weil dies für den Menschen, der die Erscheinung wahrgenommen hat, stimmig ist. Deswegen ist zum Beispiel noch nie einem Buddhisten Jesus oder Maria erschienen. Einem Buddhisten erscheint eher Buddha, wie auch ein Moslem noch nie eine Marienerscheinung hatte, die ihn eventuell bat, an der Stelle eine Kirche zu bauen. Die Erscheinungen sind immer vom Glauben und der Akzeptanz des jeweiligen Menschen abhängig. Es sind einfach nur Geistführer, die diese Gestalt oder Form wählen.

Krafttiere oder Totemtiere

In der indianischen Kultur und in ihren Legenden kommen häufig Krafttiere vor. Auch sie empfinde ich als Geistführer, die sich einfach in anderen Gestalten zeigen, die jeweils dem Glauben und der Kultur der Menschen entsprechend geprägt sind. Jedes einzelne Krafttier hat eine eigene Aufgabe und Bedeutung, wie die Geistführer auch. So kann zum Beispiel der Adler als einziges Tier direkt in die Sonne blicken. Einem Menschen, der dieses außergewöhnliche Tier als Geistführer hat, sagt man die Fähigkeit des Hellsehens nach. Aber einen Adler sehen, kann auch bedeuten, dass man sich einen Überblick oder Durchblick verschaffen soll, je nachdem, was gerade ansteht. Für uns können die Krafttiere sehr fremd wirken. Solltest du jedoch Interesse für diese Kultur hegen, dann darfst du sicher sein, dass die Arbeit mit Krafttieren herrlich ist.

Naturwesen, Elfen, Feen und Zwerge

Auch Naturwesen, Elfen, Feen und Zwerge sind Geistführer, doch ihr Gebiet, ihr Expertenwissen bezieht sich weniger auf die Menschen, sondern eher auf die Natur. Deswegen zeigen sie sich oft in anderen Formen und Gestalten, und wir nennen sie auch anders. Dennoch handelt es sich um Geistführer. So sehe ich häufig bei Menschen, die sich stark zu Naturwesen, zum Beispiel Elfen, hingezogen fühlen, dass ihr Hauptgeistführer diese Form angenommen hat.

Die Aufgaben dieser Geistführer sind Erhalt und Pflege der Natur. Man könnte es auch vereinfacht ausdrücken: Es sind die Geistführer der Pflanzen, Steine, Tiere und Naturelemente. Meistens habe ich Elfen, Feen oder Zwerge nur kurz gesehen. Wenn du, liebe Leserin, lieber Leser, dich dafür interessierst, findest du sicher genügend Literatur dazu.

Ich hatte einmal ein spannendes Erlebnis mit einer Elfe. Allerdings weiß ich bis heute nicht, ob diese Elfe nur symbolisch zu verstehen war oder ob sie sich tatsächlich bei dieser Frau befand. Eine Klientin war zu einem Jenseitskontakt zu mir gekommen. Es war zunächst eine ganz normale Sitzung. Doch plötzlich nahm ich eine Elfe wahr, worüber ich ziemlich irritiert war und nicht wusste, warum die Elfe anwesend war. Ich versuchte, mit der Elfe Kontakt aufzunehmen, weil ich wissen wollte, was sie mir sagen möchte. Ich vernahm jedoch nur: »Ich zeige dir, woher die Frau kommt.« Da ich nicht verstand, wie mir die Elfe zeigen wollte, woher die Klientin kommt, fragte ich nach: »Was willst du? Wie meinst du das?« Die Elfe antwortete: »Die Klientin kommt von dort, wo ich herkomme!« Nun überlegte ich, woher die Klientin kommen könnte: aus dem Elfenreich? Wohl eher nicht. Hätte ich das in dieser Situation gesagt, dann hätte mich die Elfe für total verrückt gehalten. Da schoss es mir plötzlich durch den Kopf, woher Elfen oder Feen kommen. Natürlich aus Irland. Ich sagte zu der Klientin: »Sie kommen ursprünglich aus Irland beziehungsweise Ihre verstorbene Mutter kam aus Irland. Stimmt das?« Ich brauchte die Antwort nicht abzuwarten, da ich an ihrem Gesicht sah, dass es stimmte. Da die verstorbene Mutter aus Irland kam, glaubte die Klientin an Elfen. Somit ergab es Sinn, dass sich der Geistführer in Gestalt einer Elfe zeigte. Aber vielleicht hatte die verstorbene Mutter die Elfe auch nur symbolisch geschickt, damit ich der Klientin sagen konnte, woher die verstorbene Mutter kam. Und damit konnte ich gleichzeitig den Geburtsort der Mutter als Beweis weitergeben. Naturwesen sind genauso real wie Geistführer. Auch sie sind Geistführer, lediglich ihr Aufgabengebiet ist ein anderes.

Verstorbene

Ich möchte noch kurz auf die Verstorbenen eingehen, auch wenn diese nicht zu den Geistführern zählen. Da aber immer wieder die Frage aufkommt, ob Verstorbene auch Geistführer sein können, möchte ich hier kurz darauf eingehen.

Bis jetzt habe ich alle Bewohner der Geistigen Welt den Geistführern zugeordnet. Egal welchen Namen oder welche Bezeichnung man verwendet. Für mich ist es am Ende immer dieselbe Energie, und nur die Bezeichnung kann sich je nach Glauben, religiösem oder traditionellem Hintergrund ändern. Doch dann wird immer wieder die Frage gestellt, ob ein Verstorbener auch ein Geistführer sein kann. Einfach gesagt: Nein. Oder besser: Noch nicht. Jeder Geistführer war einmal ein Mensch, der aber so viele Inkarnationen hinter sich hat, dass er nicht mehr auf der Erde inkarnieren muss. Dies bedeutet, dass wir früher oder später alle einmal Geistführer sein werden. Doch bis es so weit ist, werden wir noch sehr viele Inkarnationen haben und uns noch ganz erheblich weiterentwickeln müssen. Da ich nicht davon ausgehe, dass es in deiner Familie und ihrem Umfeld eine Person gibt, die schon so weit entwickelt war und den Erleuchtungszustand erreicht hat, darf man annehmen, dass kein Mensch, den du gekannt hast, nach seinem Tod ein Geistführer wurde. Ich gehe ferner davon aus, dass die Erde nicht der einzige Ort ist, an dem wir inkarnieren können, doch dass die Erde so ziemlich der niedrigste Ort ist, an dem wir inkarnieren. Ich denke, wenn wir es geschafft haben, dass wir nicht mehr auf die Erde kommen müssen, werden wir zuerst noch an anderen Orten inkarnieren, und erst dann haben wir den nötigen Zustand und das nötige Wissen, um Geistführer zu werden.

Deswegen kann man klar sagen, kein Mensch, den du auf der Erde kennengelernt hast, hat das Bewusstsein, nach seinem Tod ein Geistführer zu werden. Doch Verstorbene sind auch Geistwesen und Bewohner der Geistigen Welt. Sie sind am selben Ort wie die Geistführer, sind jedoch noch auf einer anderen Entwicklungsstufe und sind somit Experten auf einem anderen Gebiet.

Meine Hauptarbeit sind Jenseitskontakte zu verstorbenen Angehörigen. Diese Kontakte können bei der Trauerverarbeitung für die Angehörigen eine außerordentlich bedeutsame Hilfe sein. Wichtig zu wissen ist, dass das Bewusstsein eines Verstorbenen noch dasselbe ist wie das, das er hier auf der Erde hatte. Verstorbene sind nicht plötzlich erleuchtet oder allwissend – ein Punkt, den viele manchmal nicht sehen, wenn sie zu mir in die Beratung kommen. Verstorbene können uns nicht wirklich bei unseren Problemen helfen. Ein verstorbener Vater kann seinem Sohn oder seiner Tochter einen Tipp geben, was er an seiner oder ihrer Stelle tun würde. Aber dieser Tipp ist die Hilfe eines Vaters und nicht der einer erleuchteten Wesenheit aus der Geistigen Welt. Natürlich entwickeln sich auch die Verstorbenen in der Geistigen Welt weiter und werden weiser, aber diese Entwicklung braucht Zeit. Ich werde oft gefragt, ob ein Verstorbener nicht der Schutzengel einer noch lebenden Person werden kann. Die Antwort ist ein klares Nein! Aber das heißt nicht, dass ein Verstorbener uns nicht von der Geistigen Welt aus unterstützt und hilft. Nur ist er vom Bewusstsein her noch nicht so weit wie ein Schutzengel bzw. Geistführer. Wenn du aber das Gefühl hast, ein Verstorbener sei dein Schutzengel, dann ist das auch in Ordnung. Nur solltest du wissen, dass es im Grunde nicht so ist. Aber wenn dich diese Gedanken trösten und dir helfen, dann ist es richtig und gut. Auch bin ich überzeugt, dass es Verstorbene gibt, die eine ähnliche Aufgabe haben wie ein Schutzengel, und das führt uns gleich zur nächsten Kategorie.

Geisthelfer

Als Nächstes gibt es Geisthelfer. Das sind auch Verstorbene, und zwar solche, die oft um lebende Personen sind, die sie unterstützen. Für mich ist zum Beispiel mein Vater ein Geistiger Helfer. Auch wenn sein Bewusstsein nicht höher ist, als es auf der Erde war. Er ist jedoch ständig bei mir. Er unterstützt mich und passt auf, dass es mir gutgeht, so wie ein Vater auf seinen Sohn aufpasst. Andere Verstorbene kommen nur ab und zu einmal vorbei. Sie nehmen aber nicht wirklich aktiv an meinem Leben teil. Deswegen mache ich hier einen Unterschied zwischen Verstorbenen und Geistigen Helfern oder eben Geisthelfern. Da die Geisthelfer aktiv an unserem Leben teilnehmen und ab und zu sogar bei unserer Entwicklung helfen, denken viele, dass dieser Verstorbene ein Geistführer oder Schutzengel sei. Das ist er zwar nicht, aber er kann uns aus der Geistigen Welt unterstützen. Der große Unterschied zwischen Verstorbenen und Geisthelfern ist nicht das entwickelte Bewusstsein, sondern wie oft sie bei uns sind.

Wenn ein Verstorbener nur wenig bei uns ist, dann ist er für mich ein normaler Verstorbener, wenn aber ein Verstorbener sehr oft bei uns ist, dann nenne ich ihn Geisthelfer. Manchmal kommt es vor, dass ein Geisthelfer als eine Art Dolmetscher zwischen einer lebenden Person und einem Geistführer eingesetzt wird. Was ich beispielsweise schon oft in meiner Praxis erlebt habe: Eine Mutter hat ihren Sohn bzw. ihre Tochter verloren. Jetzt ist dieses Kind sehr oft bei seinen Eltern oder bei der Mutter. Vielleicht ist die Mutter sogar feinfühlig und kann das verstorbene Kind spüren. Daher denken nun viele: »Mein Sohn bzw. meine Tochter ist jetzt mein Schutzengel oder Geistführer!« Dieser Gedanke ist sicher tröstlich, doch nicht ganz richtig. Ich würde allerdings nie einer Mutter sagen: »Nein, das ist er nicht. Er ist ein Verstorbener!« Dies wäre psychologisch nicht hilfreich und würde bei der Trauerverarbeitung nicht weiterhelfen. Doch ich würde der Mutter erklären, dass es immer noch die Tochter oder der Sohn ist, und weil sie ihr bzw. ihm besonders vertraut, wird sie oder er wie ein Dolmetscher eingesetzt, d. h., als Vermittler zwischen Geistführer und ihr.

Es kommt auch häufig vor, dass ein Verstorbener als Vermittler eingesetzt wird, wenn der Geistführer keinen direkten Draht zur Person findet oder wenn die Person noch so tief in ihrer Trauer steckt, dass sie nur die Anwesenheit dieser verstorbenen Person akzeptieren kann. Dann fungiert dieser Verstorbene als Vermittler. Doch rein theoretisch ist dieser Verstorbene immer noch ein Verstorbener und nicht auf der Entwicklungsstufe eines Geistführers. Er kann jedoch Informationen vom Geistführer an die noch lebende Person weitergeben. Dies ist meistens dann der Fall, wenn ein Hinterbliebener die Trauer nicht verarbeiten kann und nicht loslassen kann.

Wenn du jetzt eine Ausbildung zum Medium machen oder einfach deine medialen Fähigkeiten trainieren möchtest, solltest du klar unterscheiden können, was ein Geistführer und was ein Verstorbener ist. Da gibt es eben einen großen Unterschied in Bezug auf die Schwingung, weil Geistführer auf einer anderen Entwicklungsstufe stehen. Doch gerade bei der Heilung eines Verlustes und bei der Trauerverarbeitung ist ein Jenseitskontakt zum Verstorbenen wesentlich sinnvoller als der Kontakt zum Geistführer, da der Verstorbene, um den es ja geht, der größere Experte ist. Es ist etwas Wundervolles und Heilendes zugleich. Selbst wenn ein Verstorbener im Leben der Hinterbliebe-

nen sehr aktiv ist, ist und bleibt er ein Verstorbener und ist weder Geistführer noch Engel. Man könnte ihn einfach als Geisthelfer bezeichnen, da er öfter bei den Hinterbliebenen ist als ein normaler Verstorbener.
Ich hoffe, dass dich meine Unterteilung nicht verwirrt hat, sondern dass sie dir dabei helfen konnte, dir einen besseren Durchblick in die Bewohner der Geistigen Welt zu verschaffen. Bevor wir mit den Übungen beginnen, möchte ich noch auf die negativen Bewohner der Geistigen Welt eingehen, falls es diese überhaupt gibt!

Gefallene Engel, böse Geister und Dämonen

Bevor ich dir zeige, wie du Kontakt mit deinem Geistführer aufnehmen kannst, möchte ich dir noch die Angst vor bösen Wesen nehmen. Falls du überhaupt Angst hast. Für manchen Leser bzw. manche Leserin wird dies eine Wiederholung sein, da viele das schon aus meinen anderen Büchern kennen. Ich bitte dich deshalb um Verzeihung. Doch ich kann nicht davon ausgehen, dass jede Leserin und jeder Leser alle meine Bücher gelesen hat. Ich kann dir versichern, dass die Informationen in diesem Buch meines Erachtens sehr wichtig sind. Ich erlebe häufig, dass mir Menschen, die Angst vor bösen Wesen haben, schreiben oder dass Kursteilnehmer sagen, sie hätten Respekt davor, mit ihrem Geistführer in Kontakt zu treten, weil sie Angst haben, sie könnten damit ein Tor für böse Wesen öffnen. Diese Angst würde aber den Kontakt zum Geistführer verhindern. Deswegen möchte ich auf dieses Thema nochmals intensiver eingehen.

Zunächst darf ich dich beruhigen: Ich glaube nämlich nicht an böse Geister, und ich habe auch noch nie ein böses Wesen in der Geistigen Welt gesehen. Auch wenn sich gewisse Begegnungen für uns Menschen unangenehm anfühlen, ich habe trotzdem noch nie ein Wesen in der Geistigen Welt gesehen, das den Menschen Schlechtes wünscht. Auch wenn du schon in anderen Büchern einmal davon gelesen haben solltest, muss ich dies noch einmal betonen, weil ich immer wieder Menschen treffe, die große Angst vor Dämonen oder gar dem Teufel haben. Einige werden deswegen vielleicht Probleme mit dem Folgenden haben, und das ist gut so. Bedenke bitte, dass es sich um meine Wahrnehmung handelt, über die ich hier schreibe, und ich behaupte nicht, dass sie richtig ist. Einige werden über meine Worte froh sein, andere vielleicht weniger, weil sie mit Geisteraustreibung und ähnlichen Praktiken Geld verdienen. Mir ist es einfach sehr wichtig, Heilung in die ängstlichen Herzen zu bringen. Ich möchte zeigen, dass Dinge oder Situationen, die uns Angst machen, plötzlich keine Angst mehr machen, dass sie sogar ganz hilfreich sein können, wenn man sie näher betrachtet. Sehen wir uns den Teufel – besser bekannt als Luzifer – einmal genauer an. Als Gott die Engel schuf, war Erzengel Luzifer der größte und schönste von allen. Der Name Luzifer bedeutet »Lichtträger/Lichtbringer«. Die meisten von uns wissen, dass Gott Luzifer aus dem Himmel verstoßen und in die Hölle verbannt hat. Doch ergibt das Sinn? Wir dürfen nicht vergessen, dass die Bibel von Menschen geschrieben wurde und dass jede Geschichte eine Botschaft für die Menschen enthielt. Sehen wir uns doch das Ganze einmal von einem höheren Standpunkt aus an. Nehmen wir an, Gott ist allwissend und die bedingungslose Liebe, so wie er immer und immer wieder beschrieben wird. Würde ein barmherziger, liebender Gott es wirklich zulassen, dass sein Feind (Luzifer) seine Schöpfung, die Welt, mit Hass, Leid und dem Bösen erfüllt? Ergibt das Sinn? Meiner Meinung nach nicht. Ich glaube sogar, dass Luzifer und Gott enge Freunde sind. Das hört sich jetzt vielleicht weit hergeholt an. Aber wenn Gott wirklich allwissend und allmächtig ist, wovon ich ausgehe, weiß er in jeder Sekunde, was Satan vorhat. Würde Gott sich auf ein solches Katz- und Mausspiel einlassen? Ich traue Gott mehr zu, als so ein Spiel. Was könnte also Luzifers wirkliche Aufgabe sein? Ich bin davon überzeugt, dass der Name Luzifer bzw. Lichtbringer kein Versehen war. In der vorchristlichen Überlieferung und in alten Schriften wird sogar gesagt, dass Luzifer einer der sieben Engel des Sonnensystems sei. Er galt als Wächter der Venus. Venus war der heiligste aller Planeten. Gott suchte eines Tages einen Engel, der auf die Erde hinabgehen sollte, um den Menschen zu helfen. Da meldete sich Luzifer, um Gott zu helfen. Da Luzifer der größte und schönste Engel ist, sollte er diese Aufgabe übernehmen. Seine Aufgabe bestand darin, die Menschen in Versuchung zu führen, um ihren Glauben und ihre Spiritualität zu fördern. Luzifer verleiht den Menschen die Fähigkeit zu moralischer Erkenntnis. Er setzt sie dabei allerdings der Gefahr aus, sich tief in moralische Verfehlungen zu verstricken. Beides ist aber notwendig, damit der Mensch ein moralisch eigenverantwortliches Wesen werden kann. So kann Luzifer zwar als Widersacher, der sich den göttlichen Schöpfermächten entgegenstellt, aufgefasst werden, aber er fördert durch diesen Widerstand zugleich die Entwicklung, indem er dem Menschen Freiheit und moralische Erkenntnis bringt.

Luzifer darf also keineswegs einseitig als böse geistige Macht aufgefasst werden, sondern durch ihn können die Menschen das Gute und Gott erkennen. Würde es uns nur gutgehen, würden wir uns wohl kaum Gedanken über Gott oder unseren Fortschritt machen. Wir würden stehen bleiben und könnten uns nicht weiterentwickeln. Natürlich besteht dadurch auch die Gefahr, dass Menschen der Versuchung verfallen, aber Luzifer gibt uns die Wahl, zu entscheiden. Dank Luzifer finden viel mehr Menschen den Weg zu Gott, und damit ergibt sein Name auch Sinn. Böse wird der Mensch, wenn er sich einseitig den durch Luzifer erregten sinnlichen Begierden willenlos hingibt. Luzifer bewirkt Gutes, wenn die Menschen durch ihn, den Lichtträger, das Licht der Weisheit und den Sinn für die Schönheit der sinnlichen Welt erkennen. Alle Wissenschaften und Künste sind eine Gabe Luzifers – ebenso wie alle auf Wissen gegründete moralische Erkenntnis. Ohne ihn gäbe es die menschliche Kultur nicht. Ohne das Dunkle gäbe es kein Licht.

Ich darf noch ein anderes Thema anschließen, und zwar die bösen Geister oder Dämonen. Eine Frage, die mir häufig bei Jenseitskontakten gestellt wird, lautet, ob ich an Besetzungen durch Dämonen oder böse Geister glaube, und ich verneine sie stets. Ich habe bis jetzt noch nie einen Dämon oder einen bösen Geist gesehen. Viele Klienten erzählen mir aber, dass ihnen ein anderes Medium gesagt hätte, sie hätten eine Besetzung. Das Interessante dabei ist für mich immer wieder, dass genau die Medien, die Dämonen und Besetzungen wahrnehmen und sie meistens auch eliminieren können – dies allerdings nur für viel Geld machen. Das finde ich schon sehr merkwürdig.

Es gibt natürlich Kulturen, in denen Dämonen zum Volksglauben gehören, und es ist klar, dass die dortigen Medien oder Medizinmänner die Dämonen auch wahrnehmen. Aber konzentrieren wir uns wieder auf uns und schauen uns so eine Besetzung einmal genauer an. Ich gebe zu, wenn ein Medium von einer Besetzung redet und ich es frage, was es wahrnimmt, dass ich vielfach auch etwas sehen kann. Nur denke ich, dass es häufig falsch interpretiert wird. Mir ist bei meinen Klienten, die mir von einer Besetzung erzählt haben, aufgefallen, dass ich in deren Aura eine leichte oder manchmal sogar schwere Psychose sehe. Ich hatte bis jetzt noch keinen Klienten mit Besetzung ohne Psychose. Ich sage dem Klienten dann, dass man in seiner Aura zum Beispiel eine Depression oder ein Burn-out sehe, während ein anderer Hellseher vielleicht von einer Besetzung oder einem Dämon spricht. Wenn ich dann bei dem Medium, das den Dämon sah, nachfrage, wo es ihn gesehen habe, zeigt es mir genau die Stelle in der Aura, die mir die Depression angezeigt hat. Auch das andere Medium sieht dort keine Gestalt oder einen Dämon, sondern zumeist auch nur einen dunklen oder grauen Schleier. Aber dieser besagt nur, dass die Aura dort eine Blockade hat und nicht so schnell schwingt und es daher zu einer dunklen Stelle kommt, also zu einer Depression. Das ist für mich ein großer Unterschied. Wahrscheinlich könnte man die Depression auch durch Geistheilen oder andere Methoden heilen, aber ich finde es nicht gut, wenn man dem Klienten einen Exorzismus vorführt oder an ihm eine Geisteraustreibung durchführt, die aber nur dann heilen kann, wenn der Glaube an eine Besetzung sehr stark ist. In Wirklichkeit macht das Medium oder der Geistheiler nur Geistheilung und keine Austreibung. Heilung findet statt durch Aktivität, Kreativität, durch ein erfülltes Innenleben und eine erneute Gotteserfahrung. Geistführer gehören zum geordneten Teil des Universums. Was dämonischen Kräften ihre Gestalt und Existenz verleiht, ist unser Verstand. Alles, was nicht vom *Himmel* stammt, wurde aufgrund irgendeiner Angst vom Verstand ersonnen. Der beste Schutz gegen Besessenheit und Obsession ist es, sich rückhaltlos und ohne Umwege mit den eigenen Ängsten auseinanderzusetzen, und wenn es nötig ist, professionelle Hilfe in Anspruch zu nehmen. Es gibt übrigens in der Aura auch keine Löcher oder Risse, auch das ist nur ein Gerücht, und man kann die Aura auch nicht putzen oder flicken. Es gibt immer wieder Stellen in der Aura, an denen die Energie nicht so schnell schwingt, zum Beispiel bei einer Verspannung oder eben bei einer Depression oder wenn ich mein Bein gebrochen habe. Das alles kann man in der Aura sehen, weil dadurch die Farbe an der Stelle dunkler wirkt. Ist der Aurasichtige schlecht ausgebildet, kann er nicht erkennen, warum an der Stelle die Energie blockiert ist oder langsamer schwingt. Er sieht nur dunkel oder grau, und das kann dann für ihn wie ein Riss oder Loch aussehen. Doch das stimmt so nicht, es zeigt lediglich, dass das Medium nur einen Teil der Aura wahrnehmen kann. Falls du wirklich einmal deine Aura reinigen lassen möchtest, dann bitte nur mit »Meister Proper« (Achtung: Scherz!).

Noch einmal ganz deutlich gesagt: Eine Besetzung mit einem bösen Geist ist meiner Wahrnehmung nach nicht möglich. Denk bitte außerdem an deinen Schutzengel und Geistführer. Sollte eine Besetzung möglich sein, dann würden sie das verhindern. Und noch etwas spricht gegen Dämonen: Wenn ich mich als Trance-Medium ausbilden lasse, dauert das mehrere Jahre, bis ich meinem Geistführer so viel Platz geben kann, dass er ein Teil meines Körpers wird. In Trance geht das Medium in einen veränderten Bewusstseinszustand und versucht, die eigenen Gedanken so weit abzuschalten, dass ein Geistführer die Kontrolle übernehmen kann. Aber es braucht Jahre, bis ein Geistführer eine gute Kontrolle erlangt, und das auch nur dann, wenn das Medium regelmäßig trainiert. Es ist für beide Seiten unglaublich schwer, dass diese Überschattung stattfinden kann. Warum sollte es dann einem »bösen« Geist so einfach gelingen? Das ergibt für mich keinen Sinn. Auch wenn das Medium bei einer Trance im Grunde eine »positive« Besetzung herbeiwünscht, ist das unmöglich. Es findet lediglich eine Überschattung statt, das heißt, die beiden

Energien gleichen sich stark an und nähern sich, aber es wird nie so weit kommen, dass das Geistwesen den Körper des Mediums in Besitz nehmen kann. Auch kann die Überschattung nur stattfinden, wenn das Medium sich bewusst in einen veränderten Bewusstseinszustand begibt. All das ist für mich ein deutliches Zeichen, dass es keine Besetzung von Dämonen gibt. Ich kenne auch kein seriöses Medium mit einer soliden Ausbildung, das seinen Klienten sagt, dass es Besetzungen gibt.

Noch ein Wort zu der Frage, ob es Seelen von Verstorbenen gibt, die nicht im Licht sind. Auch das höre ich oft. Immer wieder kommt unweigerlich die Frage: »Ist die verstorbene Person auch wirklich im Licht?« Ich habe in all den Jahren meiner Tätigkeit noch nie ein Geistwesen gesehen, das nicht im Licht ist. Ich weiß, dass viel darüber geredet wird, dass es scheinbar Seelen gibt, die den Weg ins Licht nicht finden. Ich habe das bei meinen Kontakten bis heute noch nicht erlebt. Es sei kurz kritisch betrachtet, wie es zu diesem Glauben von »im Licht« und »nicht im Licht sein« kommt. Den größten Einfluss haben hier die Religionen, die die Geistige Welt in Paradies und Hölle unterteilen. Das Paradies wird als Licht oder lichtvoll bezeichnet. Aber wer entscheidet, ob eine Seele ins Licht gehen oder in einer Zwischenwelt bleiben kann oder gar in die Hölle muss? Laut Bibel entscheidet das Gott allein. Spinnen wir diesen Gedanken weiter und nehmen wir an, Gott würde sagen, wohin jede Seele kommt, dann hätte Gott entschieden, dass eine Seele nicht ins Licht gehen darf. Nennen wir diese Seele einmal XY. Dann darf XY also nicht ins Licht eintreten, weil er zum Beispiel Selbstmord begangen hat. Nach der Bibel kommen solche Seelen nicht ins Paradies. Aber einmal ehrlich: Würde ein bedingungslos liebender Vater das zulassen? Wird nicht Gott als solcher beschrieben? Als bedingungslose Liebe? Würde ein solcher Gott seine Tochter oder seinen Sohn in die ewige Verdammnis schicken? Meiner Meinung nach würde er das nicht tun. Ich denke, die Hölle und die Verdammnis in einer Zwischenwelt sind ein Konstrukt, geschaffen von Menschen, um die Mitmenschen zu kontrollieren und zu bevormunden. Nehmen wir jetzt noch einmal an, Gott hätte zu XY gesagt, er könne nicht ins Licht gehen. Und nun stellt das irgendein Medium fest. Es gibt ja viele Hellseher, die so etwas behaupten. Und natürlich besitzt genau dieser Hellseher dann auch die Fähigkeit, diese armen Seelen ins Licht zu schicken! Natürlich meistens nur für Geld. Gott hatte also entschieden, dass eine Seele nicht ins Licht eintreten darf, und dann kommt das Medium YY und kann gegen einen kleinen Aufpreis – von sagen wir 150 CHF oder Euro – die Seele trotzdem ins Licht schicken. Wo ist jetzt Gott? Ist Gott etwa doch nicht allmächtig? Das würde ja bedeuten, dass sich ein Medium über die Entscheidung Gottes stellen könnte. Und das ergibt für mich einfach keinen Sinn.

Schauen wir uns nun die Geistige Welt noch einmal genauer an. Es gibt dort keine Zeit und keinen Raum. Auch die Wissenschaft hat herausgefunden, dass Zeit und Ort nur Illusion sind. Weder Zeit noch Raum sind in der Geistigen Welt relevant oder wahrnehmbar. Es sind nur zwei

Begriffe, mit denen unser Gehirn etwas anfangen kann, auch wenn wir diese Begriffe nicht annähernd verstehen können. Zu keiner Zeit und keinem Raum gibt es Licht oder kein Licht, kein Paradies oder keine Hölle! Es gibt dort auch keine Dimensionen oder Stufen, auch das kann es dann nicht geben.

Ein weiteres Thema, mit dem ich immer wieder konfrontiert werde, ist Spuk. Für mich ist das ein sehr spannendes Thema. Doch auch hier sollte man kritisch hinter die Kulissen blicken. Ich habe bereits in meinem ersten Buch über dieses Thema geschrieben. Da ich feststelle, dass immer noch viele Menschen Angst vor Spuk haben, möchte ich hier das Thema noch einmal aufgreifen. Eigentlich würde sich das Problem aufgrund der bisherigen Ausführungen erübrigen, da ich ja bereits dargelegt habe, dass es keine Zwischenwelten gibt und es damit auch keinen Spuk durch böse Geister geben kann. Dennoch gibt es Spukphänomene, und die sind sehr real. Allerdings haben diese Phänomene meist nichts mit Geistern zu tun, und es gibt viele verschiedene Arten von Spuk. Also müsste man als Erstes genau definieren, was Spuk überhaupt ist: Spuk ist eine Bezeichnung für wissenschaftlich unerklärliche, unheimliche Erscheinungen. Meist wird Spuk als ortsgebundene geisterhafte Erscheinung ohne persönlichen Bezug und ohne direkte Kommunikation mit dem Beobachter verstanden. Immer wieder habe ich mir solche Spukphänomene angesehen und bin meistens zu dem ernüchternden Ergebnis gekommen, dass die Menschen in vielen Fällen einfach nur »Geister« gesehen haben. Ich finde, bevor man ein Medium beauftragt, einen Spuk zu überprüfen, sollte man alle natürlichen Dinge ausschließen und sich kritisch fragen, ob es sich wirklich um übernatürliche Phänomene handelt. Falls sich bei dir Dinge ereignen, die nicht normal sind, dann solltest du eine vertrauenswürdige Person hinzuzuziehen, die nach Möglichkeit hellsichtig ist. Ich kläre als Erstes immer ab, ob es Jugendliche am Ort beziehungsweise im Haus gibt oder ob jemand ein psychisches Problem hat. Denn mir ist aufgefallen – und darüber gibt es sogar parapsychologische Studien –, dass es immer wieder einmal zum Spuk kommt, wenn Jugendliche zum Beispiel in der Pubertät emotional nicht im Gleichgewicht sind. Das wird nicht von der Geistigen Welt ausgelöst, sondern unbewusst von den kinetischen Kräften der Jugendlichen oder der Person, die psychisch nicht im Gleichgewicht ist.

Ich kann mich gut an eine Geschichte erinnern, in der ich dachte, ich hätte es mit einem Spuk-Fall zu tun: Eine Frau rief mich ganz aufgeregt an und sagte, dass sich in ihrer Wohnung Gegenstände bewegen würden. Die Frau hörte sich sehr klar an, und ich glaubte ihr. In solchen Fällen sind die Menschen nämlich nicht immer klar. Daher muss man gut aufpassen, da manchmal der größte »Spuk« in den Köpfen der Menschen stattfindet. Jedenfalls war ich nach ihrer Schilderung absolut davon überzeugt, dass es sich um einen Spuk handelt. Ich fragte sie, was denn genau passiert sei, und sie erklärte: »Gegenstände liegen immer wieder an einer anderen Stelle als dort, wo sie hingestellt wurden, und häufig flackern die Lampen.« – »Gut, und haben Sie die Elektrizität von einem Fachmann überprüfen lassen?«, war meine nächste Frage. Das hatte sie gemacht. Dann fragte ich sie, ob Kinder oder Jugendliche im Haus seien. Doch das war nicht der Fall. Ich setzte nach und wollte wissen, ob es sonstige Personen gebe, denen es psychisch nicht gutgehe, die vielleicht ein solches Phänomen auslösen könnten. Sie verneinte und erklärte, dass nur sie und ihr Mann in der Wohnung lebten. Ich wollte mich schon auf den Weg machen, da sagte mein Geistführer: »Geh nicht! Ihr Mann ist Alkoholiker und sehr depressiv. Er löst die Phänomene aus.« Ich wusste zuerst nicht, wie ich mit der Information umgehen soll, und entschloss mich dann, die Frau noch einmal anzurufen und sie wegen ihres Mannes zu befragen. Zuerst war sie sehr still, und ich bat sie, mir die Wahrheit zu sagen, was sie dann auch tat. Sie bestätigte die Informationen, die ich bereits aus der Geistigen Welt erhalten hatte. Ich erklärte ihr dann, dass zuerst ihr Mann Hilfe brauche und in eine Klinik gehen solle und dass ich überzeugt sei, dass danach der Spuk aufhören würde. Ich hörte ein halbes Jahr nichts mehr von der Frau. Als sie mich dann erneut anrief, erzählte sie: »Mein Mann hat eine Kur gemacht und ist jetzt trocken. Er ist ein ganz anderer Mensch geworden und ist wieder glücklich und froh. Kaum war er weg, hat auch der Spuk aufgehört, und seit er wieder zu Hause ist, gab es auch keine ungewöhnlichen Phänomene mehr.« Ich war sehr froh, dass die Geschichte ein solch gutes Ende genommen hatte. Leider weiß ich bis heute nicht, ob wirklich der Mann den Spuk ausgelöst hat oder die Frau, da sie ja auch psychisch extrem unter der Situation gelitten hat. Meistens aber, wenn ich zu einem Spuk gerufen wurde, waren es verstorbene Angehörige, die sich bei den Hinterbliebenen melden wollten. Häufig werde ich von Müttern angerufen, die sich beklagen, dass ihre Kinder nicht schlafen können, weil ein Geist im Zimmer sei. Bis jetzt war immer, wenn ich mir diese Fälle genauer angesehen habe, weder ein »Geist« noch etwas »Böses« im Zimmer, sondern lediglich ein geliebter naher Verwandter, wie zum Beispiel eine verstorbene Großmutter, die ihren Enkel besucht, den sie vielleicht im Leben nie kennenlernen durfte. Natürlich macht dies Angst und ist unheimlich, wenn du als kleiner Knopf in deiner Wiege liegst, und plötzlich steht eine ältere Dame an deinem Bett und spricht mit dir, zumal wenn deine Mutter immer mal wieder durch die ältere Dame hindurchläuft, weil sie die Frau aus der Geistigen Welt nicht sehen kann. Bedenken muss man ferner, dass viele Kinder Angst vor Dunkelheit haben und daraus Fantasien entwickeln. Nicht immer ist eine verstorbene Person daran schuld. Natürlich ängstigt es uns, wenn uns eine verstorbene Person unbedingt Zeichen schicken möchte, dass es ihr gutgeht oder dass das Leben nach dem Tod weitergeht. Klopfgeräusche sind zum Beispiel häufige Zeichen davon. Aber auch in diesen Fällen habe ich bisher, wenn ich vor Ort war und mir den Spuk anhörte, immer jemand aus der Geistigen Welt wahrgenommen, der lediglich zeigen wollte, dass er noch da ist und seinen Hinterbliebenen Trost schenken wollte. Viele Verstorbene machen sich durch Klopfen, Knarren oder über die Elektrizität bemerkbar. Viele Klienten erzählten mir, dass Radio, Fernsehen, Licht und andere Geräte von allein an- und ausgingen. Solche Phänomene habe ich sogar selbst schon einige Male erlebt. Diese Art der Mitteilung kann natürlich verunsichern und uns das Gefühl von Geistern oder Dämonen vermitteln. Doch bis heute war es immer ein Verstorbener, der einfach nur sagen wollte: »Schau her! Ich bin noch da! Du musst nicht traurig sein! Ich lebe noch! Das Leben geht nach dem Tod weiter!« oder Ähnliches. Ich weiß, dass viele, die meine Bücher lesen, auch schon Ähnliches erlebt haben. Und schließlich möchte ich noch die *Imprägnierung* ansprechen, die meiner Meinung nach am häufigsten als Spuk bezeichnet wird und in Wirklichkeit gar kein Spuk ist. Ich nenne dieses Phänomen Imprägnierung. Es ist kein offizieller Begriff, aber ich finde keinen passenderen. Viele Menschen berichten, dass sie zum Beispiel in einer alten Burg oder einem sehr alten Haus eigenartige Gefühle bekommen, dass sie das Gefühl haben, mit dem Ort würde etwas nicht stimmen. Noch schlimmer ist das Gefühl, wenn man heute ein Konzentrationslager besucht oder sich in einem Haus befindet, in dem ein Mord begangen wurde. Bleiben wir bei Mord in einer Wohnung oder in einem Haus, um das Phänomen »Imprägnierung« zu erklären. Immer wieder schreiben mir Menschen oder rufen mich an, dass in ihrer Wohnung jemand umgebracht worden sei oder dass jemand Selbstmord begangen habe und dass sie nun das Gefühl hätten, diese Person spuke immer noch dort herum, weil die Seele die Reise ins Licht nicht antreten kann und der Tod so schlimm gewesen sei. Natürlich gibt es auch hier hellsichtige Personen, die diese Dinge bestätigen, aber die meisten können nicht zwischen Imprägnierung und einer wirklichen Seele vor Ort unterscheiden. Man sollte wissen, dass alle Gegenstände im Haus und um das Haus herum, je nach Material mehr oder weniger Energie aufnehmen können. Daher ist es klar, dass zum Beispiel bei einem Mord sehr große Angst, Hass, Wut und Überlebenskampf als Energie freigesetzt werden. Diese Energie wird von den Gegenständen um uns herum aufgenommen und wie auf einer Diskette abgespeichert. Die ganzen Gefühle sind dort aufbewahrt, ja sogar der exakte Ablauf des Mordes. Aber die Seele des Ermordeten findet genauso den Weg ins Licht, als wäre er auf natürliche Weise gestorben. Das zählt bei Selbstmord genauso wie bei allen anderen Todesursachen und Todesarten. Nur die Energie bleibt in der Umgebung stärker oder schwächer gespeichert, abhängig davon, was genau passiert ist. Je älter ein Gebäude ist, desto älter ist auch die Geschichte, und umso mehr Energie ist dort gespeichert. Wenn jetzt ein sensitiver Mensch kommt, kann er die Daten auf der Diskette – oder besser gesagt: die gespeicherte Energie – aufnehmen und lesen und dadurch sehen, was dort passiert ist. Das wird inzwischen auch von der Polizei immer wieder einmal zur Klärung bei Mord oder anderen Verbrechen eingesetzt. Ich schreibe hier absichtlich sensitiver Mensch und nicht Medium. Ein Medium kommuniziert mit Verstorbenen oder Geistführern. Ein Sensitiver kann die Energien von Menschen wie die Aura oder eben die Imprägnierung in Häusern bei Mord lesen. Oft kann die sensitive Person an einem Ort, an dem ein Mord geschehen ist, die Tat sehen. Sie sieht dann die ermordete Person und fühlt die Angst oder die Gefühle, die bei dem Verbrechen entstanden sind. Aber der Sensitive kann nicht mit der Seele der verstorbenen Person in Kontakt treten. Er kann lediglich die Energie lesen. Er liest nur die Restenergie von dem Ort. Die verstorbene Person aber ist längst nicht mehr dort, sondern im Licht. Das ist der Grund, warum solche Phänomene immer ortsgebunden sind, nur in einem engen Gebiet stattfinden und warum man mit diesen Wesen, die man dort wahrnimmt, nicht kommunizieren kann. Viele Hellsichtige sagen dann, das könne man nicht, weil die Seele nicht wisse, dass sie tot und daher verwirrt ist. Das denke ich nicht. Ich meine, dass die Hellsichtigen nur die Restenergie lesen, und die kann nicht kommunizieren, sondern nur das wiedergeben, was sie gespeichert hat. Wichtig für dich ist zu wissen, dass an solchen Orten lediglich die Energie der Ereignisse gespeichert ist und dass die damals in die Ereignisse verwickelten Personen längst nicht mehr dort sind und nur der Schmerz oder die Emotionen dort als Energie gespeichert sind.

Ich hoffe, dieses Kapitel konnte dazu beigetragen, dir einige Ängste zu nehmen und ein bisschen Licht ins Dunkel zu bringen. Zum Schluss noch eine Bemerkung bzw. Frage, die auch immer wieder gestellt wird: »Wie kann es sein, dass plötzlich alle Menschen gut sind, wenn sie gestorben sind? Was wurde zum Beispiel aus Hitler?« Die Frage ist mehr als berechtigt. Was aus Hitler wurde, kann ich nicht sagen. Ich weiß jedoch, dass jede Seele, die den Körper verlässt, zuerst in einen Zustand kommt, den ich »Anpassungsphase« nenne. Dort findet eine Rückschau statt. Man schaut gewissermaßen sein ganzes Leben noch einmal an. Das hat nichts mit Strafe oder Zwischenwelt zu tun! Nennen wir es einfach »Krankenhaus für die Seele«. In dieser Zeit erlebt die Seele ihr ganzes Leben noch einmal, und zwar nicht nur ihr eigenes, sondern alle Leben, mit denen sie zu tun hatte. So musste Hitler auch all die Leben anschauen, die er zerstört hat, er musste fühlen, was diese Familien gefühlt haben, die Freunde, die Bekannten. Das ist die eigentliche Strafe, die jedoch nicht von einem rachsüchtigen Gott kommt, vielmehr geben wir selbst über uns Rechenschaft. Wir beurteilen unsere Taten selbst. Wenn du dein Leben noch einmal aus deiner Sicht erlebst, auch aus der Sicht deiner Mitmenschen, dann wirst du schnell fühlen, was du an Gutem oder weniger Gutem bis Schlechtem getan hast. Im Moment des Todes gehst du wieder in die Einheit zurück und empfindest dadurch alle Taten, die du vollbracht bzw. begangen hast oder die durch dich geschehen sind, und zwar als Opfer wie auch als Täter. Da ein Verstorbener weiß, dass er im Grunde alles sich selbst angetan hat, würde er nie über den Tod hinaus andere belästigen, ängstigen oder gar etwas Schlechtes wollen. Er ist im Bewusstsein, dass er dies nur sich selbst antun würde. Viele dieser Menschen, die auf der Erde Täter waren und andere schlecht behandelten, waren im Grunde auch immer einmal Opfer. Ihnen fehlte immer auf einer Ebene die Liebe, die Liebe von anderen oder die Liebe zu sich selbst. Diese Liebe erhalten sie nun in der Geistigen Welt, denn dort ist nur Liebe. Dort werden ihre Seelen geheilt, und sie finden Ruhe, und das ist ein Prozess, den jede Seele erleben darf, und zwar ausnahmslos jede Seele. Viele finden dann, dass es sich ja gar nicht lohnen würde, Gutes zu tun, wo doch jeder im Grunde nachher an denselben Ort kommt. Ich kann das allerdings nicht nachvollziehen. Tust du nur Gutes, um später keine Strafe zu bekommen? Dann solltest du daran denken, dass man Gott nicht täuschen kann. Oder tust du Gutes, weil du es möchtest, weil du es fühlst? Wir sollten nur dann etwas tun, wenn wir es wollen, weil wir es als richtig empfinden, weil es dich erfüllt, zu helfen und Gutes zu tun, nur deswegen. Denn – wie schon gesagt – wir müssen alle unsere Taten noch einmal erleben, und zwar aus beiden Perspektiven. Tust du viel Gutes, ist dieses Revue-passieren-Lassen keine Strafe, sondern ein wunderbares Geschenk. Du musst wirklich keine Angst haben, wenn du mit deinem Geistführer oder der Geistigen Welt in Kontakt trittst. Es kann dir nichts passieren.

Erste Übung: Vor und zurück

Lass uns gleich mit dieser Übung beginnen. Das Wichtigste dabei ist, dass wir uns nach jeder Übung bedanken. Oft vergesse ich, dies bei meinen Seminaren zu erwähnen, weil es für mich ganz selbstverständlich ist, mich bei meinem Geistführer zu bedanken, wenn ich mit ihm eine Übung durchgeführt habe. Genauso wie ich mich bei einem guten Freund bedanke, wenn er mir geholfen oder mich unterstützt hat. Da es für mich also ganz normal ist, sich in solchen Situationen zu bedanken, vergesse ich es oft zu erwähnen. Doch ich bitte dich, dir dies anzugewöhnen, denn dein Geistführer ist nicht dein Diener, sondern dein Freund. Das solltest du nie vergessen. Behandle ihn also von Anfang an wie einen guten Freund. Das kann am Anfang schwer sein, da du ihn vielleicht nur schwach wahrnehmen kannst und er für dich noch nicht so real ist wie ein menschlicher Freund. Doch mit der Zeit wird er für dich immer realer, und je mehr du mit ihm arbeitest, umso tiefer wird dein Vertrauen in ihn.

Deswegen bitte ich dich, die Übungen wirklich durchzuführen. Lies sie nicht nur, sonst bleibst du in der Theorie hängen und machst nie die tolle, liebevolle Erfahrung mit deinem Geistführer.

Wenn am Anfang noch nicht alle Übungen so gut klappen sollten, dann liegt es nicht daran, dass du keinen Geistführer oder keine außersinnliche Wahrnehmung hast, sondern daran, dass du es noch nicht gewohnt bist, diese Sinne zu nutzen. Beim einen klappt es bereits nach der ersten Übung, beim anderen dauert es etwas länger. Dies hängt ganz davon ab, wie sehr du dich schon mit der Thematik beschäftigt hast. Ich kann dir versichern, dass ich noch niemanden kennengelernt habe, der geübt hat und der nicht früher oder später seinen Geistführer kennengelernt hat. Bei allen, bei denen es nicht geklappt hat, lag es immer am Training oder daran, dass sie die Übungen gar nicht gemacht haben.

Die Geistige Welt lernt man nicht allein durchs Lesen von Büchern kennen, vielmehr muss man die Erfahrung machen, und das geht nur übers Üben. Das ist auch der Grund, warum ich dir so viele Übungen an die Hand gebe, die du leicht in deinen Alltag integrieren kannst, sodass du nicht zusätzlich viel Zeit aufwenden musst. Leider gibt es keine Methode, bei der du nicht auch ein bisschen Energie investieren musst. Es gibt keinen Zaubertrank oder irgendein Mittel, das dich für die Geistige Welt öffnet, ohne dass du auch etwas dafür tun musst. Doch vertrau mir: Die meisten Übungen machen Spaß und führen in kürzester Zeit zum Erfolg. Und je mehr Erfolg du hast, umso mehr Spaß macht es, und umso mehr Lust hast du, mit deinem Geistführer zu üben und ihn auch in deinen Alltag zu integrieren. Für mich vergeht kein Tag, an dem ich nicht mindestens einmal mit meinem Geistführer etwas mache, und wenn es nur eine kurze Unterhaltung ist. Er gehört einfach zu meinem Leben, genauso wie der Atem zum Leben gehört. Ich bin jeden Tag dafür dankbar, was ich auch dir wünsche. Lass uns nun mit der Übung beginnen.

Bei dieser Übung nutzen wir das natürliche Hellfühlen, das jeder Mensch hat. Damit du besser verstehst, was ich damit meine, will ich dir ein paar Situationen schildern, in denen du diesen Hellsinn schon wahrgenommen hast, vielleicht eher unbewusst. Doch wenn du darauf achtest, wirst du feststellen, dass du deinen Hellsinn sehr schnell und leicht aktivieren und trainieren kannst. Du bist sicher schon einmal in einer Warteschlange gestanden und jemand hat sich von hinten sehr nahe an dich herangestellt. Du hast ihn weder gesehen noch gehört, und doch hast du es gespürt. Als du dich dann umgedreht hast, hast du gesehen, dass jemand ganz nah bei dir steht. Du hast es mit deinem Hellfühlen wahrgenommen. Oder ein anderes Beispiel: Du gibst jemandem die Hand, und dein Gefühl sagt dir, dass mit dieser Person irgendetwas nicht stimmt. Vielleicht hast du dieses Gefühl zunächst ignoriert, aber später stelltest du dann fest, dass dich dein Gefühl nicht getrogen hat. Auch das ist Hellfühlen.

Da es sich um Menschen handelt, die du wahrnimmst, spricht man in diesem Zusammenhang von »Sensitivität«. Den Sinn, den du dabei benutzt, nennt man Hellfühlen.

Ein anderes Beispiel einer sensitiven Situation: Wenn du mit jemandem sprichst und er dir zu nahekommt, kannst du oft einen Druck auf deiner Brust wahrnehmen. Es kann sich im Extremfall sogar so anfühlen, als würdest du nur schlecht Luft bekommen. Auch das ist Hellfühlen.

Wie entsteht dieser Druck oder warum kannst du jemanden fühlen, ohne dass du ihn siehst oder er dich berührt? Ganz einfach: Jeder Mensch hat eine Aura, ein Energiefeld um sich herum. Als Hellsichtiger kann man dieses Energiefeld sehen. Die Aura oder das Energiefeld ist farbig. Diese Farben umhüllen den Menschen. Wenn die Aura eines anderen auf deine Aura trifft, dann entsteht ein Druck, und diesen Druck können wir mit unserem Hellfühlen wahrnehmen. Am leichtesten gelingt uns dies bei fremden Menschen, da in diesem Fall die Auren tendenziell nicht miteinander verschmelzen. Bei Menschen, die wir mögen, kennen oder gar lieben, verschmelzen die Auren, sie greifen ineinander über, und deswegen entsteht auch kein Druck. Daher können dir Menschen, die dir nahestehen, auch körperlich sehr nahekommen, und es fühlt sich dennoch gut und schön an.

Bei zwei fremden Personen ist es häufig so, dass die Auren sich abstoßen, als würdest du zwei Magnete jeweils mit dem Pluspol oder mit den beiden Minuspolen aneinanderhalten. Die beiden Magnete stoßen sich ab, und es entsteht ein Druck. Mit unserer Aura können wir dies sehr gut wahrnehmen. Achte doch in den nächsten Tagen einmal besonders darauf. Stell dabei fest, was der erste Impuls ist, wenn du einen Menschen triffst. Warnt dich dein Gefühl oder sagt es dir: »Da stimmt etwas nicht!« Oder: »Das ist ein sehr guter Mensch!« Natürlich zeigt uns unsere Sensitivität nicht nur das Schlechte, sondern auch das Positive eines Menschen. Achte darauf, wenn du dich in einer Menschenmenge befindest. Stell fest, ob du die Auren fühlen kannst, ohne dass du einen Menschen berührst.

Wenn du dies oft machst, gelingt es dir immer besser, deinen Geistführer wahrzunehmen, weil wir auch dazu den Hellsinn brauchen. Du kannst dies auch mit einem Menschen üben, der für diese Übungen offen ist.

Stell dich zum Beispiel mit dem Rücken zu dieser Person hin und bitte sie, langsam auf dich zuzukommen. Beginne mit einem Abstand von drei bis vier Metern. Lass die Person langsam auf dich zukommen, sodass du sie nicht hören kannst. Sobald du sie spürst, hebst du die Hand. Du wirst feststellen, dass du mit der Zeit die Personen immer besser spüren kannst, sobald sie sich in Bewegung setzen. Die beste Wahrnehmung haben wir, wenn die Person etwa eineinhalb bis zwei Meter von dir entfernt ist.

Eine andere Situation, die du als Kind vielleicht oft erlebt hast: Du liegst in deinem Bett und hast das Gefühl, dass jemand neben dir steht. Manche haben dieses Gefühl auch als Erwachsene noch. Wenn dies der Fall ist, haben wir in der Regel Besuch aus der Geistigen Welt. Vielleicht schaut ein Verstorbener nach uns und will wissen, wie es uns geht. Oder aber der Geistführer bzw. Schutzengel ist da. Passiert das, während man schläft oder sich in einem dunklen Zimmer befindet, dann bekommen wir häufig Angst. Viele Kinder haben solche Ängste. Doch es handelt sich immer um ein liebevolles Wesen, das bei ihnen ist. Die Dunkelheit oder das Alleinsein, dazu das Gefühl, dass wir niemand sehen, sondern das Wesen nur mit unserem Hellfühlen wahrnehmen können, verunsichert uns und macht uns am Ende Angst, zumal wenn dann die Kinder auch noch sagen: »Mama – oder Papa – da ist jemand im Raum!« Wenn dann die Eltern zu beruhigen versuchen: »Nein, da ist niemand. Schlaf weiter!«, dann verunsichert es das Kind noch mehr, dabei handelt es sich in neunzig Prozent der Fälle um ein Geistwesen, das anwesend ist.

Die Angst entsteht deswegen, weil wir nicht zuordnen können, was da geschieht, und nicht, weil das Wesen schlecht ist. Du kannst übrigens in Gedanken einfach sagen: »Alle Geistführer, alle Verstorbenen, bitte verlasst das Zimmer. XY muss (oder möchte) schlafen!« Wenn wirklich Geistwesen die Ursache sind, werden sie den Raum sofort verlassen, und dein Kind – oder du selbst – kann ruhig und ungestört schlafen. Sollte das Gefühl immer noch vorhanden sein, dann sind es Ängste, die nichts mit der Geistigen Welt zu tun haben. So kann man auch bei Kindern testen, ob sie echte außersinnliche Wahrnehmungen haben oder ob Ängste die Ursache sind. Häufig sind allerdings »normale« Ängste die Ursache.

Ein anders Bespiel: Wenn erst vor Kurzem jemand gestorben ist, nehmen viele Menschen über das Hellfühlen den Verstorbenen wahr. Wenn sie mit anderen Menschen über den Verstorbenen sprechen oder an ihn denken, haben sie das Gefühl, dass sie den Verstorbenen noch fühlen können. Auch das ist normal, weil unsere Gedanken an den Verstorbenen ihn aus dem Jenseits anziehen und er dann vorbeikommen will, um zu sehen, wie es uns so geht. Wir können den Verstorbenen dann durch eine Veränderung im Raum fühlen oder eben so, als würde jemand ganz nah bei uns stehen. Solltest du dies wahrnehmen können, brauchst du nie Angst zu haben. Es ist immer ein liebevoller Verstorbener oder sogar dein Geistführer, und beide wollen nur das Beste für dich. Achte einfach die nächsten Tage einmal darauf, bevor du mit dem zweiten Teil der Übung beginnst.

Ich hoffe, dass dir die Übungen bis jetzt schon gut gelungen sind. Wenn das nicht der Fall ist, solltest du dir nichts dabei denken. Es ist reine Übungssache. Genau dieses Hellfühlen können wir uns jetzt zunutze machen, wenn wir mit dem Geistführer arbeiten. Gerade am Anfang ist diese Übung, die ich im Folgenden beschreibe, enorm wichtig. Meine Schüler müssen sie vierhundertmal am Tag machen. Leider machen die meisten sie nicht so oft. Doch ich bin schon zufrieden, wenn sie die Übung fünfzig- bis hundertmal am Tag machen. Das Tolle an der Übung ist, dass du sie überall durchführen kannst und dass du nicht eigens Zeit dafür einplanen musst. Doch die Übung ist wirklich außerordentlich wichtig. Ich mache sie heute noch sehr oft, weil sie für mich die wertvollste von allen Übungen ist. Du wirst feststellen, dass das Schwierigste daran ist, gerade am Anfang zu erkennen, ob eine Botschaft, die man bekommt, wirklich vom Geistführer ist oder ob es sich um unsere Fantasie, um einen Wunsch, einen Gedanken, um Angst oder etwas Ähnliches handelt. Die Frage, wie man das unterscheiden kann, wird bei jedem Seminar gestellt. Meine Antwort ist immer dieselbe: »Mach diese Übung so oft es geht. Es geht vor allem um das regelmäßige Training, mit dem Geistführer zusammen zu sein. Er hilft dir mit der Zeit, klar zu erkennen, wann eine Botschaft von ihm kommt oder ob sie deiner Fantasie entsprungen ist. Ohne Training wird dies aber leider nie ganz klar sein.

Zur besseren Erklärung, warum diese Übung so wichtig ist: Bestimmt gibt es Situationen in deinem Leben, in denen du bereits Impulse von deinem Geistführer bekommen hast. Wahrscheinlich ist dies eher unbewusst abgelaufen, und du hast es gar nicht bemerkt. Vielleicht ist es passiert, als du deine Wohnung verlassen hast und im Auto gesessen bist, als dir plötzlich ein Gedanke durch den Kopf ging, der sich wie eingeschoben anfühlte und den du dir nur schwer erklären konntest. Der Gedanke war: »Hausschlüssel vergessen.« Oder: »Geldbeutel vergessen!« Du schaust nach, und tatsächlich ist es so. Dieser Gedankenblitz kann sehr gut von einem Geistführer kommen.

Und noch eine Situation: Du fährst mit dem Auto, und plötzlich geht dir ein Gedankenblitz durch den Kopf, zum Beispiel: »Fahr langsam!« Oder etwas Ähnliches. Du fährst weiter, bremst ab, und ein paar Meter weiter ist ein Unfall passiert oder eine Radarfalle aufgestellt. Auch solche Impulse können von deinem Geistführer kommen. Und doch fragen wir uns dann oft: »War das meine Intuition oder einfach nur ein Gedanke, eine Erinnerung?« Wäre es nicht schön, du würdest in Zukunft immer genau herausspüren, ob eine Botschaft von deinem Geistführer kommt? Um das zu erkennen, wird dir die nächste Übung helfen. Wenn du nämlich lernst, wie es sich anfühlt, wenn dein Geistführer dir nahekommt, dann wirst du in Zukunft immer besser wahrnehmen können, ob der Gedankenblitz, dem du folgst, von deinem Geistführer kommt. Noch einmal zur Erinnerung: Leider geschieht dies nicht von heute auf morgen. Mit ein bisschen Übung wirst du dies immer klarer unterscheiden und wahrnehmen können.

Übung
Setz dich auf einen Stuhl und schließ für einen Moment die Augen. Nimm ein paar Atemzüge. Komm einfach zur Ruhe. Nimm dir dafür so viel Zeit, wie du benötigst, um in einen ruhigen Zustand zu kommen. Später, wenn du geübter bist, kannst du diese Übung überall machen. Du kannst dann sogar die Augen offen lassen. Am Anfang empfehle ich dir allerdings, die Übung mit geschlossenen Augen durchzuführen und zuerst zu versuchen, zur Ruhe zu kommen. Wenn du ruhig bist, dann versuch, die Energie um dich herum

zu spüren. Wie fühlt sich der Ort oder der Raum an, der dich umgibt? Du kannst auch zuerst auf deine linke Seite achten und dann auf die rechte, dann auf die vordere Seite und anschließend auf die hintere. Versuch einfach nur zu beobachten und möglichst nicht zu bewerten. Dann bleib mit deiner Aufmerksamkeit hinter dir, und bitte nun in Gedanken: »Lieber Hauptgeistführer, komm langsam von hinten näher!« Die genauen Worte kannst du dir selbst zurechtlegen. Das ist nur ein Vorschlag. Dann achte darauf, ob sich die Energie hinter dir verändert. Diese Veränderung kann nur minimal sein. Es kann ein Kribbeln sein, als würdest du Kälte empfinden. Es kann ein Druck sein, der dein Herz schneller schlagen lässt. Es kann sein, dass dir das Atmen schwerer fällt. Oder du kannst das Gefühl haben, dass dich jemand berührt. Die Empfindungen sind sehr unterschiedlich. Sobald du eine Veränderung spürst, bittest du deinen Geistführer in Gedanken: »Er soll sich bitte wieder zurückziehen!« Achte nun erneut auf die Veränderung, die hinter dir stattfindet. Du wirst sehr schnell eine Veränderung wahrnehmen. Auch sie ist ganz individuell. Dann bitte deinen Geistführer, wieder näherzukommen. Sobald du die Veränderung spürst, bittest du ihn wieder, sich zurückzuziehen, und dann wieder näherzukommen usw. Du wirst feststellen, dass du mit der Zeit die Veränderung sehr schnell wahrnehmen kannst und dass du sie mit der Zeit immer klarerer und besser erkennen kannst. Ich empfehle dir, die Übung sehr oft durchzuführen. Mit der Zeit kannst du sie überall machen, und irgendwann ist es dann auch ein Leichtes, diese Übung fünfzig- bis vierhundertmal am Tag durchzuführen.

Vielleicht fragst du dich, wobei dir diese Übung in Zukunft helfen soll. Wenn du mit der Zeit immer besser wahrnehmen kannst, ob und wann dein Geistführer dir nahe ist und du dann einen Input in Form eines Gedankens, eines Bildes, eines Worts oder einer Eingebung bekommst, dann weißt du in Zukunft genau, dass dieser Input von deinem Geistführer kommt. Wenn du deinen Geistführer nicht wahrnehmen kannst, dann weißt du, dass dieser Input von dir selbst kommt.

Beispiel

Vielleicht bist du in einem Gespräch mit jemandem, der ein Problem hat. Jetzt würdest du der Person gern einen Ratschlag geben. Da kommt dir auf einmal eine Idee. Jetzt hattest du aber vorher keine Veränderung gespürt, will heißen, du konntest deinen Geistführer nicht wahrnehmen. Durch die Übung bist du dir nun sicher, dass dieser Ratschlag von dir ist. Und dennoch kann der Ratschlag sehr hilfreich sein. Du weißt, dass er auf deinem Wissen und deiner Erfahrung beruht.

Anders verhält es sich, wenn du die Übung oft gemacht hast und du auch in ganz alltäglichen Situationen deinen Geistführer wahrnehmen kannst. Jetzt spürst du auf einmal seine Nähe. Wenn du nun einen Input bekommst, dann weißt du, dass er von deinem Geistführer für diese Person kam. Ich persönlich vertraue meinem Geistführer uneingeschränkt. Wenn ich einen Input für mich oder für andere bekomme, dann weiß ich immer, dass dieser Input für mich oder die jeweilige Person sehr wichtig ist. Ich gehe anders damit um, als wenn etwas von mir selbst kommt.

Und noch etwas ist wichtig: Bitte spiele nicht Medium, sag dann nicht: »Mein Geistführer sagt, du sollst dieses oder jenes machen!« Das finde ich sehr unprofessionell und unangebracht. Ich spiele nie Medium in meinem privaten Umfeld. Ich gebe den Ratschlag bzw. Input einfach weiter. Ich dränge ihn dem anderen nicht auf und sage auch nicht, dass der Ratschlag aus der Geistigen Welt kommt. Vielmehr spürt die Person ganz automatisch, wann der richtige Zeitpunkt kommt, diesem Ratschlag zu folgen. Bitte geh nicht zu Menschen und drücke ihnen deine Eingebungen auf. Dies bringt die anderen eher aus dem Gleichgewicht. Gib weiter, wenn du einen Input bekommst, doch gib ihn von dir weiter. Es ist jedem selbst überlassen, was er mit einem Tipp macht. Doch wenn wir sagen, der Tipp komme aus der Geistigen Welt, dann machen wir damit dem Menschen häufig auch ein schlechtes Gewissen, zum Beispiel dann, wenn er sich aus irgendeinem Grund nicht in der Lage fühlt, diesen Input umzusetzen, oder wenn er noch nicht offen ist für die Geistige

Welt. Viele denken auch: »Du bist ein Spinner!«, wenn du ihnen sagst, ein Input komme vom Geistführer. Oder sie können mit der Antwort nichts anfangen oder lehnen sie ab, weil sie eine Abneigung spüren. Gib den Tipp oder Ratschlag immer so weiter, als käme er von dir. Das ist meine ganz persönliche Empfehlung. So kann die betreffende Person immer frei entscheiden, ob dein Ratschlag für sie momentan richtig und wichtig ist.

Ich hoffe sehr, du kannst erkennen, wie wichtig diese Übung ist. Immer wenn du die Nähe deines Geistführers spürst, weißt du, dass die Information von ihm ist. Andernfalls weißt du, dass die Information von dir selbst ist.

Häufige Fragen

? *Ist es für den Geistführer nicht sinnlos oder gar respektlos, wenn er 400-mal am Tag hin- und herkommen soll?*
Ich kann dies gut verstehen. Doch als ich selbst meinem Geistführer die Frage stellte, sagte er: »Nein, weil wir wissen, dass ihr am Üben seid und dass ihr lernen wollt, unsere Botschaften klarer von euren eigenen Gedanken zu unterscheiden. Für uns ist es schlimmer, wenn Menschen behaupten, eine Botschaft komme vom Geistführer, ohne dass diese Botschaft von uns ist. Da es eurem Training dient, sind wir dankbar und machen das gern. Denn auch wir wollen einen guten Kontakt zu unserem Schützling.« Ich habe es bis jetzt noch nicht erlebt, dass sich ein Geistführer über die Übung beklagt hat.

? *Mir ist aufgefallen, dass du bei allen Übungen, die du anleitest, den Geistführer von hinten kommen lässt. Warum machst du das so?*

Dies ist eine sehr gute und wichtige Frage. Der Kontakt zum Geistführer findet über das Kehl-Chakra statt und nicht über das Kronen-Chakra, wie man es oft hört oder in Büchern liest. Wenn ich hellsichtig schaue und gute Medien beobachte, die Jenseitskontakte geben (Kontakt zu Verstorbenen), oder Botschaften von Geistführern bzw. Engeln erhalte, dann sieht man ganz klar, dass sie über das Kehl-Chakra erfolgen. Außerdem ist die Öffnung des Kehl-Chakras sowohl vorn als auch hinten. Meist kennen wir nur Bilder, bei denen die Chakren von vorn gezeigt werden. Doch die Öffnung beim Kehl-Chakra ist hinten. Darüber hinaus ist unsere Wahrnehmung nach hinten oft sensibler, da wir diese Wahrnehmung auch von Warteschlangen her kennen.

Der zweite Grund, warum ich Geistwesen, also Verstorbene und Geistführer, immer hinter mich nehme, hat damit zu tun, dass ich vorn über den Solarplexus die Energien von Menschen lese. Das ist dann entscheidend, wenn ich zum Beispiel die Aura lese und mein Bauchgefühl und meine Intuition auch vorn über mein Solarplexus-Chakra arbeiten. Das Solarplexus-Chakra befindet sich unter dem Brustbein, dort, wo sich eine Kuhle befindet und der Knochen des Brustkorbs aufhört. Damit ich also hier die Botschaften nicht vermische, ob es zum Beispiel die Aura eines Menschen betrifft oder ob es um eine Botschaft an einen Klienten geht, die vom Geistführer kommt, ist es wichtig, dass ich die Informationsquellen gut unterscheiden kann. Somit ist die Geistige Welt immer hinter mir, und wenn ich direkt das Energiefeld lese, dann mache ich das vorn über den Solarplexus.

Beispiel: Ein Klient möchte vom Geistführer wissen, ob er beruflich auf dem richtigen Weg ist. Nehmen wir an, der Klient ist sehr unsicher, hat viele Ängste und Sorgen, und ich habe meinen Geistführer nicht hinter mir, sondern auch vorn, dann nehme ich Sorgen und Unsicherheit wahr. Dann würde ich dies unter Umständen falsch interpretieren und dem Klienten sagen: »Dein Geistführer macht sich Sorgen und ist sehr unsicher, ob dein Beruf das Richtige ist!« Ich nehme diese Angst zwar wahr, kann aber nicht unterscheiden, ob sie vom Geistführer oder vom Energiefeld des Klienten kommt. Das kann mir aber nicht passieren, wenn ich die Geistige Welt immer hinter mir habe. So kommt es also zu keiner Mischung, und ich kann die klare Botschaft vom Geistführer übermitteln.

Es könnte also Folgendes geschehen: Ich gehe zum Geistführer und bekomme als Botschaft: »Es ist wichtig, dass er diesen neuen Weg geht, weil er ihn für seine persönliche Entwicklung braucht. Vertrau darauf, sei mutig und mach diesen Wechsel!« Doch vorn lese ich im Energiefeld Angst und Unsicherheit. Wenn ich dies klar unterscheiden kann, kann ich fortfahren: »Doch ich kann wahrnehmen, dass du viele Ängste hast und sehr verunsichert bist. Dein Geistführer findet den Weg richtig und gut. Stell dich deiner

Angst und lass dich nicht davon aufhalten.« Ich könnte dann auch noch aus der Aura lesen, woher die Angst kommt, welche Muster aktiv sind und Ähnliches … Doch es ist wichtig, dass ich dies gut auseinanderhalten kann, sonst kommt es zu Mischungen, und die Botschaft kann dadurch verfälscht werden. Deswegen kommt der Geistführer oder ein Verstorbener immer hinter mich, damit ich als Medium die Informationsquellen unterscheiden kann. Ich empfehle dir, dies von Anfang an so zu trainieren, da es später fast unmöglich ist, die Informationsquellen auseinanderzuhalten, wenn es falsch trainiert wurde.

? *Ich habe gar nichts gespürt. Habe ich keinen Geistführer?*
Keine Sorge, wir alle haben einen Geistführer. Doch es kommt häufig vor, dass wir am Anfang nichts wahrnehmen können. Der häufigste Grund dafür ist, dass du einfach noch mehr Übung brauchst. Oder aber du machst dir zu viel Druck, sodass du nicht entspannt genug bist, und zu viel erwartest. Das blockiert dich und führt zu Misserfolg. Entspannung ist beim Wahrnehmen über die Hellsinne am allerwichtigsten. Je entspannter du bist, desto besser funktioniert deine Wahrnehmung. Oft müssen wir einfach noch lernen, uns zu entspannen, zu vertrauen und ein bisschen mehr üben.

Sitting in the Power

»Sitzen in der Kraft« oder »Sitzen für die Geistige Welt«, wie ich es auch gern nenne, ist eine Meditationstechnik, die ich persönlich unfassbar liebe und als eine der besten Übungen empfinde, um die Beziehung zu unserem Geistführer zu stärken. Ich habe sie bereits ganz am Anfang meiner Ausbildung kennengelernt. Sie ist deswegen eine meiner Lieblingsübungen, weil mit ihr alles und nichts geschehen kann. Jeder, der sich einen ernsthaften Kontakt zu seinem Geistführer wünscht oder auch als Medium arbeitet, sollte sie regelmäßig machen. Während meiner Ausbildung wurde uns aufgetragen, jeden Tag fünfundvierzig Minuten zu meditieren und fünfundvierzig Minuten für die Geistige Welt zu sitzen. Ich verlange dies auch von meinen Schülern, da ich weiß, wie wertvoll diese Erfahrung ist. Anfangs habe ich mich nicht so streng an diese Vorgabe gehalten. Heute bereue ich es manchmal, dass ich nicht disziplinierter war, wenn es um Meditation oder das Sitting in the Power ging.

Man braucht diese Übung, damit die Geistige Welt unsere Energie, oder besser gesagt: unser Aurafeld für eine bessere Kommunikation einstellen kann. Wenn man diese Übung regelmäßig durchführt, werden automatisch die medialen bzw. sensitiven Fähigkeiten erheblich verbessert. Die Geistige Welt, unsere Geistführer, kann uns dann viel näherkommen. Ich nutze diese Übung auch für spirituelle Fragen oder für Fragen, die meine Medialität betreffen, zum Beispiel, wenn ich nicht weiß, wie ich mich verbessern oder ein Problem lösen kann. Manchmal mache ich sie auch einfach so, ohne Absicht, ohne Ziel. Dann kann es sein, dass ich unterrichtet werde oder dass ich Heilung erfahre oder dass einfach an meinen Energien und Energiezentren (den Chakren) »herumgeschraubt« wird. Diese Übung ist auch für unseren Geistführer sehr wichtig. Sie gibt neuen Geistführern die Möglichkeit, besser und schneller Zugang zu uns zu finden oder mit Geistführer-Lehrlingen an und mit uns zu üben. Nicht alle Geistführer sind Profis, ja, es gibt auch Anfänger. Jeder muss einmal anfangen, und auch in der Geistigen Welt beginnen alle irgendwann einmal. Wir brauchen jedoch keine Angst zu haben, die Neulinge werden immer von einem Lehrmeister begleitet. Es kann also nichts schiefgehen. Die Übung dient dazu, dass deine außersinnlichen Fähigkeiten erweitert und angepasst werden. Es ist wirklich eine wunderbare Übung, vor allem, weil man kein Gegenüber braucht und keine Hilfsmittel; man kann sie überall durchführen, und das Beste daran ist: Außer Zeit kostet sie nichts, und sie bereitet nur Freude!

Warum ich Sitting in the Power heute lieber „Sitzen für die Geistige Welt« nenne, darf ich noch kurz erklären, damit du entspannter an die Übung herangehen kannst. Wie ich vorher bereits ausgeführt habe, kann dabei sehr viel passieren. Du kannst Unterricht bekommen, Heilung erfahren oder dein Aurafeld wird eingestellt, damit deine übersinnlichen Fähigkeiten aktiviert und gestärkt werden. Das sind alles wunderbare Vorteile dieser Übung. Doch im Grunde hat sie zum Ziel, mit unserem Freund, unserem Geistführer einfach Zeit zu verbringen, ohne etwas zu erwarten, einfach nur da zu sein und diese Verbindung zu genießen. Das hört sich leicht an, ist jedoch sehr schwer. Einfach in die Verbindung zu treten und nichts zu erwarten, überfordert viele Menschen am Anfang. Sich bewusst zu machen, dass wir einfach nur Zeit mit unserem Geistführer verbringen, ohne dass etwas Spektakuläres passiert oder ohne dass wir etwas dafür bekommen, jedenfalls nicht auf der bewussten Ebene, dies setzt sehr viel Demut voraus, weil wir so programmiert sind, dass wir für jeden Aufwand auch eine Entschädigung erwarten. Ich verspreche dir, dass du deine Entschädigung noch bekommst. In der Anfangszeit ist es jedoch völlig normal, dass nichts geschieht. Ich habe ganze achtzehn Monate gebraucht, bis ich klare Botschaften erhielt, Heilung erfuhr und direkt von meinem Geistführer unterrichtet wurde. Allein die Verbindung zu unserem Freund, die Ruhe, die Energie, tut unserem Körper, unserem Geist und unserer Seele unglaublich gut. Du wirst rasante Fortschritte machen, wenn du nichts erwartest und einfach nur genießt. Ich empfehle dir, die Übung jeden Tag durchzuführen. Am besten ist es, du beginnst mit kurzen, regelmäßigen Einheiten. Mit der Zeit kannst du die Zeit ausdehnen, wie es für dich am stimmigsten ist.

Übung

Setz dich gerade auf einen Stuhl. Nimm wahr, wie beim Einatmen die Nasenflügel kühl und beim Ausatmen wärmer werden. Bei jedem Ausatmen entspannst du dich mehr und mehr. Lass dir Zeit. Versuch dich nur auf deine Atmung zu konzentrieren. Einatmen … Ausatmen … Einatmen … Ausatmen. Entspann dich mit jedem Atemzug mehr und tiefer. Geh nun mit deinem Bewusstsein zu deiner Herzgegend. Stell dir vor, dass du dort ein kleines, goldenes Lichtlein hast. (Stell dir eine Kerze, ein Feuer, eine Feuerkugel oder was auch immer vor.) Nimm wahr, dass dies dein göttliches Licht ist. Es ist das, was du WIRKLICH bist. Lass dieses Licht mit jedem Einatmen immer größer und heller werden. Beim Ausatmen entspannst du dich immer mehr … Lass dir Zeit … Einatmen, das Licht wird größer … Ausatmen, du wirst immer entspannter … Lass dir Zeit, und dehne dein Licht so weit aus, bis dein ganzer Körper ausgefüllt ist mit deinem reinen, göttlichen Licht … Sobald dein ganzer Körper bis in jede einzelne Zelle durchflutet ist von dem Licht, dehne dein Licht weiter über deine Aura hinaus aus. Dehne es bis circa fünfzig bis hundert Zentimeter um deinen Körper herum aus. Lass dein göttliches Licht um dich herum leuchten und strahlen … Lass dir Zeit … Sobald deine Aura mit dem Licht komplett durchflutet ist, bitte nun deinen Geistführer zu dir und nimm wahr, wie er langsam an deine Seite tritt. Lass eine tiefe und innige Verbindung entstehen. Stell dir vor, wie beim Einatmen eure Verbindung tiefer und fester wird und ihr euch immer näher kommt … Lass dir auch hier wieder Zeit … Lass einfach geschehen, was geschehen soll, und nimm nur wahr … Lass alles los … Bleib so für die nächsten zwanzig bis dreißig Minuten und komm erst dann zurück, wenn du merkst, dass sich deine Geistführer langsam von dir zurückziehen …

Die von mir eingesprochene Meditation findest du kostenlos unter: www.geistführer.info

Häufige Fragen

? *Ich schlafe bei dieser Übung immer ein. Warum?*
Dies kommt häufig vor. Daher empfehle ich dir, alle Meditationen im Sitzen auf einem Stuhl zu machen und sich nicht hinzulegen. Oft sind wir ständig unter Stress und Druck. Wenn wir dann Meditationsübungen durchführen, entspannen wir uns und schlafen ein. Im Grunde ist es ein Zeichen dafür, dass es deinem Körper guttun würde, wenn du dich öfter entspannen würdest. Setz dich am Anfang am besten vorn auf die Stuhlkante, damit es nicht zu bequem ist, dann schläft

man nicht so leicht ein. Ich persönlich finde es wichtig, bei Übungen nicht einzuschlafen, auch wenn manche behaupten, die Wirkung sei dennoch vorhanden. Dies mag bei der einen oder anderen Meditation zutreffen. Doch bei allen Meditationen in diesem Buch ist es wichtig, dass du nicht einschläfst. Zwar kann es am Anfang immer wieder einmal passieren, die Welt geht jedoch deswegen nicht unter! Ich selbst bin die erste Zeit auch oft eingeschlafen bei den Meditationsübungen. Das ist nur allzu menschlich.

? *Ich habe nur die Energie vom Geistführer gespürt, weiter aber nichts! Was mache ich falsch?*
Du machst gar nichts falsch. Das ist perfekt. Genau darum geht es, nichts zu erwarten, sondern einfach nur die Verbindung zu pflegen. Glaub mir: Auch wenn wir nichts wahrnehmen, ist diese Übung äußerst effektiv. Es passiert sehr viel, auch wenn die ersten Monate auf der bewussten Ebene nichts geschieht. Je mehr du loslassen kannst und je mehr es dir nur darum geht, Zeit mit deinem Freund, deinem Geistführer, zu verbringen, umso klarer werden die Botschaften. Meine Beobachtung zeigt mir auch: Wenn jemand bei dieser Übung schon von Anfang an auffällig viele Botschaften bekommt und unglaublich viel passiert, dass dies zu neunzig Prozent seiner Fantasie entspringt. Doch wir wollen nicht die Fantasie anregen und trainieren, sondern unsere echte außersinnliche Wahrnehmung. Lass dich nicht davon irritieren, was andere alles wahrnehmen und sehen (wol-

len). Entweder haben sie wesentlich mehr geübt und somit bereits mehr Erfahrung, oder sie haben nur ihre Fantasiewelt erweitert. Aus Erfahrung weiß ich, dass Menschen, die jedem erzählen müssen, was sie alles Außergewöhnliches sehen oder welch tolle Botschaften sie bekommen, sind meistens solche, die total in ihrer Fantasiewelt leben und sich und den anderen Menschen gern etwas vormachen. Meine Devise ist: Weniger ist oft mehr. Mich beeindrucken die ausgeschmückten Rückmeldungen von Kursteilnehmern kaum. Wenn mir jemand erzählt, was er alles kann und sieht, steckt meistens nicht sehr viel dahinter. Bleib immer bei dir und deiner Wahrnehmung. Das ist das einzige Wichtige in diesem Zusammenhang.

? *Wie kann ich sicher sein, nicht in meiner Fantasiewelt zu sein?*

Das ist die schwierigste Frage überhaupt. Das einzig Wichtige ist hier ausschließlich das Training. Mit der Zeit fällt es dir immer leichter, deine Fantasie von echter Wahrnehmung zu unterscheiden. Am Anfang ist dies allerdings schwer, weil es keinen Trick dafür gibt. Man merkt einfach mit der Zeit, dass es sich anders anfühlt. Echte Wahrnehmung ist meistens sehr schnell, kurz, oft nur ein Gedankenblitz. Wenn deine Wahrnehmung sehr farbig ist und ganz deinen Wunschgedanken entspricht, wenn du viele kluge Sätze hörst, dann ist es eher deine Fantasie. Der Geistführer ist immer sehr klar und knapp mit seinen Antworten. Das sind keine Romane, sondern es ist, als ob dir die Antwort in den Kopf geschoben wird. Doch es ist wirklich sehr schwer zu erklären, zumal es auch bei jedem Menschen ein bisschen anders ist. Doch vertrau mir: Du wirst es mit der Zeit immer klarer unterscheiden können. Lass dir Zeit. Wir sind auch erst am Anfang unseres Trainingsprogramms.

Wie heißt mein Hauptgeistführer bzw. mein Geistführer?

Eine Frage, die mir immer wieder gestellt wird, und was die Seminarteilnehmer meistens brennend interessiert, ist, wie ihr Geistführer heißt. Ich gebe zu, dass mir das früher auch besonders wichtig war. Ich wollte auch immer den Namen meines Geistführers wissen, vor allem, wenn ich einen neuen Geistführer in meinem Geistigen Team wahrgenommen habe. Ich bin mir sicher, einige Leserinnen und Leser sind genauso neugierig. Und deswegen will ich mit dir folgende Übung machen, mit der du den Namen deines Geistführers erfahren kannst. Bevor du weiterliest, empfehle ich dir daher dringend, zuerst die Übung zu machen. Es geht um den Namen deines Hauptgeistführers, also des Geistführers, der immer bei dir ist. Wichtig ist, dass du dir für die Übung genügend Zeit lässt. Mach sie nicht einfach mal schnell nebenher. Lies dir den Übungstext genau durch oder hör dir die von mir eingesprochene Meditationsübung online an.

Übung

Setz dich mit geradem Rücken auf einen Stuhl. Nimm wahr, wie beim Einatmen die Nasenflügel kühl und beim Ausatmen wärmer werden. Bei jedem Ausatmen entspannst du dich mehr und mehr. Lass dir Zeit. Versuch dich nur auf deine Atmung zu konzentrieren. Einatmen ... Ausatmen ... Einatmen ... Ausatmen. Bitte nun deinen Hauptgeistführer, er möge näherkommen. Achte darauf, wie sich die Energie um dich herum verändert. Nimm wahr, wie du mit deinem Hauptgeistführer langsam eins wirst. Mit jedem Ausatmen entspannst du dich mehr und mehr. Mit jedem Einatmen wird die Verbindung zu deinem Hauptgeistführer enger und enger. Konzentriere dich nur auf die Atmung. Einatmen – die Verbindung wird enger ... Ausatmen – du entspannst dich mehr und mehr. Einatmen ... Ausatmen ... Einatmen ... Ausatmen ... Lass dir Zeit. Um deinen Zustand noch mehr zu vertiefen und dich noch intensiver zu entspannen, stell dir vor, du stehst oben auf einer langen Treppe und gehst langsam, Schritt für Schritt diese Treppe herunter. Mit jeder Stufe entspannst du dich mehr und mehr, und die Verbindung zwischen dir und deinem Hauptgeistführer wird immer intensiver und stärker. Du brauchst nichts anderes zu tun, als einfach nur diese Treppe hinunterzugehen, Stufe für Stufe, Schritt für

Schritt ... Du nimmst wahr, wie du immer entspannter und ruhiger wirst ... Lass dir Zeit ... Schritt für Schritt ... Stufe um Stufe, du sinkst immer tiefer und tiefer und fühlst dich vollkommen ruhig und wohl. Du fühlst, dass dein Geistführer ganz nah ist .... Du fühlst dich sicher und geborgen ... Schritt für Schritt ... Du bist vollkommen entspannt und ruhig ... Geh einfach weiter ... die Stufen hinunter und entspann dich mehr und mehr ... Bitte nun deinen Hauptgeistführer, er möge sich noch intensiver mit dir verbinden und bitte ihn dann, dir seinen Namen zu sagen! Du wirst feststellen, dass sofort klar und deutlich ein Name in dein Bewusstsein kommt. Nimm den ersten Namen, der in dein Bewusstsein kommt. Zweifle nicht daran, auch wenn sich der Name vielleicht sehr »normal« oder auch »anormal« anhört. Merk dir den Namen, den du bekommen hast. Bedank dich dann bei deinem Hauptgeistführer dafür, dass er dir seinen Namen verraten hat und komm dann langsam wieder ins Hier und Jetzt zurück.

Bitte lies erst dann weiter, wenn du die Übung gemacht und den Namen erhalten hast, sonst vergibst du dir die Chance, den Namen deines Geistführers zu erfahren. Ich bin mir sicher, dass du einen Namen bekommen hast, wenn du die Übung gemacht hast. Vielleicht hast du dir den Namen anders vorgestellt, oder du bist im ersten Moment enttäuscht, weil du einen ganz anderen Namen erwartet hast. Vielleicht – und das wünsche ich dir – bist du aber auch überglücklich über den Namen.

Ich weiß noch, dass ich meinen damaligen Geistführer gefragt habe, ob ich ihm den Namen Zoey gegeben habe oder ob der Name von ihm stammt. Ich kann mir vorstellen, dass einige von euch sich dasselbe fragen. Einige denken vielleicht: »Der Name, den ich während der Meditation erhalten habe, kommt von mir. Den habe ich mir bestimmt nur ausgedacht.« Ich erinnere mich noch genau an die Antwort meines Geistführers Zoey: »Ihr Menschen braucht einen Namen für uns. Wir aber sind im Grunde genommen nur Energie, und Energie braucht keinen Namen. Und dennoch geben wir euch einen Namen für uns, damit ihr uns direkt ansprechen könnt, aber nicht, weil wir das brauchen würden.« Ich fragte damals weiter: »Aber hast du mir den Namen Zoey gegeben oder habe ich ihn dir in meiner Fantasie gegeben?« – »Ist das wichtig? Mir ist es egal, ob du mich Zoey oder Hans nennst. Wichtig ist für mich nur, dass du mit mir in Kontakt bist und dass wir Freunde sind. Wie du mich nennst, ist mir nicht wichtig. Du solltest dir darüber keine Gedanken machen. Nenn mich so, wie es für dich richtig ist.« Zuerst war ich ein bisschen enttäuscht von dieser Antwort. Im Laufe meiner Ausbildung habe ich jedoch viele sehr gute andere Medien kennengelernt, sogar viele der weltbesten, und immer wieder kam die Frage bezüglich der Namen der Geistführer auf, und immer wieder hörte ich, dass die anderen Medien von ihren Geistführern dieselbe oder eine ähnliche Antwort erhielten, wie ich damals von Zoey. Heute ist es mir nicht mehr wichtig, wie der Name eines Geistführers lautet. Nur bei meinen Geistführerseminaren tauchen diese Fragen am häufigsten auf.

Dabei fiel mir aber auch Folgendes auf: Ich mache mit den Teilnehmern meiner Kurse immer die oben ausgeführte Meditation, und neunundneunzig Prozent aller Teilnehmerinnen und Teilnehmer bekommen dann auch einen Namen, aber viele zweifeln dann an der Echtheit. Für mich ist dieser Moment immer sehr spannend, da ich ja hellsichtig die Geistführer meiner Schüler wahrnehmen kann, und mir fällt auf, dass die Energie der Namen immer sehr gut zu den Geistführern passt. Was meine ich damit?

Nehmen wir einmal an, der Name lautet Hans. Stell dir nun zu diesem Namen einen Mann vor. Der Name Hans löst in den meisten Menschen etwas sehr Erdiges, Bodenständiges und Einfaches aus. Sicherlich steckt dein Hans nicht unbedingt in einem Anzug, sondern ist wahrscheinlich eher einfach gekleidet. Auch stellt man sich den Charakter von Hans anders vor als zum Beispiel von Leonardo. Oder nehmen wir den Namen Maria. Da würde man eher an eine Mutter, an eine liebevolle Frau denken und nicht an eine jähzornige, verbitterte ältere Dame. Ich weiß, das ist hier sehr bildlich gesprochen, doch ich hoffe, du verstehst, was ich damit meine. Im Grunde ist der Name fast immer die Energie, die der Geistführer mitbringt. Immer wieder höre ich von Menschen, dass sie ganz berühmte Geistführer haben bzw. meinen, sie hätten berühmte Geistführer. Das ist jedoch bei den wenigsten der Fall. Besonders Merlin, Jeanne d'Arc, Jesus, Maria, Napoleon, Platon und Sokrates oder ähnlich bekannte Namen werden oft genannt. So etwas trägt natürlich nicht gerade zur Glaubwürdigkeit bei. Wie sieht es zum Beispiel aus, wenn ein Mann, der gerade seine Trance-Medialität ausbildet, immer wieder mitten in der Nacht aufsteht und in Unterhosen Lieder von Elvis Presley singt und sich dann wundert, dass sich seine Frau um ihn sorgt. Oder anderes Beispiel: Ich habe gehört, ein Medium sei davon überzeugt, dass John Lennon von den Beatles durch sie spricht. Da bekommt das Lied »Imagine« (vorstellen/sich etwas ausdenken!) eine ganz andere Bedeutung. Es gibt leider viele Menschen und Medien, die sich durch ihre Geistführer in den Mittelpunkt stellen möchten. Aber nur bei ganz wenigen konnte ich dann tatsächlich ein bekanntes Geistwesen sehen. Und wie bereits weiter oben ausgeführt, zeigt sich ein Geistführer als Jesus, dann ist dies nicht Jesus Christus aus der Bibel, der Sohn Gottes, sondern er gibt sich diesen Namen oder dieses Aussehen, weil er so am besten angenommen werden kann.

Häufige Fragen

? *Ich habe keinen Namen bekommen?*

Im Grunde ist dies kaum möglich, außer jemand hat sich großen Druck gemacht. Oder er hat einen Namen bekommen, nimmt ihn aber nicht, weil er Angst hat, er könnte seiner Fantasie entsprungen sein. Doch einen Namen bekommen wir bei dieser Übung immer, jedoch nicht unbedingt den, den wir erwarten oder uns wünschen. Wichtig dabei ist, dass du dir den ersten Namen, der dir bewusst wird, merkst. Falls du wirklich keinen Namen bekommen haben solltest, dann liegt es höchstwahrscheinlich daran, dass du dir zu viel Druck gemacht hast. Wiederhole in diesem Fall die Übung zu einem späteren Zeitpunkt noch einmal. Dein Geistführer ist da und auch gewillt, dir seinen Namen zu verraten. Manchmal bekommt jemand keinen Namen, und wenn ich dann frage: »Ist es wichtig für dich, dass du den Namen deines Hauptgeistführers kennst?« Dann bekomme ich häufig zu hören: »Nein, für mich ist er einfach eine liebevolle Energie, ich brauche nicht wirklich einen Namen dafür!« Dann weiß ich auch, warum kein Name gekommen ist. Weil er dies nicht braucht und den Geistführer als Energie wahrnimmt, was exakt richtig ist, bekommt er auch keinen Namen. Falls dies bei dir der Fall ist, dann brauchst du den Namen nicht und hast ihn deswegen auch nicht bekommen.

? *Wie kann ich sicher sein, dass der Name nicht meiner Fantasie entspringt?*
Das ist ganz einfach. Je gewöhnlicher oder »normaler« der Name ist, den du bekommen hast, desto sicherer kannst du sein, dass er nicht aus deiner Fantasie kommt. Die meisten aller Kursteilnehmerinnen und Kursteilnehmer bekommen ganz normale Namen, wie Günther, Rosa, Maria, Thomas, Hans, Beat, Manfred oder Daniel etc. Bei solchen Namen kannst du dir relativ sicher sein,

dass sie nicht das Ergebnis deiner Fantasie sind. Denn wenn wir ehrlich sind: Ich hätte dir gesagt, nimm dir fünf Minuten Zeit und wähle dir einen Namen für deinen Hauptgeistführer bzw. Schutzengel aus. Dann würde wohl niemand auf die Idee kommen, ihm einen so alltäglichen Namen wie Günther zu geben. Nein, die Namen wären dann sicher alle ganz geschraubt und wohlklingend. Die Fantasie würde mit uns einfach durchgehen. Je alltäglicher bzw. »normaler« der Name ist, desto sicherer kannst du sein, dass er nicht deiner Fantasie entsprungen ist, zumal dann, wenn du ihn sofort, nachdem ich gesagt hatte, du mögest deinen Hauptgeistführer um seinen Namen bitten, in deinem Bewusstsein hattest. Solche Namen sind echt.

? *Mein Geistführer heißt Jesus. Jetzt bin ich sehr verunsichert, weil du gesagt hast, Jesus könne kein Geistführer sein.*

Ich sagte nicht, dass dein Geistführer nicht Jesus heißen kann. Schließlich ist dies ein sehr häufiger Name, genauso wie Gabriel oder Michael. Nur sollten wir Jesus nicht mit Jesus Christus verwechseln und aus Michael nicht den Erzengel Michael oder aus Gabriel den Erzengel Gabriel machen. Dann könnte es sein, dass der Name deinem Ego geschuldet ist oder dein Wunsch der Vater des Gedankens ist. Wenn du unbedingt willst, dass dein Geistführer Jesus heißt, dann wird sich dein Geistführer auch so nennen, da er weiß, dass du diesen Namen brauchst. Dennoch ist es nicht der Jesus Christus aus der Bibel. Mach dir deswegen keinen Stress. Es ist einfach irgendein Jesus und nicht der Jesus.

? *Kann sich der Name des Hauptgeistführers ändern? Ich habe diese Übung nämlich schon einmal gemacht und jetzt habe ich einen ganz anderen Namen bekommen! Welcher Name stimmt jetzt?*
Nein, das ist nicht möglich. Wenn Kursteilnehmer diese Frage gestellt haben, kam häufig folgendes Problem zum Vorschein: Sie hatten vielleicht bei einem anderen Seminarleiter eine ähnliche Übung durchgeführt, die aus einem anderen Buch oder zum Beispiel von einer älteren CD von mir stammte. Doch wurde in der Regel nicht nach dem Namen des Hauptgeistführers, sondern nach dem Namen eines Geistführers gefragt. Da wir ja mehrere im Team haben, hat vielleicht einer aus dem Team den Namen verraten, aber nicht der Hauptgeistführer. Falls du dieses Problem hast, frag dich oder versuch dich zu erinnern, ob bei der Übung nach dem Namen des Geistführers oder des Hauptgeistführers gefragt wurde. Falls die Übung von meiner alten Geistführer-CD oder aus meinem Buch »Entdecke deinen Geistführer« stammt, dann kann ich dich beruhigen: Dort habe ich die Übung immer offengelassen und die Teilnehmer gebeten, nach dem Namen eines Geistführers zu fragen, aber nicht nach dem Namen des Hauptgeistführers. Dies ist die häufigste Ursache der unterschiedlichen Namen. Der Name kann sich nicht ändern.

Ein anderer Grund war oft, dass die Teilnehmer sagten: »Ein Medium hat mir den Namen gegeben, doch ich bekam einen anderen!« Dann ist meine Antwort ganz klar: Vertrau dir selbst, aber niemals einem externen Medium, da wir nie sicher sein können, dass das Medium gut ausgebildet ist und auch wirklich in Kontakt mit deinem Hauptgeistführer stand. Im Grunde genommen gibt es eine Art Kodex, nach dem man einem Schüler weder Aussehen noch Namen des Geistführers verraten darf, wenn dieser ihn selbst noch nicht kennt. Man darf ihn erst dann weitergeben, wenn der Schüler den Namen schon kennt, gewissermaßen zur Bestätigung. Daran halten sich im Grunde nahezu alle gut ausgebildeten Medien.

Mein Ratschlag: Vertrau dir und deiner Wahrnehmung! Verlasse dich nicht auf Beschreibungen anderer, weil du nie weißt, wie gut sie wirklich sind. Der häufigste Grund ist allerdings, dass wir nicht nach dem Namen des Hauptgeistführers gefragt haben, sondern einfach nur nach dem Namen eines Geistführers. Solltest du dich irren oder der Name, den du bekommen hast, wirklich nicht der Name sein, den dir dein Geistführer gegeben hat, dann entspann dich. Er wird dir weder böse sein noch auf diesen Namen hören. Er weiß, wer damit gemeint ist, und wird dich dennoch unterstützen, auch wenn es nicht sein richtiger Name ist. Geistführer sind reine, liebevolle Energie, und nur ein Ego ist gekränkt, wenn man den falschen Namen sagt, doch Geistwesen sind befreit vom Ego.

? *Ich kann mit dem Namen nichts anfangen?*

Warum kannst du mit dem Namen nichts anfangen? Gerade wenn man mit dem Namen nichts anfangen kann, darf man sich sicher sein, dass er kein Fantasiegebilde ist. Eine Kursteilnehmerin behauptete einmal, sie habe keinen Namen bekommen. Mein Geistführer gab mir aber zu verstehen, dass das nicht stimmt. Ich sagte ihr das, und sie entgegnete: »Ich bin doch nicht blöd. Wenn ich sage, dass ich keinen bekommen habe, dann ist das so!« Ich erklärte ihr, dass ich sie nicht ärgern will, doch dass mein Geistführer sagen würde, sie habe einen bekommen. Darauf sagte sie: »Nein, ich sah nur eine Feder, und die war ganz weiß!« Da musste ich lachen, denn ich hatte gesehen, dass sich ihre Hauptgeistführerin als Indianerin gezeigt hatte und erklärte ihr: »Das passt sehr gut. Du hast den Namen deiner Geistführerin symbolisch bekommen. Ihr Name ist weiße Feder! Das ist in verschiedenen Kulturen normal. Mein Hauptgeistführer heißt Großer Bär. Auch er ist indigener Abstammung, und er zeigte mir seinen Namen damals auch symbolisch; ich sah immer einen großen Bären!« Jetzt ergab es für sie Sinn. Als damals meine Lehrerin meinen Hauptgeistführer um den Namen bat, weil sie mir meine Wahrnehmung bestätigen wollte, zeigte er ihr immer wieder das Sternbild vom Großen Bären. So erhielt sie damals den Namen. Manchmal bekommen wir den Namen symbolisch, und manchmal klingt für uns ein Name sehr fremd. Wenn wir dann aber zum Beispiel mithilfe von Google suchen, stellen wir fest, dass der Name in bestimmten Kulturkreisen völlig normal ist. Lass dich also nicht entmutigen.

Was ich ebenso spannend finde, sind Namen, die uns im ersten Moment häufig nichts sagen, die jedoch eine besondere Bedeutung haben. Da kann dir in der Regel Google weiterhelfen. Mein Name Pascal bedeutet zum Beispiel »Der zu Ostern Geborene«. Und so haben viele Namen eine ganz bestimmte Bedeutung. Dies kann auch ein Hinweis auf die Energie sein, mit der ein Geistführer arbeitet, zwar nicht häufig, aber manchmal. Sehr oft ist der Name, auch wenn er sich ganz normal anhört, nicht zufällig. Auch wenn dir dies am Anfang noch nicht bewusst ist. Doch je mehr du die Beziehung zu deinem Geistführer pflegst, desto mehr wird dir dein neuer Freund, dein Hauptgeistführer, auch über sich und seine Aufgabe und Energie verraten. Sei also gespannt. Zoey ist zwar nicht mein Hauptgeistführer, sondern Großer Bär, doch auch Zoey hat eine wunderschöne Bedeutung. Zoey ist nämlich eine Variante des aus dem Griechischen stammenden Namens Zoe. Der Name kommt vom altgriechischen Wort ζωή, das Leben bedeutet. Dabei ist nicht der Zustand des Lebens gemeint, sondern der Besitz einer Seele, die jemand diesem Leben einhaucht.

Ich kenne Zoey schon mein ganzes Leben, und ich finde, die Bedeutung passt sehr gut zu ihm. Zoey war meine ganze Kindheit hindurch bei mir. Er hat mich gelehrt, mit meiner außersinnlichen Wahrnehmung umzugehen und an mich selbst zu glauben. Zoey ist ein Experte darin, junge Menschen auf einen spirituellen Weg zu bringen. Er begleitet auch andere Menschen, und wenn ich ihn sehe, dann weiß ich immer, dass diese Person große außersinnliche Fähigkeiten hat und dass Zoey auf seine Art und Weise versucht, diese Person auf den Weg zu bringen und sich für das Außersinnliche zu öffnen. Man könnte auch sagen, dass Zoey die »spirituellen Fähigkeiten der Seele einhaucht«!

? *Eine Person, die ich kenne, heißt so. Kann der Name trotzdem stimmen?*
Das ist selbstverständlich möglich. Wichtig ist allerdings, deinen Geistführer nicht mit dieser Person zu verwechseln. Solange die Person noch lebt und nicht gerade jemand ist, der dir sehr nahesteht, kann dies immer wieder einmal vorkommen. Da die Namen ja meistens ganz normal sind, ist es durchaus möglich, dass wir auch jemanden kennen, der so heißt. Wenn es aber der Name deines Mannes, Bruders, deiner Frau, Schwester, Mutter, deines Vaters oder Kindes ist, kann es gut sein, dass der Name deiner Fantasie entspringt. Ich empfehle dir in diesem Fall, die Übung noch einmal durchzuführen. Wenn dies nicht der Fall ist und es der gleiche Name ist wie der von jemandem, den du kennst, dem du jedoch nicht sehr nahestehst, dann akzeptiere diesen Namen. Ist es der Name einer verstorbenen Person, dann verhält es sich ähnlich wie oben. Wichtig ist, dass du die verstorbene Person nicht mit deinem Hauptgeistführer verwechselst. Es kann zwar sein, dass sie

den gleichen Namen haben, doch eine verstorbene Person ist nie dein Hauptgeistführer, da dein Hauptgeistführer schon immer bei dir war, von der ersten bis zur letzten Inkarnation. Somit ist es unmöglich, dass du mit ihm ein Leben auf Erden hattest.

Wie sieht mein Hauptgeistführer aus?

Dies ist eine Frage, die gerade am Anfang viele Menschen interessiert: Wie sieht mein Hauptgeistführer aus? Doch mit der Zeit kann diese Frage auch in den Hintergrund treten. Früher wollte ich auch immer wissen, wie mein Geistführer aussieht. Heute ist dies nicht mehr so wichtig für mich. Das Aussehen des Geistführers herauszufinden ist für einige Menschen sehr schwer, weil hier sehr schnell die Fantasie hereinspielt. Ich werde dir im Folgenden erklären, wie unsere Hellsinne genau funktionieren und wie du in Zukunft besser unterscheiden kannst, ob etwas ein Ergebnis deiner reichen Fantasie ist oder ob du etwas mit deinen Hellsinnen wahrgenommen hast. Die Hellsinne verständlich zu erklären ist äußerst schwierig, da sie bei jedem Menschen anders geartet sind und ich immer wieder feststelle, dass sogar unter den Medien Unklarheit herrscht. Ich persönlich finde, dass man mit bestimmten Erklärungen die Menschen eher verwirrt. Lass uns daher ganz unvoreingenommen an die nächste Übung herangehen und uns herauszufinden versuchen, wie dein Hauptgeistführer aussieht. Wichtig ist dabei, vor allem auf die schnellen Impulse und Bilder zu achten, und zwar auf

Blitzbilder und nicht auf die farbigen, langsamen Bilder, die du von Tagträumen oder von Meditationsreisen her kennst.

Du kannst dir die Übung auch online anhören. Ich stelle dir auch diese von mir eingesprochene Übung kostenlos zur Verfügung. Wie du feststellen kannst, habe ich die Übung relativ schnell gesprochen. Was ist der Grund dafür? Viele Menschen monieren manchmal, dass meine Meditationen zu schnell gesprochen seien. Das stimmt, und das war auch meine Absicht. Fantasie braucht Zeit, echte Wahrnehmung nicht! Wenn ich dir zu viel Zeit lasse, gebe ich dir die Möglichkeit, in deine Fantasiewelt und deine inneren Bilder einzutauchen. Das aber hat nichts mit außersinnlicher Wahrnehmung zu tun. Deswegen spreche ich die Übungen schneller, damit du mehr bei deiner echten außersinnlichen Wahrnehmung bleibst und nicht in deine Fantasie abdriftest. Diese Übung kannst du mehrere Male durchführen. Ich würde sie immer wieder einmal wiederholen. Dann wirst du nämlich feststellen, dass du mit der Zeit immer eindeutigere, klare Bilder bekommst, wie dein Hauptgeistführer aussieht. Lass dir also Zeit, auch wenn du beim ersten Mal nur wenig sehen solltest. Das ist völlig in Ordnung. Weniger ist mehr, denn wir wollen echte Wahrnehmung und nicht Fantasiebilder erzeugen. Bist du dazu bereit? Nimm dir für diese Übung genügend Zeit! Du kannst sie dir durchlesen und allein machen, oder du findest sie – wie oben erwähnt – online auf: www.geistführer.info

Übung

Setz dich aufrecht auf einen Stuhl. Nimm wahr, wie beim Einatmen die Nasenflügel kühler und beim Ausatmen wärmer werden. Bei jedem Ausatmen entspannst du dich mehr und mehr. Lass dir Zeit. Konzentriere dich ganz auf deine Atmung. Einatmen ... Ausatmen ... Einatmen ... Ausatmen. Entspann dich dabei immer mehr. Stell dir vor, wie du dich bei jedem Ausatmen mehr und mehr entspannst ...

Bitte nun deinen Hauptgeistführer, näherzukommen. Achte darauf, wie sich die Energie um dich herum verändert. Nimm bei jedem Einatmen wahr, wie du und dein Hauptgeistführer langsam eins werdet. Mit jedem Ausatmen entspannst du dich mehr und mehr. Mit jedem Einatmen wird die Verbindung zu deinem Hauptgeistführer enger und enger. Konzentriere dich nur auf die Atmung. Einatmen: Die Verbindung wird enger. Ausatmen: Du entspannst dich mehr und mehr. Einatmen ... Ausatmen ... Einatmen ... Ausatmen ... Lass dir Zeit.

Lass uns jetzt zusammen auf eine Reise gehen. Bitte deinen Hauptgeistführer, er möge dich bei der Hand nehmen. Nimm wahr, wie er dich langsam berührt. Stell dir vor, wie Ihr Euch langsam auf den Weg macht. Es ist ganz normal, dass du deinen Hauptgeistführer noch nicht klar erkennen kannst. Es reicht, wenn du einfach nur seine Anwesenheit spürst.

Lass dich von deinem Hauptgeistführer leiten. Ganz langsam kannst du erkennen, dass du mit deinem Hauptgeistführer einen wunderschönen Waldweg entlanggehst ... Mit jedem Schritt, den du machst, entspannst du dich mehr und mehr. Du weißt, dass du zusammen mit deinem neuen geistigen Freund diesen Waldweg entlanggehst. Du genießt es. Du bist vollkommen entspannt und ruhig ... Die Sonne wärmt deine Haut, und dadurch entspannst du dich mehr und mehr ... Vielleicht fühlst du den sanften Wind, der alle Sorgen und unnötigen Gedanken von dir wegweht. Du bist eins mit deinem Hauptgeistführer und fühlst dich wohl und entspannt.
Du fühlst, wie mit jedem Schritt die Freude in dir größer und größer wird. Wie dein Vertrauen zu deinem Hauptgeistführer immer mehr wächst und du auf allen Ebenen des Seins mit deinem Hauptgeistführer eins wirst. Lass dich einfach führen und entspann dich mehr und mehr ... (Pause)
Nimm wahr, dass weit hinten eine wunderschöne Parkbank zu erkennen ist. Du gehst mit deinem Hauptgeistführer auf diese Parkbank zu ... Sobald du dort angekommen bist, setzt du dich hin und entspannst dich. Du fühlst, dass sich dein Hauptgeistführer zu dir setzt. Schließ im Geist deine Augen und dreh deinen Oberkörper so, dass dein Hauptgeistführer direkt vor dir sitzt. Fühle nur seine Energie.

Wie ist sie? Ist sie kalt oder warm? Fühlt sie sich männlich oder weiblich an? Groß oder klein? Versuch die Energie auf allen Ebenen deines Seins zu verstehen. Lass dir Zeit ... Öffne nun im Geist deine Augen, lass aber die physischen Augen geschlossen. Versuch nun, deinen Hauptgeistführer mit deiner Hellsichtigkeit zu erkennen. Zweifle nicht daran, dass du es kannst. Lass vor deinem inneren Auge Bilder von deinem Hauptgeistführer entstehen. Schau als Erstes seine Hände an! Sind sie groß oder klein? Sind es Männer- oder Frauenhände? Sind sie alt oder jung? Hell oder dunkel?
Schau nun das Gesicht an, und lass dir dabei Zeit. Versuch das Gesicht mit jeder Einzelheit zu erkennen. Entspann dich und setz dich nicht unter Druck. Lass die Bilder einfach entstehen, egal ob sie ganz scharf und klar oder verschwommen sind oder ob du mehr eine Ahnung vom Aussehen hast, als dass du es wirklich siehst. Das ist nicht wichtig. Achte vor allem auf die Blitzbilder, die nur schnell und kurz auftauchen. Ich lass dich nun einen Moment mit deinem Hauptgeistführer allein. Bleib einfach in Verbindung mit ihm und genieße die Bilder, die entstehen, die dir nahe sind und die immer mehr von seinem Aussehen preisgeben. Bleib ruhig und in Verbindung mit deinem Geistführer.

...

Bedank dich nun bei deinem Hauptgeistführer, dass er bei dir war, und verabschiede dich von ihm. Komm dann langsam wieder ins Hier und Jetzt zurück. Lass dir aber Zeit, bis du wieder die Augen öffnest.

Häufige Fragen

? *Ich habe gar nichts gesehen oder bin mir nicht sicher.*
Es ist nicht schlimm, wenn du beim ersten Mal nichts siehst. Es hat auch einen Vorteil, dass du nicht in die Fantasie abgetaucht bist. Mach die Übung einfach noch ein paar Mal. Dann wirst du mit der Zeit feststellen, dass einzelne Blitzbilder kommen oder dass du vielleicht nur einen kleinen Teil, nur ein Bild kurz siehst. Viele sehen am Anfang zum Beispiel nur die Augen, sonst gar nichts. Oder sie haben eher ein Gefühl statt eines klaren Bildes. Dies ist alles gut und normal. Es braucht ein bisschen Zeit.

? *Ich habe alles mehr gefühlt, aber nicht gesehen.*
Auch das ist etwas, was viele erleben. Sie fühlen eher, wie ihr Geistführer aussehen könnte, als ihn tatsächlich zu sehen. Das ist völlig in Ordnung, ja sogar gut. Gefühle sind am Anfang zuverlässiger, da wir weniger Fantasiegefühle haben als Fantasiebilder bzw. Fantasievorstellungen. Deswegen finde ich es gut, wenn du am Anfang nur Gefühle hast. Fühl dich beim nächsten Mal einfach

intensiv hinein und versuch wahrzunehmen, wie das, was du fühlst, aussehen würde. Ein Beispiel: Du fühlst eine ganz zarte Haut, dann versuch zu fühlen, ob es sich eher wie die Haut einer Frau oder die eines Mannes anfühlt. Man kann unglaublich vieles herausfühlen. Es ist genauso wertvoll wie das Sehen, ja sogar oft noch präziser, und vor allem mischt sich – wie bereits gesagt – ein Gefühl weniger mit der Fantasie. Das ist am Anfang die größte Herausforderung: zu unterscheiden, was echt und was Einbildung ist. Doch merk dir: Alle schnellen Gefühle, Eindrücke, Bilder oder Gedanken sind meistens außersinnliche Eindrücke, und alles, was langsam ist und lang bleibt, kommt meistens aus dem Unterbewusstsein, aus der Erinnerung oder Fantasie, was wir letztendlich vermeiden möchten.

? *Ich habe mir meinen Geistführer anders vorgestellt!*
Gratulation: Du kannst dir sicher sein, dass dein Bild keine Wunschvorstellung ist oder der Fantasie entspringt. Nimm es einfach an und sei dir sicher, dass es echt ist. Auch wenn ich sage, der Geistführer zeige sich oft so, wie wir es annehmen können, damit meine ich nicht, dass er sich genau so zeigt. Jemand, der an Lichtwesen, also Engel, glaubt, sieht tendenziell eher Engelwesen. Doch das schließt nicht aus, dass er eher seinen Geistführer ganz normal sieht; denn sein Geistführer weiß, dass sein »Schützling« genau das braucht. Wichtig zu wissen ist, dass das Aussehen eines Geistführers nichts über seine Qualität aussagt.

Dazu ein Beispiel aus einem Seminar: Eine Teilnehmerin sah ihren Geistführer und sagte: »Der sieht fast so aus wie der ‹Alpöhi› von Heidi. Das ist ja total langweilig. Er wirkt wie ein richtiger Schweizer! Ich hatte mir etwas Exotischeres vorgestellt!« Ich musste lachen und sah mir dann diesen Geistführer an. Ich musste zugeben, dass er wirklich wie ein *Alpöhi* wirkte, und dennoch war sein Wissen, seine Qualität etc. genauso toll wie bei jedem anderen exotischen Geistführer auch. Außerdem finde ich zum Beispiel, rein optisch könnte *Alpöhi* auch der moderne Bruder Dumbledore's der Harry-Potter-Romane sein. Ich sagte zu der Seminarteilnehmerin: »Schau, dein Geistführer hat die Qualität, sehr gut mit Heilkräutern umzugehen. Er hat eine enorme Heilenergie und eine außergewöhnlich erdende Kraft. Er will dich vor allem beim Heilen unterstützen und dir Selbstvertrauen und Stärke verleihen.« Weiter kam ich nicht, und sie begann zu weinen und erklärte, dass sie Naturärztin sei und dass vor allem Heilkräuter für sie von großem Interesse seien, doch fehle ihr das notwendige Selbstvertrauen, zu ihrer Arbeit zu stehen und der Mut, sich auf ihre Praxis zu konzentrieren. Jetzt sei ihr jedoch klar, dass sie für ihre Arbeit den besten Geistführer an ihrer Seite habe. Auf einmal war er für sie nicht mehr gewöhnlich, sondern etwas ganz Besonderes.
Lass dich also nie vom äußeren Schein blenden. Jeder Geistführer hat eine ganz bedeutende Qualität, allerdings sieht man das nicht jedem sofort an. Zoey ist zum Beispiel – wie bereits erwähnt – ein Typ in meinem Al-

ter, ähnlich gekleidet wie ich, mit Turnschuhen, T-Shirt, Kapuzenpulli etc. Er passt zu mir, und das ist das Wichtigste, und er sieht nicht wie ein erleuchtetes Wesen aus. Er ist genauso toll wie alle anderen Geistführer auch, die ich sah und sehe, auch wenn er eher wie ein Hip-Hopper von der Straße wirkt.

? *Wie oft muss ich die Übung machen?*
Ich würde die Übung am Anfang einmal in der Woche durchführen. Mit der Zeit wirst du spüren, wann sie für dich nicht mehr wichtig ist. Doch fünf bis zehn Mal sollte man sie schon ausführen, bis man ein relativ klares Bild von seinem Geistführer hat. Nach oben gibt es allerdings keine Grenze.

? *Ist der Geistführer immer männlich? Mir ist aufgefallen, dass viele in der Gruppe einen männlichen Geistführer haben?*
Geistführer zeigen sich sowohl in weiblicher als auch in männlicher Gestalt. Doch es ist tatsächlich so, dass sich Hauptgeistführer vorwiegend in männlicher Gestalt zeigen. Das liegt wohl daran, dass wir uns unbewusst eher ein männliches Wesen vorstellen, das uns schützt, führt und begleitet. Bedenke: Dein Geistführer zeigt sich dir immer so, wie du ihn annehmen kannst. Doch es gibt sowohl weibliche wie männliche Geistführer.

Wie funktioniert die mediale Kommunikation mit dem Geistführer?

Falls dir die Übungen bis jetzt noch nicht so gelungen sind, wie du es dir wünschst, solltest du dir keinen Druck machen. Es ist noch kein Meister vom Himmel gefallen. Außerdem findest du in diesem Buch viele geeignete Übungen zu diesem Thema. Dabei wirst du feststellen, dass es bei einigen Übungen gar nicht auf die Hellsinne ankommt. Gerade wenn du noch nicht viel Übung in diesem Bereich hast, ist es ganz wichtig, zunächst einmal die Hellsinne zu verstehen. Du wirst schnell feststellen, dass viele Menschen Hellsinne völlig unterschiedlich interpretieren und sie auch ganz verschiedenartig beschreiben. Das macht das Ganze natürlich äußerst kompliziert, zumal wenn man noch am Anfang steht und sich manchmal fragt: »Das eine Medium bzw. der Autor sagt es so, und das andere bzw. der andere Autor sagt etwas ganz anderes! Wem soll ich jetzt vertrauen!« Das Wichtigste vorweg: Vertrau dir und lerne deine persönlichen Hellsinne kennen. Jeder Mensch ist anders, und bei jedem funktionieren die Sinne anders. Somit gibt es auch keine einheitliche und für alle gleiche Regel. Was mir jedoch aufgefallen ist: Viele Menschen verstehen ihre Fantasie-, Traum- oder Gedankenbilder als Hellsicht, was aus meiner Sicht aber genau das ist, was wir nicht wollen. Deswegen versuche ich hier, genau zu beschreiben, wie sich echte außersinnliche Wahrnehmungen zeigen und wie man sie trainieren kann. Je nach Grundtalent braucht der eine länger dafür, und der andere kann es schneller. Es ist auch normal, dass der eine Sinn stärker ist als ein anderer. Bei mir war zum Beispiel die Hellsichtigkeit im Innen wie im Außen sehr stark, doch bis zu meiner Ausbildung war ich kaum hellfühlend. Heute, nach 20 Jahren intensivem Training, arbeite ich hauptsächlich mit Hellfühlen und Hellwissen und nur noch selten mit Hellsehen. Auch bei dir wird am Anfang ein Sinn stärker ausgebildet sein und ein anderer weniger stark. Doch es ist tröstlich, dass alles trainierbar ist. Man muss nur wissen wie und das ursprüngliche Talent, das in dir steckt, wieder aktivieren. Der beste Weg dazu ist es, einfach auszuprobieren, Spaß am Üben zu haben und sich nicht zu viele Gedanken zu machen, vor allem keine Angst vor Fehlern zu haben. Ohne Fehler können wir uns leider nicht entwickeln. Auch wenn von Geburt an meine Sinne schon sehr aktiv waren, musste auch ich lernen, damit umzugehen, musste unterscheiden lernen, was real ist und was nicht. Auch heute trainiere ich noch und lerne immer noch dazu.

Was ich diesbezüglich anmerken möchte: Auch wenn du vielleicht dein Talent als Kind nicht bemerkt hast oder denkst: »Ich habe keine medialen Fähigkeiten!«, kannst du sie mobilisieren, selbst wenn diese Fähigkeiten noch nicht aktiv sind. Ich habe viele Schüler, die erst seit sie eine Ausbildung machen, ihre Hellsinne trainieren. Auch sie brauchen am Anfang ein bisschen länger, da sie oft sehr unsicher sind. Doch das Spannende dabei ist, dass viele nach der Ausbildung genauso präzise und gut sind wie jene, die von Geburt an außersinnliche Dinge wahrgenommen haben. Einige meiner Schülerinnen und Schüler sind sogar präziser, obschon sie zu Beginn nicht mit großem Talent gesegnet waren. Doch durch das Training und Üben kann man die Hellsinne wie einen Muskel trainieren. Hellsinne sind ein Talent, keine Gabe, die man hat oder nicht hat! Jeder hat das Talent zum Singen, doch nicht jedem hört man gern zu. Doch jeder, der Gesangsstunden nimmt und trainiert, dem hört man irgendwann auch gern zu. Singen, Klavier spielen und außersinnliche Fähigkeiten kann man lernen. Auch wenn viele Kollegen etwas anderes behaupten. Ich habe noch nie jemanden erlebt, der nicht außersinnlich wahrnehmen kann, wenn er es wirklich wollte. Also lass deine Zweifel einfach mal beiseite und vertrau mir.

Kommen wir nun zu den einzelnen Hellsinnen. Oft hilft es nämlich schon, wenn wir sie theoretisch verstehen. Wichtig an der Stelle zu erwähnen ist, dass alles, was ich hier schreibe, meine persönliche Erfahrung ist und der Wahrheit entspricht. Ich möchte keine Kollegen angreifen oder so tun, als hätten sie nicht recht, wenn ich das Gegenteil behaupte. Jeder lebt in seiner Welt und erfährt damit auch seine eigenen Grenzen. Da ich Grenzen nicht unbedingt mag, sehe ich die Dinge oft anders, und ich versuche auch, alles immer so bodenständig und verständlich zu erklären, wie es nur geht. Ich hoffe, dass dir dies hilft.

Hellsinne

- Hellsehen
- Hellfühlen
- Hellriechen
- Hellschmecken
- Hellhören
- Hellwissen

Ich will dir diese Sinne im Einzelnen erklären und zeigen, wie sie funktionieren, damit du in Zukunft merkst, wann etwas eine außersinnliche Wahrnehmung ist und wann nicht. Auch will ich die Mythen, die zum Teil kursieren, etwas hinterfragen und beleuchten, damit du dich nicht falschen Illusionen hingibst. Ich werde dir auch zu jedem Sinn Tipps geben, wie du die Hellsinne im Alltag ohne Probleme aktivieren kannst; denn im Grunde genommen sind diese Hellsinne mit unseren physischen Sinnen verknüpft. Und darüber lassen sie sich durch Training aktivieren, nicht jedoch durch Zaubersprüche, Turnübungen, Essenzen, Sprays oder Rituale, die meistens wirkungslos sind.

Ich unterscheide alle Hellsinne in objektiv und subjektiv. Leider wurde mir dies in meiner Ausbildung so nicht beigebracht. Es ist eine Unterteilung, die ich damals für mich entdeckte und die heute in den medialen bzw. sensitiven Ausbildungen immer mehr Anerkennung findet, was mich persönlich sehr freut. Vor allem aber habe ich festgestellt, dass sie für den Lernenden unheimlich hilfreich ist. Was ist damit gemeint? Ich spreche jetzt von beiden Hellsinnen, den objektiven und den subjektiven. Der eine ist im

Außen und der andere im Innen. Mir ist in meiner Ausbildung sehr schnell aufgefallen, dass wir als Schüler unterschiedlich wahrnehmen. Ich war schon immer teilweise objektiv hellsichtig. Es war der Sinn, der von Geburt an am stärksten ausgeprägt ist. Das zeigt sich daran, dass ich Verstorbene oder Geistführer im Außen gesehen habe, fast so, als würde ich eine lebende Person anschauen. Deswegen habe ich meine außersinnliche Wahrnehmung nahezu nie angezweifelt. An meinem ersten richtigen Ausbildungstag war ich in einer gemischten Klasse, d. h., Fortgeschrittene und Anfänger waren zusammen in einer Klasse. Eine fortgeschrittene Schülerin machte zur Demonstration einen Jenseitskontakt. Sie beschrieb uns Schülern eine verstorbene Person, und wir mussten erkennen, zu wem diese verstorbene Person gehört. Ihr erster Satz ist mir bis heute, nach über 20 Jahren, immer noch präsent: »Ich glaube, es ist ein Mann!« Ich weiß noch, dass ich dasaß und dachte: »Warum glaubst du? Du musst nur hinsehen, und dann siehst du klar und deutlich, dass ein Mann neben dir steht!« Für mich war es unbegreiflich, dass sie sich nicht ganz sicher war. Was ich damals aber nicht wusste, war, dass sie nicht objektiv, sondern subjektiv hellsichtig war. Sie sah die Bilder in sich drinnen wie Gedankenbilder. Diese Bilder werden eher über das Fühlen ausgelöst und sind daher nicht so klar, als wenn du im Außen siehst. Damals verstand ich das noch nicht. Erst mit der Zeit lernte ich, dass jeder anders wahrnimmt und dass die subjektive Wahrnehmung die Regel ist und nicht die objektive Wahrnehmung im Außen.

Eines möchte ich noch vorausschicken: Die objektiven Wahrnehmungen kann man nicht aktivieren; entweder man hat sie oder man hat sie nicht. Viele wollen objektiv wahrnehmen, was ich verstehen kann. Doch das ist das Einzige, was man nicht wirklich trainieren kann. Alle Schülerinnen und Schüler, die objektiv wahrnehmen, hatten vor der Ausbildung schon objektive Hellsinne, die durch die Ausbildung noch verstärkt wurden. Wenn sie nicht schon von Anfang an da waren, haben sie sich auch nicht eingestellt. Falls du sie hast, ist das super, falls nicht, ist es auch in Ordnung. Allerdings solltest du deswegen nicht an dir zweifeln. Die wenigsten Medien, selbst Top Medien, nehmen objektiv wahr. Es ist vielmehr eine andere Art der Wahrnehmung. Sie ist nicht besser. Vielleicht kann man am Anfang klarer unterscheiden, was real und was Fantasie ist, und zweifelt deswegen am Anfang weniger an sich und seiner Wahrnehmung. Doch dies ist meines Erachtens auch schon der einzige Vorteil. Ich jedenfalls arbeite heute kaum noch mit den objektiven Sinnen, da sie meistens weniger präzise sind, zumindest ist das bei mir so, und sie brauchen obendrein auch mehr Energie. Hellsinne bleiben im Übrigen immer gleich, egal ob du sensitiv arbeitest oder medial. Mir ist bei der Erklärung der Hellsinne vor allem der Bezug zum Thema Geistführer sehr wichtig, auch beim Auralesen, beim Energielesen von Objekten, bei Jenseitskontakten zu Verstorbenen. Es geht immer um dieselben Hellsinne. Kommen wir nun im Folgenden auf die einzelnen Sinne.

Hellsehen

Gerade beim Hellsehen ist das objektive und subjektive Wahrnehmen sehr klar, vor allem wenn es um das objektive Wahrnehmen geht. Wahrscheinlich bist du nicht objektiv hellsichtig, sonst würdest du dieses Buch nicht lesen. Du hättest deinen Geistführer ja schon längst gesehen, und zwar im Außen, und so, als würdest du eine andere Person anschauen. Vielleicht nicht ganz so klar, doch die Wahrnehmung ist fast identisch. Da man diesen Sinn nicht trainieren kann, gehe ich hier nicht eigens darauf ein. Vereinzelt kommt es allerdings vor, dass – obwohl jemand diesen Sinn nicht aktiv hat – er dennoch in bestimmten Lebensphasen bei ihm kurz aktiviert wird, zum Beispiel bei einer schlimmen Krankheit, bei einem Unfall oder in einer extremen Notsituation. Man hört immer wieder davon, dass Menschen in solchen Situationen eine klare Vision im Außen hatten. Wenn sie diese vorher noch nie hatten, dann bleibt es meistens bei diesem singulären Ereignis.

Wir wollen nun das subjektive Hellsehen näher betrachten. Subjektives Hellsehen ist ein sehr spannendes Feld. Am Anfang ist es nicht leicht, es von den eigenen Gedanken und den Fantasiebildern zu unterscheiden. Wenn du aber weißt, wie es funktioniert, dann ist es um einiges leichter, und mit nur ein bisschen Training kann man schnell gute Resultate erzielen. Im Grunde genommen wird das subjektive Hellsehen über das Hellfühlen ausgelöst. Es arbeitet mit Bildern, die in unserem Unterbewusstsein und Bewusstsein abgespeichert sind. Damit sind keine Eins-zu-eins-Bilder wie beim objektiven Sehen gemeint, vielmehr handelt es sich um Bilder, die den Eins-zu-eins-Bildern nahekommen.

Ein Beispiel: Nehmen wir an, dein Hauptgeistführer ist ein Indianer. Er ist älter und eigentlich Häuptling. Du hast in deinem Leben bestimmt schon 1.000 Bilder von Indianern gesehen, unbewusst oder bewusst in Filmen, Büchern, auf Bildern etc. Vielleicht hast du sie auch gar nicht bewusst wahrgenommen. Doch in deinem Unterbewusstsein sind alle Bilder abgespeichert. Wenn du jetzt deinen Hauptgeistführer fragst, wie er aussieht, dann ist es so, dass wir mit unserem Hellfühlen unbewusst die Energie lesen, die Frequenz, die er ausstrahlt. Diese Frequenz wird quasi gemessen, eingeordnet und geht dann in dein Unterbewusstsein ein und sucht nach einer möglichst ähnlichen Frequenz. Dies geschieht alles automatisch. Darüber musst du dir keine Gedanken machen. Jetzt hast du vielleicht vor vielen Jahren einen Winnetou-Film gesehen, in dem ein Indianer vorkam, der ähnlich schwingt und eine ähnliche Frequenz hat wie dein Hauptgeistführer. Nun steigt das Bild wie ein Gedankenbild in dir auf. Doch dieses Bild ist nicht zu hundert Prozent identisch mit dem Bild, wie sich dein Hauptgeistführer zeigt, doch es kommt ihm ziemlich nahe. Da das subjektive Hellsehen mit Bildern arbeitet, die wir schon einmal gesehen haben, kann es leicht passieren, dass sich Fantasie- und Wunschbilder einschleichen.

Ein Tipp: Achte auf die Bilder, die wie ein Gedankenblitz in dein Bewusstsein treten, die sich anfühlen, als wären sie eingeschoben worden, Bilder, die sofort kommen, auf die du nicht lang warten musst. Oft wollen wir gerade am Anfang unbedingt etwas sehen. Wir warten mit geschlossenen Augen, bis endlich ein Bild auftaucht. Durch das lange Warten hat die Fantasie Zeit, Bilder zu entwickeln, die nicht der Realität entsprechen. Wenn also nicht sofort klare Bilder entstehen, dann akzeptiere einfach, dass es so ist. Durch langes Warten entstehen nur Fantasiebilder. Echte Hellsichtigkeit ist unglaublich schnell. Meistens entsteht sofort ein Bild, noch bevor du darum gebeten hast. Am besten ist es, sich am Anfang nicht auf die Hellsichtigkeit zu versteifen und locker und entspannt zu bleiben.

Ich empfehle daher allen, zuerst Hellfühlen zu trainieren, weil es natürlich und bei fast allen Menschen zumindest unbewusst schon sehr aktiv ist. Und da das subjektive Hellsehen mit dem Hellfühlen zusammenhängt, lohnt es sich, sich zuerst dem Hellfühlen zu widmen.

Ich habe mit dem Hellsehen deswegen begonnen, weil ich aus vielen Kursen weiß, dass dies der Sinn ist, der viele Menschen fasziniert.

Im Folgenden noch ein Beispiel zum Thema Jenseitskontakte, das dir helfen soll, die Arbeitsweise besser zu verstehen. Wenn ich subjektiv hellsichtig mit einem Klienten arbeite und wissen möchte, wer aus der Geistigen Welt für meinen Klienten da ist, dann kann es geschehen, dass ich plötzlich ein klares Bild meines Großvaters mütterlicherseits sehe. Dieses Bild ist insofern symbolisch zu verstehen, als es sich um einen Großvater handelt, und zwar um einen Großvater mütterlicherseits. Gebe ich dies so weiter, dann mache ich alles richtig. Wenn ich aber meinen eigenen

Großvater eins zu eins beschreibe, dann wird der Klient bald sagen: »Tut mir leid, aber mein Großvater war ganz anders!« Der Fehler besteht darin, dass ich von der Erinnerung an meinen Großvater ausgehe und nicht vom Großvater des Klienten. Ich darf daher das Bild von meinem Großvater nicht festhalten, sondern muss, sobald ich erkannt habe, dass es um den Großvater mütterlicherseits geht, sofort loslassen. Dann kommt die nächste Frage an den Verstorbenen, zum Beispiel: »Wie bist du gestorben?« Jetzt kommt sofort ein Bild aus einem Film, in dem jemand an einem Nierentumor starb. Wenn ich das so weitergebe, wird der Klient dies höchstwahrscheinlich bestätigen.

Erzähle ich aber die Geschichte vom Tumor-Patienten im Film, dann gehe ich mit der Erinnerung an den Film vom Verstorbenen weg. Solltest du Probleme haben, das zu verstehen, dann empfehle ich dir, in zwei bis drei Monaten alles noch einmal zu lesen, und zwar nachdem du die Übungen durchgeführt hast. Denn mit den Übungen bekommst du die notwendige Erfahrung.

Wie können wir das subjektive Hellsehen trainieren? Da man die objektiven Sinne nicht trainieren kann, zeige ich dir, wie man die subjektiven Sinne trainiert. Falls du objektive Hellsinne hast, kannst du sie mit dem Training der subjektiven Hellsinne schulen und besser aktivieren.

Subjektives Hellsehen trainieren

Wie bereits erwähnt, hängen die subjektiven hellsichtigen Bilder mit deinen real erlebten Bildern zusammen. Es ist also ein ideales Training, dem Sehen im physischen Leben mehr Aufmerksamkeit zu schenken. Schau dir verschiedene Dinge ganz genau an, zum Beispiel bei deinem Gesprächspartner. Achte während einer Unterhaltung darauf, wie er sitzt, steht, geht etc., versuch dir Details einzuprägen, beispielsweise die Augenform, den Mund, Fältchen, Haare, Körperbau usw. ... Je mehr du bewusst auf Details achtest, desto detaillierter werden dann auch deine subjektiven hellsichtigen Bilder. Das mag vielleicht nicht ganz logisch klingen, doch es ist wirklich so. Dasselbe kannst du bei Objekten und Ortschaften machen, einfach mit allem, was dir begegnet, und bei allem, was du machst. Nimm dir jeden Tag fünf bis zehn Minuten Zeit und schau dir einfach bestimmte Details genau an. Natürlich darfst du dies auch länger machen; nach oben gibt es keine Grenzen. Ich mache diese Übung heute noch. Ich nehme mir immer wieder Momente in meinem Alltag, an denen ich mir bewusst sage: »Ich beobachte alles ganz genau!« Es macht auch Spaß, und es fallen einem Dinge auf, die man sonst bewusst noch nie wahrgenommen hat. Manchmal bin ich ganz fasziniert von meinem Sohn Shane, wenn ich mit ihm spazieren gehe und feststelle, was ihm in der Natur alles auffällt, welche Details er bemerkt, was ihm besonders gefällt, und ich wundere mich, dass mir das gar nicht aufgefallen ist. Falls du Kinder hast, kann ich dir nur empfehlen, darauf zu achten, gerade wenn sie noch klein sind.

Ein anderes Beispiel: Als meine Freundin von Hamburg zu mir in die Schweiz zog, stellte ich mit Erstaunen fest, was sie als Frau aus einer Großstadt hier bei mir in der Schweiz alles gesehen und entdeckt hat. Dinge, die mir gar nicht bewusst waren, weil sie für mich ganz alltäglich und normal schienen. Wenn du dies in deinem Alltag auch versuchst, wirst du viel Neues und Spannendes entdecken. Diese Übung macht dich auch aktiv im Geist, und du kannst Tage einlegen, an denen du dir sagst: »Heute achte ich auf alles Schöne in meiner Umgebung!« Diese Übung verhilft dir zusätzlich zu einem positiven Mindset. Sie lässt dich all das Schöne und Wunderbare in deinem Leben neu erkennen und dir bewusst werden, und du lernst es wieder zu schätzen. Auf diese Weise hilft diese Übung auch gegen negative Gedanken und schafft eine positive Resonanz. Schau dir etwas genau an, und schließ dann die Augen. Stell dir nun jedes Detail vor deinem inneren Auge nochmals vor. So trainierst du die inneren Bilder. Beim ersten Teil der Übung füllst du sozusagen dein Bewusstsein mit vielen Bildern und Details, beim zweiten Teil verankerst du sie und lernst dabei, wenn ein Bild kommt, es nicht nur grob zu erfassen, sondern es mit allen kleinen und feinen Details zu erkennen.

Das hört sich alles leicht an, doch je öfter du diese Übung machst, desto häufiger wirst du feststellen, dass du ein subjektiv hellsichtiges Bild erhältst und dass es oft nur ein ganz kurzes, schnelles Bild ist. Es geht darum zu lernen, in möglichst kurzer Zeit so viele Details wie möglich aufzunehmen und zu erkennen. Je besser du dir Bilder, Menschen, Objekte vor deinem inneren Auge vorstellen kannst, umso klarer werden dann auch deine subjektiv hellsichtigen Bilder. Es ist ein einfaches, aber sehr effektives Training. Man kann es sehr oft während des Tages und ohne großen Zeitaufwand ausführen.

Noch ein Beispiel zur Verdeutlichung: Du triffst dich zum Beispiel mit einer Person in einem Café. Wenn du wieder zu Hause bist und über das Treffen nachdenkst, sind die meisten Bilder, das Gespräch und Details zu der Person und auch vom Ort noch ziemlich klar in deinem Bewusstsein abgespeichert. Nehmen wir an, du siehst diese Person einige Monate nicht mehr. Wenn du dich nach sechs Monaten zu erinnern versuchst, wirst du das Gespräch, den Ort und die Person vielleicht nur noch in groben Zügen sehen können, viele Details sind mittlerweile verblasst und nicht mehr ganz klar.

Eine weitere Möglichkeit sind Meditationsreisen, also angeleitete Meditationen, die sehr bildlich gesprochen werden, in denen es darum geht, dir Dinge vorzustellen; zum Beispiel einen Waldweg entlanggehen. Versuch nun, dir bei der Meditation alle Details sehr genau vorzustellen. Je häufiger du dies machst, umso stärker trainierst du auch dein subjektives Hellsehen. Auch wenn es hier vor allem um unsere Gedanken und Erinnerungsbilder geht, musst du keine Angst haben, dass du lediglich deine Fantasie trainierst. Es geht darum, dass du immer mehr eine bildhafte Vorstellung bekommst, die von deiner subjektiven Hellsichtigkeit genutzt werden kann. Nun gibt es Menschen, die sagen: »Ich kann mir schlecht Dinge vorstellen, und bei Meditationen sehe ich zum Beispiel gar nichts!« Jeder Mensch ist anders, beim einen ist die bildhafte Vorstellung stärker ausgeprägt und besser trainiert. Ihm fällt es dann auch leichter, subjektiv hellzusehen. Beim anderen ist die bildhafte Vorstellung schwächer ausgebildet. Oft ist es reine Trainingssache, und nach einer gewissen Zeit sieht es ganz anders aus. Sollte es dir nicht gelingen, die Fähigkeit zu steigern, solltest du dich nicht entmutigen lassen. Wir haben noch viele weitere Hellsinne, die genauso effektiv sind. Du solltest es wenigstens ein paar Tage lang versuchen.

Meine Lehrerin ließ mich jede Übung tausendmal machen, und immer, wenn ich sagte: »Das gelingt mir nicht.« Oder: »Ich kann das nicht!«, sagte sie: »Hast du es schon tausendmal gemacht? Falls nein, urteile weder über dich noch über die Übung! Wir sprechen erst wieder darüber, wenn du es tausendmal geübt hast!« Das war oft nervig, doch heute bin ich ihr dankbar dafür, denn ich lernte dadurch, nicht sofort aufzugeben, dranzubleiben, und vor allem: Jede Übung, die ich tausendmal gemacht habe, fällt mir heute leicht, auch wenn ich dies damals für unmöglich gehalten habe.

Ich möchte dir diese Erfahrung mit auf den Weg geben. So verstehst du vielleicht auch, warum ich immer wieder das Training und Üben betone, auch wenn es für dich vielleicht mühsam ist, es immer und immer wieder zu lesen.

Fast alles, was ich dir als Übung mitgebe, braucht kaum Zeit und kann überall durchgeführt werden. Zum Schluss dieses Abschnitts noch eine Übung, die auch gelingt, wenn man noch Mühe hat: Nimm eine Zitrone, schau sie genau an. Schließ dann die Augen und versuch sie dir vorzustellen. Du kannst immer wieder die Augen öffnen, dir ein Detail ansehen, die Augen wieder schließen und es dir erneut vorstellen. Stück für Stück, mit der Zeit kannst du vor deinem inneren Auge die Zitrone in Gedanken drehen, wenden, heran- und wegzoomen oder sie aufschneiden. Du wirst sie plötzlich riechen, oder dir wird das Wasser im Mund zusammenlaufen, allein bei der Vorstellung, dass du sie aufschneidest. Bei dieser Übung werden außerdem noch Hellriechen und Hellschmecken trainiert. Lass uns jetzt zum Thema *Hellfühlen* kommen.

Hellfühlen

Wie schon ein paarmal angedeutet, finde ich persönlich, dass Hellfühlen der effektivste Hellsinn ist, da er bei den meisten Menschen von Natur aus schon sehr aktiv ist, und weil man mit ihm eigentlich jedes Detail erfühlen kann. Man muss nur wissen, wie und was alles möglich ist. Auch diesen Sinn gibt es sowohl objektiv als auch subjektiv. Objektives Hellfühlen ist schnell und leicht erklärt. Du fühlst die Dinge so klar, als wenn du sie richtig fühlen würdest. Objektives Hellfühlen habe ich nur ein paarmal gehabt. Ich arbeite vor allem mit dem subjektiven Hellfühlen. Als ich es zum ersten Mal erlebt habe, war es für mich sehr verwirrend. Ich war in der Ausbildungswoche, in der eine Heilübung auf dem Programm stand.

Die Übung ging so: Ich saß auf einem Stuhl, und eine Mitschülerin gab mir eine Heilbehandlung. Dabei hatte sie ihre Hände auf meine Schultern gelegt. Dann sagte der Lehrer: »Lasst jetzt euren Geistführer die Heilung weitermachen und nehmt langsam die Hände weg. Lasst jedoch die heilende Energie weiter fließen.« Doch ich fühlte ihre Hände immer noch klar und deutlich auf meinen Schultern, und ich fühlte sogar, wie sie mir dreimal leicht in die

Schultern kniff. Ich war ein bisschen genervt, weil ich dachte: »Sie sollte doch ihre Hände wegnehmen! Das ist doch nicht so schwierig!« Doch ich konnte nichts sagen, da ich sonst die Mitschüler gestört hätte. So saß ich also mit geschlossenen Augen da und war genervt, weil ich das Gefühl hatte, dass mir gerade das Training genommen wird, nur weil sie nicht das tat, was der Lehrer ihr sagte. Ich kannte die Schülerin auch schon ein paar Jahre. Sie ärgerte mich immer wieder einmal, doch eigentlich nie bei den Übungen, da wir beide, was das Üben betrifft, sehr diszipliniert waren. Als die Übung fertig war, sagte ich zu ihr: »Danke für die Heilung. Aber nimm das nächste Mal deine Hände weg, wenn Tim (der Lehrer) es sagt. Das war heute einfach nervig!« Sie schaute mich irritiert an und entgegnete: »Ich habe die Hände ja weggenommen!« – »Das kann nicht sein. Ich habe sie doch gespürt, und du hast mich sogar gekniffen!« Ich begann zu lachen und sagte: »Verarsche bitte die Anfänger. Mich kriegst du nicht!« Doch sie blieb ernst und schwor, die Übung exakt nach der Anleitung durchgeführt zu haben. Unser Lehrer bemerkte unsere Diskussion, kam zu uns und bestätigte, dass sie alles genauso gemacht hatte, wie er es vorgegeben hatte. Er sagte dann: »Das ist objektives Hellfühlen, wenn du die Hände so fühlst, als wären es die Hände deiner Mitschülerin!« Ich entschuldigte mich und war tief berührt, weil es das erste Mal war, dass ich bewusst hellfühlte. Ich konnte es nicht unterscheiden, ob ich physisch berührt wurde oder nicht. Einfach gesagt: Objektives Hellfühlen fühlt sich an, als wenn man die Dinge echt fühlt. Doch konzentrieren wir uns hier wieder auf das subjektive Hellfühlen, weil es trainiert werden kann und – wie schon erwähnt –, weil es dir zusätzlich hilft, dein subjektives Hellsehen zu verbessern und es stärker zu aktivieren.

Subjektives Hellfühlen trainieren

Subjektives Hellfühlen trainieren geht ähnlich wie subjektives Hellsehen, nur dass wir hier hauptsächlich auf die Gefühle achten. Im ersten Teil geht es vor allem darum, physische Dinge zu fühlen und sie dann nachzuempfinden. Im zweiten Teil geht es ums emotionale Fühlen, was wir vor allem bei der Kommunikation mit dem Geistführer brauchen. Ich empfehle dir, in den nächsten Tagen vor allem auf deinen Tastsinn zu achten, doch solltest du die verschiedenen Sinne nicht miteinander trainieren. Konzentriere dich zum Beispiel einen Tag aufs Hellsehen und einen Tag aufs Hellfühlen usw. Ideal ist es, eine Woche Hellsehen, dann eine Woche Hellfühlen etc. zu trainieren. Mach nicht beides an einem Tag. Berühre an einem Tag ganz intensiv viele verschiedene Dinge, schließ dabei die Augen und versuch dann das, was du empfunden hast, nachzufühlen, ohne es physisch zu berühren. Dieses Training schult das Hellfühlen beträchtlich, gerade für den Kontakt zu Verstorbenen ist es ein wichtiges Training, weniger wichtig ist es dagegen für deinen Geistführer.

Ich möchte es daher vor allem anhand der Arbeit mit Verstorbenen genauer erklären. Wenn ich zum Beispiel einen Jenseitskontakt gebe, dann ist die Beweisführung sehr wichtig. Es geht also um möglichst viele Details aus dem

Leben eines Verstorbenen, damit der Klient sich sicher sein kann, dass da wirklich diese oder jene Person aus dem Jenseits zu Besuch ist. Ich beschreibe dann zum Beispiel gern die Wohnung des Verstorbenen: »Dein verstorbener Vater zeigt mir, dass er in einer kleineren Wohnung gewohnt hat. Im Gang kann ich Bodenfliesen wahrnehmen, er ist ziemlich voll, im Wohnzimmer sehe ich einen Parkettboden, es ist richtiges Holz, das Sofa müsste aus Kunstleder sein.« Das ist nur ein minimaler Ausschnitt meiner Beschreibung. Und wo habe ich das gelernt? Bei Ikea und Hornbach! Stundenlang habe ich Bodenbeläge berührt, habe dann nachempfunden, was ich berührt habe, habe das Gleiche mit Ledersofas gemacht, mit Sofas, die mit Stoff oder Kunstleder bezogen waren, habe stundenlang betastet und gestreichelt. Wenn mir ein Verstorbener dann seine Wohnung zeigt, stelle ich mir vor, dass ich dort den Boden berühre. Dabei achte ich darauf, ob sich der Boden nach Stein, Holz, Kunstboden, Parkett oder Steinplatten anfühlt. Ich sehe es meistens nicht, sondern ich berühre ganz kurz den Boden und kenne dann das Gefühl und kann es richtig weitergeben. Das Gleiche mache ich mit Möbeln und anderen Gegenständen in der Wohnung.

Wie bereits erwähnt, brauchen wir diese Art des Hellfühlens nicht so sehr mit dem Geistführer. Wenn du durch physisches Berühren deine Hellsinne aktivierst, wirst du feststellen, dass du auch beim Lesen der Emotionen und Energien immer besser wirst, und genau diese Form von Hellfühlen brauchen wir hauptsächlich mit dem Geistführer. Ich empfehle dir mit Schritt eins zu beginnen und viele Dinge bewusst zu berühren, zehn- bis zwanzigmal darüberzustreichen, dann die Augen zu schließen und das Gefühl nachzuempfinden. Dann alles zu wiederholen und wieder nachzuempfinden. Wähle verschiedene Oberflächen, dann wirst du merken, dass du mit der Zeit sehr empfindsam wirst. Es ist ja wirklich eine sehr einfache Übung, die man täglich ohne großen Zeitaufwand durchführen kann. Sie aktiviert dein Hellfühlen ganz erheblich und ist gerade für Anfänger sehr gut geeignet, was man nicht unterschätzen sollte. Die Übung wird dir künftig auch beim Einkaufen helfen. Wenn du zum Beispiel ein Kleidungsstück nimmst, wirst du sofort seine Qualität erkennen können. Ein gutes Markenhemd oder T-Shirt fühlt sich ganz anders an als ein Billigprodukt. Oder du erkennst sofort, ob etwas aus echtem oder Kunstleder ist, was dann von Vorteil ist, wenn du beispielsweise Lederprodukte kaufen möchtest. Vor allem aber macht es dich insgesamt empfindsamer und aktiviert dein Hellfühlen.

Bei der nächsten Übung geht es um das Empfinden von Emotionen, die für die Kommunikation mit dem Geistführer gut geeignet sind. Auch dabei trainieren wir zuerst im physischen Leben.

Sicher kennst du folgende Situation: Du triffst jemanden und begrüßt ihn mit: »Wie geht es dir?« Die Person antwortet: »Super, sehr gut!« Doch du spürst, dass hier etwas nicht stimmt. Mach dir solche Situationen in deinem Alltag bewusst. Vielleicht führst du ja ein Tagebuch, um dir solche Dinge und Ereignisse zu notieren, damit du sie später überprüfen kannst. Oder ein anderes Beispiel: Du bist bei einem

Pärchen eingeladen. Du klingelst an der Tür, und zwei offensichtlich gut gelaunte Menschen öffnen dir. Doch kaum bist du in der Wohnung, nimmst du eine nervöse oder ungute Energie wahr. Vielleicht hatte das Pärchen gerade Streit. Man kann das sehr gut spüren, auch wenn das Paar nach außen Freude und Unbeschwertheit an den Tag legt. Achte auf all die Dinge, die dir auffallen. Wenn jemand sehr emotional, traurig, ängstlich, unsicher, nervös, glücklich, überrascht, zufrieden etc. ist, dann versuch auf das Gefühl zu achten, wie sich diese Emotion anfühlt. Das ist am Anfang schwerer als das physische Fühlen von Gegenständen, weil Emotionen ja nicht physischer Natur sind. Gerade wenn jemand seine Gefühle spürbar zeigt, solltest du sofort in diese Gefühle hineingehen und darauf achten, wie sie sich für dich anfühlen. Merk dir, wenn du eine Unstimmigkeit von Aussagen spürst, wenn jemand sagt, es gehe ihm gut, und du fühlst, dass es nicht stimmt, dann rede mit der Person. Versuch möglichst normal zu reden. Meistens erzählt die Person dann ziemlich schnell, was sie bewegt, was sie unsicher oder traurig macht. Dann weißt du, was du gefühlt hast.

Wie wenden wir diese Erfahrung nun bei unserem Geistführer an, um von ihm Antwort zu bekommen? Wenn jemand zum Beispiel sagt: »Ich habe einen neuen Job!« und ich spüre plötzlich, dass mir mein Hauptgeistführer nahekommt, dann weiß ich aufgrund der Übung »Komm her – geh wieder weg«, die ich häufig durchgeführt habe, dass etwas nicht stimmt. Ich fühle plötzlich, dass mein Hauptgeistführer da ist, und es entsteht bei mir ein Gefühl von Unsicherheit. Das könnte bedeuten, dass die Person in ihrem neuen Job unsicher ist oder dass die Arbeitsstelle unsicher ist.

Oder ich fühle die Freude meines Hauptgeistführers; dann weiß ich, dass diese Person einen Job gefunden hat, der sehr gut für sie ist. Solche Dinge und Erfahrungen notiere ich mir oder merke sie mir, und nach ein paar Wochen oder Monaten bekomme ich meistens eine Nachricht, die das bestätigt, was ich in der jeweiligen Situation gefühlt und zum Ausdruck gebracht hatte. Das stärkt natürlich auch das Vertrauen zu mir und meinem Geistführer.

Wenn du Emotionen gut spüren kannst, kommen wir zum letzten Training des subjektiven Hellfühlens, zum Fühlen von Energie, die mir Kraft und Power gibt, oder zum Fühlen von Energie, die mich eher schwächt. Beachte dabei, dass die Orte sowohl draußen als auch drinnen sein können, dass sie dir sowohl Energie geben oder dir Energie nehmen können.

Bestimmt kennst du Situationen, in denen du bei einem Gespräch mit jemand immer müder und unkonzentrierter wirst. Und dann triffst du auf Menschen, bei denen du plötzlich Euphorie, Freude und Kraft spürst. Oder du bist in einem Restaurant und fühlst dich wohl und geborgen, vollkommen entspannt. In einem anderen Restaurant fühlst du dich nervös und unsicher und würdest am liebsten so schnell wie möglich wieder das Lokal verlassen. Das sind alles Situationen, die du zur Genüge kennst und die du schon häufig erlebt hast. Mach dir nun diese Dinge und Erlebnisse bewusst. Frag dich immer wieder einmal, wenn du mit Menschen zusammen oder an einem neuen Ort bist: »Wie fühle ich mich gerade?« Achte darauf, ob du dieses Gefühl eher der positiven, der neutralen oder der destruktiven Seite zuordnen würdest. Je mehr du dir dies bewusst machst, umso schneller wirst du solche Gefühle künftig wahrnehmen und einsetzen können. Ich merke heute sofort, wenn mir eine Person oder ein Ort nicht guttut. So kann ich dann sofort auf die Situation adäquat reagieren. Ich kann zum Beispiel das Gespräch mit der Person abkürzen, den Ort meiden oder den Aufenthalt dort kurzhalten. Wenn ich Energien meide, die mir nicht zusagen, bringt es mir den Vorteil, dass ich mich energetischer fühle und besser gelaunt bin. Ich fühle natürlich auch sofort, wenn mir ein Mensch sehr guttut, wenn mir ein Ort Kraft gibt und mich in gute Laune versetzt. Da lohnt es sich, dort so viel Zeit wie möglich zu verbringen. Ich werde dir später noch zeigen, wie du das Gelernte bei der Kommunikation mit deinem Geistführer anwenden kannst.

Wir sind beim Training unserer Hellsinne immer noch vorwiegend im physischen Leben. Das hat den Vorteil, dass wir viel stärker wahrnehmen, was uns hilft und was nicht so produktiv ist, auch wenn wir uns noch auf der sensitiven Ebene bewegen und noch nicht bei der medialen Kommunikation mit dem Geistführer angekommen sind. Die außersinnliche Wahrnehmung ist beim sensitiven Auralesen und Energielesen dieselbe wie beim medialen Lesen. Wir benutzen dieselben Hellsinne, nur die Quelle der Energie, die wir lesen, ist eine andere. Beim medialen Lesen ist es der Geistführer bzw. ein Verstorbener, beim sensitiven Lesen sind es Menschen oder physische Orte bzw. Objekte.

Ein weiteres Beispiel, wie du trainieren kannst, was dir Energie gibt und was dir eher Energie raubt, ist Einkaufen. Gerade wenn ich Lebensmittel in die Hand nehme, achte ich genau darauf, ob sie mir Energie verleihen oder nicht. In besonderer Weise spüre ich das beim Kauf von Obst und Gemüse. Da wir wissen, dass Obst gesund ist, merke ich zum Beispiel sofort, dass etwas nicht stimmt, wenn ich einen Apfel in der Hand halte und plötzlich nervös werde oder wenn mich irgendetwas nach unten zieht. In so einem Fall kaufe ich diesen Apfel nicht. Ich entscheide mich für eine andere Sorte und stelle dann erleichtert fest, dass ich mich sofort leicht, glücklich und kraftvoll fühle. Das ist dann der Apfel, der in meinen Einkaufswagen kommt. Ich mache das bei fast allem, was ich kaufe und esse. Natürlich findet auch einiges Platz im Einkaufswagen, was nicht ganz so ideal ist, aber dafür gut schmeckt. Ich empfehle dir allerdings, solche Sachen nur dann zu essen, wenn du stabil bist und es dir gut geht. Dann haben eher mit negativer Energie belastete Dinge kaum Einfluss auf dich. An Tagen allerdings, an denen es dir nicht gut geht, solltest du nach Möglichkeit alles meiden, was dir nicht guttut, egal ob es sich um Orte, Menschen oder Nahrungsmittel handelt. Mach dir bewusst, dass wir Menschen sind und es zum Leben gehört, dass nicht alles um uns herum Friede, Freude, Eierkuchen ist. Du solltest das einfach wahrnehmen und dir bewusstmachen, doch keinesfalls Angst davor haben und aus einer Panik heraus alles meiden, was nicht so perfekt ist. Das würde dich auf Dauer nicht glücklich machen, sondern dich zu einem Menschen machen, der sich zu Hause einigelt und total vereinsamt. Solche Menschen gibt es in der spirituellen Szene genug. Das ist nicht Sinn der Sache, und es ist kein Leben. Wahrnehmen und sich dieser Wahrnehmung bewusst sein, macht uns enorm stark, auch wenn uns etwas einmal Energie raubt. Das empfinde ich alles sehr wichtig.

Hellriechen

Auf das Hellriechen gehe ich nicht ganz so intensiv ein, da es meines Erachtens nicht ganz so entscheidend ist wie das Hellfühlen oder Hellsehen. Das heißt nicht, dass dieser Sinn weniger wert ist, doch für die Kommunikation mit dem Geistführer ist es nicht unbedingt der Hellsinn, den es lohnt, besonders intensiv zu trainieren. Auch diesen Sinn gibt es objektiv. Einige kennen das schon, da gerade Verstorbene gern durch Zeichen auf sich aufmerksam machen, wie zum Beispiel durch einen Geruch. Wenn zum Beispiel deine Oma im Leben immer ein Parfüm aufgelegt hat, kann es sein, dass du nach ihrem Tod plötzlich den Geruch in deiner Wohnung wahrnimmst. Du hast das Parfüm vielleicht objektiv gerochen und hast nun das Gefühl, jemand hätte wirklich Omas Parfüm im Raum versprüht.

Oder wenn das Hellriechen subjektiv ist, dann ist es mehr ein inneres Riechen des Dufts, ähnlich wie eine Erinnerung an den Duft. Vielleicht hast du das auch schon einmal erlebt. Auch einige unserer Geistführer zeigen sich oft durch einen Duft. Immer wenn der Geistführer uns sehr nahekommt, wenn wir eine Übung machen oder ihn kennenlernen wollen, kann es sein, dass du plötzlich einen bestimmten Duft in der Nase hast. Oft riechen diese Düfte kräuterartig oder wie Weihrauch, manchmal sind es ganz natürliche Düfte oder sie sind sehr blumig. Häufig stehen diese Düfte im Zusammenhang mit der Form bzw. der Gestalt, die der Geistführer angenommen hat. Wenn sich dein Hauptgeistführer zum Beispiel als Mönch zeigt, dann kann es sein, dass du einen Weihrauchduft wahrnimmst. Oder dein Geistführer ist ein Kräuterkundiger oder Schamane, dann kann es sein, dass du einen Kräuterduft wahrnimmst. Der Geistführer will dir damit etwas über seine Herkunft sagen. Meistens benutzen Geistführer Düfte als Erkennungszeichen, zum Beispiel wenn jemand den Geistführer durch die Hellsichtigkeit nicht sehen kann, dann kommt es oft vor, dass der Geistführer eine bestimmte Duftnote verströmt, damit du deinen Hauptgeistführer von den anderen Geistführern in deinem Team unterscheiden kannst. Wenn das Hellriechen nicht so stark ausgeprägt ist, kannst du es trainieren, sofern es dir wichtig ist. Ich persönlich empfehle dir, dich lieber auf das Hellfühlen oder das Hellsehen zu konzentrieren. Doch wenn das Hellriechen stark ausgeprägt ist, dann kann man es auch bis zu einem gewissen Grad bei der Kommunikation mit dem Geistführer einsetzen, sei es, dass du dir vom Geistführer einen Duft geben lässt, als Zeichen dafür, dass etwas gut ist oder dass etwas Ja bedeutet, sei es, dass du dir einen Duft geben lässt, der dir zeigt, dass etwas nicht gut oder für dich sogar schädlich ist. Auf diese Weise könntest du über Düfte Antworten bekommen. Beispiel: Du willst wissen, ob der neue Job gut für dich ist. Du fragst deinen Hauptgeistführer und nimmst hellriechend einen angenehm blumigen Duft wahr. Dies würde ich dann als Ja und positiv einordnen. Oder du nimmst einen unangenehmen, fauligen Duft wahr, was ich dann als Nein einordnen würde. Dies ist eine mögliche Form der Kommunikation, die gerade für diejenigen geeignet ist, bei denen von Natur aus das Hellriechen stark ausgeprägt ist.

Subjektives Hellriechen trainieren

Das Training von Hellriechen ist dem Training der anderen Sinne ähnlich. Du riechst zum Beispiel an einer Blume und versuchst später, diesen Geruch in der Erinnerung wieder zu riechen. Dies machst du an verschiedenen Orten und bei unterschiedlichen Objekten etc. Damit aktivierst du das Hellriechen. Wie oben bereits ausgeführt, ist für die Kommunikation mit dem Geistführer dieser Hellsinn nicht so gut geeignet bzw. wenn er nicht schon sehr stark vorhanden ist, würde ich das Training in diesem Bereich nicht ausbauen. Dennoch kann dieser Hellsinn sehr hilfreich sein. Ich kenne zum Beispiel eine Heilerin, die mit mir in England die Ausbildung gemacht hat und die außergewöhnlich hellriechend war. Sie konnte Krankheiten anhand von Düften und Gerüchen wahrnehmen. Sie konnte sagen, welche Krankheit eine Person hat oder worunter ein Verstorbener gelitten hat und weswegen er starb. Ich fand dies sehr faszinierend. Doch sie sagte immer zu mir: »Von außen mag es faszinierend sein, doch Krankheiten und Todesursachen riechen nie toll. Auf Dauer ist das also nicht wirklich schön!« Ich kann das gut nachvollziehen. Ich nehme nur selten Gerüche wahr und bin eigentlich auch dankbar dafür, weil ich mir gut vorstellen kann, wie unangenehm das sein muss. Falls dein Geruchssinn stark ausgeprägt ist, kannst du Düfte bestimmten Situationen und Antworten zuordnen und so eine präzise Kommunikation über diese Düfte herstellen. Doch dies ist nur dann sinnvoll, wenn dieser Sinn bei dir schon sehr aktiv ist. Allen anderen empfehle ich das Training nicht.

Nochmals kurz zur Erklärung, wie das geht: Du bittest deinen Geistführer, dir für bestimmte Antworten einen Duft zu schicken, zum Beispiel: Wenn etwas gut für dich ist, soll er dir dafür einen Duft geben. Dann nimmst du meinetwegen einen Rosenduft wahr. Wenn etwas nicht gut für dich ist, dann nimmst du meinetwegen Kompostgeruch wahr. Wenn er dich auf eine Gefahr hinweisen will, dann nimmst du vielleicht Schweißgeruch (Angstschweiß) wahr usw. Dies kann durchaus spannend sein. Doch für jene, bei denen dieser Sinn nicht besonders aktiv ist, bedeutet es viel Arbeit.

Hellschmecken

Hier verhält es sich ähnlich wie mit Hellriechen. Ich persönlich empfinde Heilschmecken sogar noch weniger nützlich als Hellriechen. Daher sei es hier nur kurz vorgestellt. Wenn dieser Sinn allerdings bei dir von Natur aus stark ausgeprägt ist, könntest du wie beim Hellriechen auch eine Art Kommunikation mit dem Geistführer entwickeln, was ich jedoch weniger sehe.

Hellschmecken gibt es wie bei jedem Hellsinn sowohl objektiv als auch subjektiv. Man kann einen Geschmack real im Mund haben oder aber nur das Gefühl haben, man habe einen Geschmack im Mund. Ich kenne Hellschmecken nur beim sensitiven Arbeiten, beim Auralesen und bei Jenseitskontakten. Beim Kontakt mit dem Geistführer hatte ich diesen Sinn noch nicht aktiv wahrgenommen. Doch nur, weil dies bei mir nicht zutrifft, heißt es noch lange nicht, dass es bei dir nicht möglich ist. Wenn ich zum Beispiel eine Aura lese oder mich mit einer Person unterhalte, kommt es immer wieder vor, dass ich einen starken Alkoholgeschmack in meinem Mund habe. Das ist sehr unangenehm, und ich weiß dann, dass diese Person ein Alkoholproblem hat.

Bei Jenseitskontakten habe ich manchmal den Geschmack von Zigaretten im Mund. Daran erkenne ich, dass die verstorbene Person ein Raucher war. Manchmal fühle ich den Geschmack von Essen im Mund, und ich kann dann vom Geschmack her sagen, welches Essen es ist. Häufig habe ich bei Jenseitskontakten mit verstorbenen Großmüttern einen bestimmten Essensgeschmack im Mund, zum Beispiel den Geschmack von Gulasch. Wenn ich das dem Klienten sage, bekomme ich oft als Antwort: »Ja, jeder hat das Gulasch von Oma geliebt.« Doch beim Geistführer kenne ich Hellschmecken nicht. Da sind bei mir andere Sinne viel aktiver, und die Kommunikation darüber verläuft anders.

Subjektives Hellschmecken trainieren

Hier läuft das Training genauso ab wie beim Hellriechen, nur dass wir nicht über die Nase trainieren, sondern über das Geschmackszentrum im Mund. Wenn Hellschmecken bei dir stark ausgeprägt ist, kannst du es durch das Training noch verbessern und eine Art Kommunikationscode mit deinem Geistführer über das Hellschmecken entwickeln. Der Ablauf ist dann wie beim Hellriechen. Ob sich das Training wirklich lohnt, muss jeder für sich selbst entscheiden. Ich persönlich trainiere diesen Sinn nie. Ich kenne auch nur wenig Menschen, die mit diesem Sinn arbeiten. Meine Freundin nutzt diesen Sinn auf der sensitiven Ebene. Beim Essen merkt sie beispielsweise sofort an der Art der Energie und des Geschmacks, ob ihr ein Essen bekommt oder nicht. Kaum hat die Nahrung ihre Zunge berührt, sagt sie sofort: »Das kann ich nicht essen. Das tut mir nicht gut!« Am Anfang konnte ich dies kaum glauben, da dieser Sinn ja bei mir inaktiv ist. Doch immer, wenn sie nicht auf die Wahrnehmung achtet, zum Beispiel bei einer Einladung, und sie höflich sein will, hat sie hinterher eine Allergie oder Bauchschmerzen. Da finde ich diesen Sinn äußerst wirkungsvoll und hilfreich. Gerade wenn man mit Allergien oder Unverträglichkeiten zu kämpfen hat, ist diese Gabe von großem Vorteil. Doch für die Kommunikation mit dem Geistführer ist Hellschmecken weniger geeignet.

Hellhören

Dieser Hellsinn ist einer der schwierigsten, und aus meiner Sicht ist es auch der Hellsinn, bei dem viele Hellhören mit ihrer Fantasie verwechseln. Diesen Sinn gibt es sowohl objektiv als auch subjektiv. Ich bin sicher, dass du den Unterschied verstanden hast. Doch beim Hellhören ist er ganz klar: Objektiv hellhören ist, wenn du im Außen etwas hörst, also wenn du mit den Ohren etwas hörst. Dieser Sinn kommt sehr selten vor. Ich habe in all den Jahren, seit ich praktiziere, noch niemand kennengelernt, der objektiv hellhörend die Geistige Welt wahrnehmen kann. Ich habe allerdings viele kennengelernt, die dies von sich behaupten. Doch dies hielt meistens keiner Prüfung stand. Objektiv hellhörend ist der zuverlässigste Sinn. Du könntest alles fragen und würdest alles eins zu eins hören, ohne etwas als Medium interpretieren oder übersetzen zu müssen. Doch wie gesagt, habe ich noch niemand kennengelernt, der diesen Sinn wirklich hatte. Das heißt jedoch nicht, dass es nicht jemand in diesem Universum gibt, der diesen Sinn besitzt. Doch man muss gut aufpassen. Da viele Menschen Stimmen hören, hat es leider psychologische und keine außersinnlichen Ursachen. Meistens leidet jemand unter Schizophrenie oder einer ähnlichen Krankheit, wenn er im Außen Stimmen hört. Diese Stimmen sind häufig sehr negativ und nicht liebevoll. Du musst wissen, egal mit welchem Hellsinn du mit der Geistigen Welt in Kontakt gehst: Wenn die Botschaften sehr negativ sind, wenn sie bösartig sind und dich zu Dingen auffordern, die nicht »lichtvoll« sind, dann haben sie nie mit der Geistigen Welt zu tun, sondern haben psychologische Gründe. Beim subjektiven Hellhören wird es jetzt ziemlich kompliziert. Da ecke ich in der Szene häufig mit meiner Theorie an. Denn beim subjektiven Hellhören sind wir sehr schnell in der Fantasie und glauben, dass das, was wir hören, von unserem Geistführer sei, dabei ist es nichts anderes als unsere Gedankenstimme. Während du zum Beispiel dieses Buch liest, hörst du ständig eine Gedankenstimme in deinem Kopf, die alles kommentiert, nicht nur beim Lesen, sondern den ganzen Tag über. Diese Stimme, die immer in Sätzen zu dir spricht, hat nichts mit der Geistigen Welt zu tun, sie ist deine Gedankenstimme. Sie kommt von deinem Unterbewusstsein oder von deinem Bewusstsein. Es handelt sich dabei um die Stimme deiner Erfahrungen, deiner Ängste, deines Wissens. Es ist die Summe deines Lebens. Doch darf sie nicht verwechselt werden mit der Stimme der Geistigen Welt.

Letztendlich kann man relativ leicht auseinanderhalten, was subjektives Hellhören ist und was die eigenen Gedanken, Fantasien und eingebildete Stimmen sind. Immer wenn du die Stimme in ganzen Sätzen zu dir sprechen hörst, als ob jemand einen Dialog mit dir führen würde, sprichst du mit dir selbst und nicht mit der Geistigen Welt. Die Geistige Welt spricht nie in ganzen Sätzen mit dir.

Meine erste Ausbildung betraf das Channeling. Man hat dort gelernt, mit den Erzengeln in Kontakt zu treten. Es war mein erstes richtiges Seminar, und ich hatte diesbezüglich noch keine Erfahrung. Wir wurden zum Meditieren angeleitet und haben uns mit den Erzengeln verbunden. Bei uns allen stiegen klare Worte und Sätze auf, die wir Wort für Wort weitergegeben haben. Es war viel Gerede über Licht und Liebe. Doch es waren unsere eigenen Worte! Es war nichts von der Geistigen Welt! Für mich als damals schon Hellsichtigem war dies schnell zu erkennen, da die Mitschüler viel redeten und dachten, etwas zu hören. Doch die Geistige Welt war nicht anwesend. Die Worte, die aus dem Mund kamen, waren schön, sicher auch hilfreich. Doch es war alles so oberflächlich, so allgemeingültig. Es hatte nie wirklich Hand und Fuß. Nichts Klares, nichts wirklich Persönliches oder Präzises. Der Geistführer aber ist sehr klar, präzise und nicht schwammig. Es ist kein esoterisches Gerede von Licht und Liebe. Auch die Theorien waren so weit weg, dass man sie nicht überprüfen konnte.

Doch zurück zum subjektiven Hellhören: Ich würde am Anfang vor allem mit dem Hellfühlen und Hellsehen arbeiten. Das Hellhören stellt sich dann von ganz allein ein. Im Grunde genommen ist subjektives Hören auch kein wirkliches Hören. Es ist eher so, als würde man kurz ein Wort oder einen Satz hören. Ich betone: einen Satz, nicht Sätze, die sich in deinem Kopf bilden. Es ist eher so, als würde ein Wort oder ein Satz in deinen Kopf geschoben. Du kennst das vielleicht, wenn du Auto fährst und dir plötzlich das Wort Achtung einfällt. Manchmal fühlt es sich an, als hätte man es gehört. Das ist subjektives Hellhören: Klar, prägnant und nicht: »Achtung, pass auf! Es kommt bald eine Kurve, und dahinter hat sich ein Unfall ereignet.«

Es ist eher ein energetisches: »Stopp!« Für mich ist Hellhören einer jener Sinne, der sehr schwer zu erklären ist, gerade am Anfang. Hellhören ist weniger ein Hören, sondern mehr ein Gedankenblitz. Wenn du innerlich ganze Sätze und viel Blabla hörst, das nicht kurz, präzise und prägnant ist, dann kannst du ziemlich sicher sein, dass es nicht von deinem Geistführer ist.

Subjektives Hellhören trainieren

Ich persönlich empfehle nicht, diesen Sinn spezifisch zu trainieren. Ich würde diesen Sinn sich ganz natürlich entwickeln lassen. Meine Erfahrung zeigt: Je mehr wir auf das Hören achten, desto stärker nehmen wir unsere Gedankenstimme wahr, die Stimme des Unterbewusstseins oder wie ich es in meinem Enjoy this Life®-Training nenne: der innere Kritiker. Hier ist leider die Gefahr sehr groß, dass wir durch das Training genau das Gegenteil erreichen. Bei all meinen Schülerinnen und Schülern habe ich festgestellt, dass sich nach zwei bis drei Jahren Arbeit mit dem Geistführer das Hellhören ganz von selbst und sehr natürlich einstellt. Dann ist das Hellhören auch sehr zuverlässig, und man kann mit der Zeit dann auch ganz klar erkennen, was vom Geistführer kommt und was nicht. Ich würde mich daher, wie bereits erwähnt, aufs Hellfühlen und Hellsehen konzentrieren und das Hellhören auf natürliche Weise entstehen lassen. Oft ist Hellhören auch eine Mischung von Hören und Wissen. Dazu mehr im letzten Abschnitt über die Hellsinne. Wenn du es dennoch trainieren möchtest, kannst du genauso vorgehen wie bei den anderen Hellsinnen. Da wir beim Hellhören häufig mit uns selbst kommunizieren, wie du vielleicht weißt, würde ich Hellhören nicht trainieren. Wenn man das vermeintliche Hellhören näher betrachtet, stellen wir fest, dass es häufig ein Kommunizieren mit dem »weisen« Teil des Unterbewusstseins ist. Das kann sehr schön und hilfreich sein. Doch es ist keine externe intelligente Quelle wie der Geistführer, sondern eine interne, also ein Teil von mir selbst und hat nichts mit der Geistigen Welt zu tun.

Hellwissen

Dieser Sinn ist einer meiner liebsten Sinne. Das Schöne daran ist, dass man Hellwissen nicht trainieren muss. Es stellt sich mit der Zeit von ganz allein ein. Hellwissen ist am Anfang nicht so leicht zu erkennen und deswegen ist es auch schwer, ihm zu vertrauen. Plötzlich weiß man Dinge und kann nicht sagen, woher man sie weiß, ob man sie gesehen oder gespürt hat und wie es zu diesem Input kam. Dieses Wissen ist auf einmal da, und es ist ein ganz klares Wissen. Hellwissen ist auch schwer zu beschreiben. Vielleicht hattest du auch schon solche Momente, in denen du etwas mit Sicherheit wusstest und nicht sagen konntest, woher du es hast. Das ist Hellwissen!

Falls du solche Situationen nicht kennst, musst du dir aber keine Sorgen machen. Hellwissen ist ein Sinn, der sich von allein entwickelt und mit der Zeit immer klarer erkannt wird. Je mehr du mit deinen Hellsinnen bewusst zu arbeiten beginnst, desto öfter wird sich dieser Sinn einstellen. Bei meinen Schülern stelle ich fest, dass er nach etwa zwei Jahren Training eindeutig vorhanden ist.

Ich persönlich arbeite heute sehr oft mit diesem Sinn. Und doch habe ich lang gebraucht, ihm zu vertrauen. Wenn ich etwas hellsichtig gesehen habe, dann fiel es mir leichter zu erkennen, dass ich eine Botschaft bekommen habe und dass ich plötzlich bestimmte Dinge gewusst habe. Mit der Zeit, wenn das Vertrauen in dich und deine Fähigkeiten größer werden, wirst du erkennen, dass dieser Sinn sehr zuverlässig ist und einfach nur Freude macht. Doch bis es so weit ist, braucht es Zeit. Mein Geistführer und ich kommunizieren sehr oft über diesen Sinn. Wenn ich ihm eine Frage stelle, dann bekomme ich häufig kein hellsichtiges Bild oder Gefühl, vielmehr ist plötzlich die Antwort ganz klar in meinem Bewusstsein. Es ist schwer zu beschreiben, doch du wirst es mit der Zeit erkennen. Vertrau einfach darauf.

Zusammenfassung und Tipps

- Sei geduldig. Am Anfang braucht es Zeit, die Hellsinne von den eigenen Gedanken, Wünschen und Fantasien zu unterscheiden. Mit der Zeit wirst du feststellen, dass es sich irgendwie anders anfühlt, wenn etwas von dir ist oder von deinem Geistführer kommt.
- Botschaften, die vom Geistführer kommen, sind emotionslos. Dadurch kannst du sie mit der Zeit leicht erkennen. Schwingt zum Beispiel Angst, Wut, Freude, oder Unsicherheit in der Botschaft mit, die du bekommst, dann kommt sie zu neunzig Prozent von dir selbst. Achte darauf! Das hilft dir, schneller zu lernen und zu unterscheiden.
- Die außersinnliche Wahrnehmung passiert immer schnell, sie braucht nicht lang Zeit. Eine Antwort vom Geistführer oder eine außersinnliche Wahrnehmung kommt innerhalb von Sekunden. Wenn du Zeit brauchst, sie zu erhalten, dann stammt sie von dir. Nur Fantasie und Vorstellungskraft brauchen Zeit. Außersinnliche Wahrnehmung dagegen kommt blitzschnell.

Zur Erinnerung: Du siehst jemand zum ersten Mal und hast innerhalb von zwei oder drei Sekunden einen Impuls, ob du ihm vertrauen kannst oder nicht. Du musst nicht lang darüber nachdenken oder meditieren oder was auch immer. Der Impuls ist sofort da, schnell und präzise. Du musst nur darauf achten.

- Es ist hilfreich, wenn du deine Wahrnehmungen aufschreibst, damit du sie später überprüfen kannst. Wenn du zum Beispiel das Gefühl hast, dein Geistführer gibt dir den Impuls, dass etwas nicht stimmt, dann mach dir sofort eine Notiz und überprüfe hinterher, ob er recht hatte. Dies kann dir sehr dabei helfen, deinen Wahrnehmungen zu vertrauen.
- Ganz entscheidend: Botschaften vom Geistführer sind immer klar! Da gibt es nichts zu interpretieren! Beispiel: Oft schreiben Leute auf Facebook, dass ihnen der Geistführer immer die Zahl 777 schickt. Doch sie können sich nicht erklären, was er ihnen damit sagen will. Ich kann dir versichern: Es bedeutet gar nichts, sonst wüsstest du, was damit gemeint ist. Manche googeln im Internet und versuchen dort, eine Antwort zu finden. Doch dies ist völlig sinnlos. Der Geistführer kommuniziert ganz klar und einfach. Er schickt dir Inputs, die du sofort verstehen kannst. Wenn das nicht der Fall ist, dann ist die Botschaft auch nicht vom Geistführer.

Heilen mit dem Geistführer

Bei meiner Ausbildung in England hat meine Lehrerin am Anfang oft mit mir gesprochen und mich immer wieder gefragt, ob ich nicht neben meiner medialen bzw. sensitiven Ausbildung auch die Heilerausbildung machen möchte. Ich habe mich in den ersten drei Jahre dagegen entschieden. Gleichzeitig eine zusätzliche Ausbildung zu absolvieren wäre mir viel zu anstrengend gewesen. Sie prophezeite mir dann immer: »Du wirst sehen, Heilen vertieft die Beziehung zu deinem Geistführer und hilft dir bei den Jenseitskontakten, die Verbindung noch intensiver zu gestalten.« Wenn ich ehrlich bin, glaubte ich damals, Heilen sei nur eine Masche, damit die Schüler alle Ausbildungen besuchen. Heute ist mir klar: Meine Lehrerin hatte recht, und sie hatte es wirklich so gemeint. Es ist eine Tatsache, dass Heilübungen mit dem Geistführer die Verbindung zur Geistigen Welt aktivieren, vertiefen und die Hellsinne verbessern. Ich empfehle daher heute meinen Schülern exakt dasselbe wie meine Lehrerin: Macht viele Heilübungen mit den Geistführern, da ich immer wieder feststellen muss, dass es nichts Besseres gibt, um zusammen mit dem Geistführer schnell ein gutes Team zu werden. Ich empfehle auch dir, die Übungen, die ich im Folgenden vorstelle, so oft wie möglich durchzuführen. Du wirst feststellen, dass du dadurch enorme Fortschritte machen wirst. Du wirst Sicherheit bekommen und vor allem ohne Druck die Verbindung zu deinem Geistführer vertiefen.

Wenn ich mit neuen Schülern bei Live-Events Geistführer-Übungen durchführe, bin ich immer wieder erstaunt, wie verkrampft und unter welchem Druck sie an die Übungen herangehen. Je verkrampfter wir sind und je größeren Druck wir uns machen, desto schwerer ist es für unseren Geistführer, uns wirklich nahezukommen und uns zu unterstützen. Die Geistführer kommen mit ihren Impulsen gar nicht durch, wenn wir starr, unter Druck und steif sind, und zwar sowohl im Geist als auch im Körper. Wenn ich aber am gleichen Tag mit denselben Schülern eine Übung mit Geistigem Heilen mache, dann geschieht immer etwas Wunderbares: Die Geistführer können uns bei der Übung ganz nahekommen und sich gut mit uns verbinden. Das überrascht mich immer wieder.

Warum ist das so? Weil sich der Schüler bzw. die Schülerin beim Heilen vielfach keinen Druck macht. Sie müssen jetzt keine Botschaft überbringen oder sich beweisen. Viele denken: »Niemand sieht, ob ich wirklich verbunden bin!« Deswegen tun sie einfach ganz entspannt, was ich ihnen sage. Und das Resultat ist, dass der Geistführer ganz nahekommen kann. Es ist für mich jedes Mal erneut ein Phänomen, das mich begeistert. Zusätzlich wird bei jeder Verbindung zu unserem Geistführer die Verbindung gestärkt. Wenn wir dabei als Heilkanal dienen, egal ob es sich um eine Selbstheilung, Fernheilung, Kontaktheilung oder um ein Proxy handelt, kommt die heilende Energie immer auch mit uns in Berührung, da sie vom Geistführer durch uns kanalisiert wird. Dadurch fließt sie immer auch durch mich selbst hindurch. Damit lösen sich natürlich auch unsere Themen, Muster und Blockaden auf, und der Geistführer hat wie in der Übung »Sitting in the Power« (➛ Seite 87 ff.) die Möglichkeit, unser Chakra und das Aurasystem für die mediale Arbeit optimal einzustellen. Die Hellsinne werden auf diese Weise mit der Zeit ganz natürlich aktiviert und gestärkt. Außerdem hilft es uns vor allem auch, im Gleichgewicht zu bleiben und unsere Selbstheilung zu aktivieren. Was gibt es Schöneres?

Wie du siehst, sind Heilübungen mit dem Geistführer in vielerlei Hinsicht empfehlenswert. Ich schlage dir vor, sie täglich in dein Programm aufzunehmen. Du tust dir selbst einfach so viel Gutes damit und kannst auch deinem Umfeld ohne Druck viel Gutes tun. Der Effekt, dass es die Verbindung stärkt und deine medialen bzw. sensitiven Fähigkeiten verstärkt, lässt sich nur bei Heilübungen mit dem Geistführer feststellen. Bei anderen Heiltechniken, wie z.B. Prana-Healing, Reiki und Ähnlichem ist mir dieser Effekt noch nicht aufgefallen.

Selbstheilung mit dem Geistführer

Diese Übung ist einfach und lässt sich problemlos jeden Tag durchführen. Es reicht, wenn du sie nur einmal am Tag für fünf Minuten machst. Natürlich kannst du auch viel länger üben. Doch regelmäßig fünf Minuten reichen voll und ganz, und wir tun uns unglaublich viel Gutes damit. Du wirst sehen, dass sich die Verbindung zu deinem Geistführer schon nach kurzer Zeit erheblich verbessert, ohne dass du zusätzlich viel geübt hast. Ich finde, dass es eine tolle Übung ist, die sich auch zur Steigerung der Selbstliebe sehr gut eignet. Sich regelmäßig Zeit für die eigene Selbstheilung zu nehmen, ist auch ein Akt der Selbstliebe.

Übung

Setz dich aufrecht auf einen Stuhl. Nimm wahr, wie beim Einatmen die Nasenflügel kühl und beim Ausatmen wärmer werden. Bei jedem Ausatmen entspannst du dich mehr und mehr. Lass dir Zeit. Konzentriere dich nur auf deine Atmung. Einatmen … Ausatmen … Einatmen … Ausatmen. Bitte nun deinen Hauptgeistführer, näherzukommen, spür, wie sich die Energie um dich herum verändert. Bitte deinen Hauptgeistführer, er möge wieder ein paar Schritte zurücktreten und spür dabei, wie sich die Energie um dich herum verändert. Versuch es vom Gefühl her und nicht mit dem Kopf wahrzunehmen. Bitte deinen Hauptgeistführer nun, wieder näherzukommen und beobachte die Energie um dich herum. Nimm bei jedem Einatmen wahr, wie du mit deinem Hauptgeistführer langsam eins wirst. Mit jedem Ausatmen entspannst du dich mehr und mehr. Mit jedem Einatmen wird die Verbindung zu deinem Hauptgeistführer enger und enger. Konzentriere dich nur auf die Atmung. Einatmen, die Verbindung wird enger ... Ausatmen, du entspannst dich mehr und mehr ... Einatmen ... Ausatmen ... Einatmen ... Ausatmen. Lass dir Zeit. Bitte nun deinen Hauptgeistführer, er möge seine Hände auf deine Schultern legen, und bitte ihn, dir heilende Energie zu schicken. Nimm die Hände auf deinen Schultern wahr. Versuch sie richtig zu fühlen. Lass dir auch hier wieder Zeit. Fühle und beobachte, wie die Energie von deinem Hauptgeistführer kommt und von ihm durch dich hindurchfließt. Wisse, dass diese Energie dich stärken und dir helfen wird, Blockaden und Krankheiten auf allen Ebenen deines Seins aufzulösen. Bleib während der nächsten Minuten mit deiner Aufmerksamkeit nur bei der heilenden Energie deines Hauptgeistführers. Mach dir bewusst, wie dein ganzer Körper von diesem heilenden Licht durchflutet wird. Sieh, wie dein Kopf und deine Schultern voller Licht sind ... Fühle, wie du dich dadurch mehr und mehr entspannst. Fühle, wie deine Arme und deine Hände mit Licht durchflutet werden ... Dein Hals und dein Nacken werden mit Licht durchflutet ... Dein Nacken ist entspannt und voller Licht. Deine Brust und dein Oberkörper werden mit Licht durchflutet. Jede einzelne Zelle deines Seins füllt sich mit Licht und heilender Energie ... auch dein Bauch und dein unterer Rücken werden jetzt mit dem heilenden Licht gefüllt. Dein Darm, dein Magen und dein ganzes Verdauungssystem entspannen sich und werden geheilt. Die Muskulatur deines ganzen Körpers wird entspannt ... Die Heilung fließt weiter in dein Becken, es wird auf allen Ebenen durchflutet. Deine Oberschenkel werden mit dem Licht deines Hauptgeistführers gefüllt. Die Heilung fließt über die Knie weiter zu deinen Unterschenkeln in deine Füße ... Jetzt ist dein ganzer Körper mit heilendem Licht durchflutet, jede Zelle deines Körpers nimmt die heilende Schwingung auf und wird gesund und kraftvoll. Fühle, wie mit jedem Atemzug die Heilenergie stärker und heller wird. Lass die Energie anwachsen und intensiver werden. Dehne die Energie immer mehr und mehr aus ... Sie wird stärker und heilender ... Die Verbindung zwischen dir und der Geistigen Welt wird intensiver ... Stell dir nun vor, wie auch deine Aura mit Licht und Heilung durchflutet wird. Stell dir vor deinem inneren Auge deine leuchtende und geheilte Aura vor ... Bleib jetzt ein paar Minuten ganz konzentriert bei deiner heilenden Aura auf deinem heilenden Körper und nimm wahr, wie jede Zelle auf jeder Ebene heil schwingt ... Bedanke dich bei deinem Hauptgeistführer, dass er bei dir war und dir Heilung geschenkt hat, und verabschiede dich von ihm. Komm langsam wieder ins Hier und Jetzt zurück. Lass dir aber Zeit, bis du die Augen wieder öffnest.

Diese Übung findest du auch online von mir eingesprochen (kostenlos), sodass du dich vor allem am Anfang nur auf die Selbstheilung konzentrieren kannst und dir nicht den Ablauf der Übung merken musst: www.geistführer.info

Du kannst diese Übung gern auch deinen Bedürfnissen und Vorlieben anpassen. Ich habe dir hier eine etwas längere Version vorgestellt. Solltest du einmal nicht so viel Zeit haben, kannst du sie auch wie folgt durchführen:

Kurzversion: Übung Selbstheilung mit dem Geistführer

Setz dich am besten hin, nimm ein paar Atemzüge und entspann dich dabei. Bitte deinen Hauptgeistführer, er möge näherkommen, dir die Hände auf die Schultern legen und sich mit dir verbinden. Achte auf die Energie der Veränderung und bitte ihn in Gedanken: »Schick mir bitte heilende Energie für mich selbst, so wie es richtig und gut für mich ist!« Bleib dann ein paar Minuten in der Verbindung mit deinem Geistführer und lass die Selbstheilung geschehen, so lange wie du gerade Zeit hast.

Die kurze Version ist – regelmäßig praktiziert – ebenso wirkungsvoll wie die lange Version.

Häufige Fragen

? *Ich habe nichts gespürt. Mache ich vielleicht etwas falsch?*
Setz dich nicht unter Druck. Die Heilung fließt dennoch, auch wenn du nichts wahrnehmen konntest. Vielleicht hast du etwas wahrgenommen, aber es dir einfach anders vorgestellt. Der häufigste Grund dafür ist, dass wir uns nur darauf konzentrieren, etwas wahrzunehmen, und damit sind wir dann so angespannt, dass nichts mehr möglich ist. Wiederhole die Übung regelmäßig. Das nimmt den Druck weg, und die Wahrnehmung stellt sich ein.

? *Mein Körper hat unglaublich stark gekribbelt. Was könnte das gewesen sein?*
Das ist die Energie, die fließt. Sie kann sich sehr unterschiedlich zeigen, oft als Kribbeln, manchmal hat man aber ganz andere Empfindungen. Beurteile es nicht, sondern mach dir bewusst, dass Heilung geflossen ist. Manchmal kann sogar das Kribbeln oder die Empfindung unangenehm sein. Das liegt dann daran, dass sich Blockaden und Muster lösen, da die Heilung immer die Ursache betrifft, nicht das Symptom.

? *Mein Nacken wurde ziemlich steif. Ist das normal?*
Das ist am Anfang normal. Es liegt an der Verbindung zum Geistführer, da sie über das Kehl-Chakra stattfindet. Versuch bei den Übungen deinen Nacken zu entspannen, dann wird es besser. Und je besser die Ver-

bindung wird, desto besser kannst du dich auch entspannen.

? *Ich habe viele Bilder und Farben gesehen. Wollte er mir damit etwas sagen?*
Dies ist oft der Fall. Meistens kommt es durch die Entspannung. Wenn dir dein Geistführer damit etwas zeigen oder sagen will, dann wirst du es erkennen. Wenn es dir nichts sagt, dann kam es einfach durch den entspannten, ruhigen Zustand, und du solltest dir darüber deinen Kopf nicht zerbrechen.

Kontaktheilung mit dem Hauptgeistführer

Direktheilung oder Kontaktheilung nenne ich es dann, wenn der Klient oder derjenige, der die Heilung empfängt, mit dem Heiler im gleichen Raum ist und ihm die Hände direkt aufgelegt werden können. Diese Form von Heilung wird dir auch helfen, die Verbindung zu deinem Hauptgeistführer zu stärken. Außerdem gibt es noch die Möglichkeit, Mitmenschen etwas Gutes zu tun. Ich empfehle dir, solltest du noch keine Ausbildung absolviert haben, die Kontaktheilung bei Freunden oder deiner Familie durchzuführen. Sie ist absolut ungefährlich. Doch solltest du therapeutisches Grundwissen haben, wenn du Kontaktheilung in deiner Praxis anbietest. Wichtig zu wissen ist, dass es bei jeder Heilung, die du bekommst oder gibst, zu Erstverschlimmerungen kommen kann, d. h., dass sich ein Symptom verstärkt oder dass der Körper mit Reinigungsprozessen reagiert. Das ist manchmal starkes Schwitzen, Durchfall und in wenigen Fällen kommt es zum Erbrechen. Dies liegt daran, dass die Ursache aufgelöst wird und dass es sich um eine natürliche Form von Selbstreinigung handelt. Das braucht dich nicht zu verunsichern, es zeigt vielmehr, dass etwas in Bewegung gekommen ist und eine Selbstheilung stattfindet. Bei vielen Heilbehandlungen kommt es auch gar nicht zu Erstreaktionen. Es kommt oft vor, dass der Klient bzw. Empfänger gar nichts spürt. Auch das ist in Ordnung, und auch in diesem Fall ist Heilung passiert. Wichtig ist noch, dass nach jeder Behandlung der Klient genügend Wasser trinkt, damit die Reinigung stattfinden kann.

Übung

Du brauchst für diese Übung einen Partner, jemand, der offen dafür ist und der sich von dir eine Heilbehandlung wünscht. Ihr könnt euch auch abwechseln: Einmal gibst du ihm eine Heilung und dann er dir. Am besten ist es, wenn sich dein Partner auf einen Stuhl setzt und du dich hinter ihn stellst, sodass du ihm deine Hände bequem auf die Schultern legen kannst. Der Übungspartner sollte die Augen schließen und sich entspannen. Du schließt auch die Augen und bittest in Gedanken: »Lieber Hauptgeistführer, komm näher und verbinde dich mit mir!« Die Worte sind natürlich frei wählbar. Achte dann darauf, wie sich die Energie hinter dir verändert. Nimm wahr, wie dir dein Hauptgeistführer nahekommt und sich mit dir verbindet. Sobald du die Verbindung fühlen kannst, legst du dem Klienten deine Hände auf die Schultern und bittest in Gedanken deinen Hauptgeistführer: »Lass heilende Energie von dir durch mich hindurchfließen für meinen Klienten, so wie es richtig und gut für ihn ist!« Dann bleib ein paar Minuten einfach in dieser Verbindung. Achte darauf, dass deine Gedanken möglichst nicht in alltägliche Dinge abgleiten, sondern versuch so bewusst wie möglich, deine Aufmerksamkeit bei der Verbindung im Nacken zu deinem Geistführer zu halten, und stell dir immer wieder vor, dass du ein Kanal bist für die heilende Energie. Wenn du das Gefühl hast, die Behandlung ist zu Ende, dann bedank dich bei deinem Hauptgeistführer und tausch dich mit deinem Übungspartner bzw. Klienten aus.

Häufige Fragen

? *Warum muss ich darum bitten, wie es richtig und gut für meinen Klienten ist?*

Im Grunde genommen geht es darum, dass du dich nicht auf ein Symptom konzentrierst, wenn du eine

Heilung spendest. Nehmen wir an, dein Klient hat Kreuzschmerzen und du bittest darum, dass dort Heilung geschehen soll, dann ist das aus meiner Sicht nichts anderes als eine Symptombehandlung. Vielleicht haben die Kreuzschmerzen psychische Ursachen, oder sie kommen vom Darm, denn viele Menschen haben Kreuzschmerzen, weil sie einen geblähten Darm haben. Die Ursache könnte auch eine Nahrungsmittelunverträglichkeit sein. Durch den geblähten Darm, der auf die untere Wirbelsäule drückt, kommt es zu Schmerzen. Wenn du bittest, es solle das geschehen, was richtig und gut ist, dann fließt die Heilung an die Ursache, und vielleicht verschwindet nicht das Symptom als Erstes, sondern dem Klienten wird plötzlich bewusst, warum er das Symptom hat. Oft war es bei mir so, dass der Klient nach der Behandlung immer noch das Symptom hatte, doch es wurde ihm während der Behandlung oder ein paar Tage später klar, was er in seinem Leben ändern muss. Wenn er es dann veränderte, war auch das Symptom verschwunden. Manchmal kam es auch schon vor, dass das Leben des Klienten kurzzeitig aus dem Gleichgewicht kam. Dies zählt immer mit zur Erstverschlimmerung. Ich hatte einmal einen Klienten, der jahrelang nahezu jeden Tag Migräne hatte. Nach der Behandlung hatte er sie immer noch. Drei Tage später wurde ihm in der Arbeit gekündigt. Er war am Boden zerstört, obwohl er in seinem Beruf überhaupt nicht glücklich war. Kaum musste er nicht mehr zur Arbeit gehen, war die Migräne weg. Er fand einen neuen

Job, der ihm Spaß machte, und ist seitdem von der Migräne befreit. Oft bringt eine große Veränderung der Lebensumstände Heilung, weil die Heilung an die Ursache, sozusagen an die Wurzeln, geht und nicht nur das Symptom beseitigt.

? *Mein Klient hat gar nichts gespürt!*
Das ist völlig in Ordnung, auch wenn der Klient nichts spürt, fließt dennoch heilende Energie. Aus Erfahrung kann ich sogar sagen, dass häufig gerade dann, wenn der Klient unglaublich viel spürt, der Selbstheilungseffekt nicht so groß war. Bei Klienten, die während der Behandlung nichts gespürt haben, vielleicht sogar enttäuscht waren, waren die Symptome nach zwei bis drei Wochen komplett verschwunden. Ob ein Klient etwas wahrnehmen kann, liegt auch daran, wie feinfühlig er ist, ob er sich gut entspannen und sich auf die Behandlung einlassen kann. Auch wenn der Klient nur die Wärme deiner Hände spürt oder sich nur entspannt fühlt oder gar nichts: Heilung geschieht immer auf einer bestimmten Ebene. Mit der Zeit und deiner allmählich größeren Erfahrung wird dich eine solche Aussage eines Klienten nicht mehr irritieren, weil du weißt, dass es keine Rolle spielt, ob er etwas fühlt oder nicht.

? *Mein Klient hat ein Kribbeln, Wärme oder Kälte gespürt!*
Das kommt sehr häufig vor und ist völlig normal. Auch Kälte ist normal. Leider wird Kälte häufig als negativ beurteilt. Doch das trifft überhaupt nicht zu. Beispiel:

Wenn der Klient eine Entzündung im Körper hat – eine Entzündung ist ja warm –, dann nimmt er häufig kühle oder kühlende Energie wahr, da Kühle die Überhitzung normalisiert. Jede Empfindung, die der Klient spürt, ist gut. Die Geistige Welt würde nie etwas machen, was nicht in Ordnung ist. Du kannst also ganz beruhigt sein.

? *Meinem Klienten war es sehr unangenehm!*
Auch das kommt immer wieder einmal vor und ist auch ganz normal. Viele spüren zum Beispiel einen Druck auf ihrer Brust oder haben Mühe zu atmen. Dies liegt daran, dass an unseren Emotionen gearbeitet wird. Unser Brustbereich ist unser emotionales Zentrum (Herz-Chakra). Blockaden an dieser Stelle können beim Auflösen sehr unangenehm sein. Nur weil die Heilung nicht angenehm ist, bedeutet es nicht, dass sie nicht stattfindet. Denk an die Erstreaktionen bzw. Erstverschlimmerungen. Einer meiner Lehrer in England sagte immer: »Wenn du etwas Schönes erleben willst, geh in die Massage. Wenn es auch unangenehm sein darf, dann führe eine Geistige Heilung durch!« Natürlich kann auch eine Massage sehr schmerzhaft sein, wenn damit eine Blockade aufgelöst wird. Geistiges Heilen ist in den meisten Fällen sehr angenehm und schön für den Klienten. Und doch kommt es immer wieder vor, dass sie für den Klienten nicht so schön ist. Du solltest dir aber klarmachen, dass dies das Thema deines Klienten ist und dass es nichts mit dir und deiner Heilung zu tun hat oder dass du etwas falsch gemacht hast.

? *Ich schwankte während der Behandlung und musste zittern! Was stimmt da nicht?*

Dies liegt zum großen Teil daran, dass du wahrscheinlich deine Füße sehr nah beieinander hattest, als du die Heilung durchgeführt hast. Deine Füße sollten mindestens schulterbreit auseinanderstehen. Das gibt einen sicheren und guten Halt. Achte darauf, dann sollte das Zittern eigentlich weg sein. Wenn nicht, könnte es auch daran liegen, dass du dich zu sehr von einer falsch verstandenen Esoterik leiten lässt. Leider kommt dieses Zittern und Schwanken häufig vor, gerade auch bei der Meditation. Wenn ich den eher »esoterischen« Menschen sage: »Du zitterst. Das muss nicht sein!«, dann bekomme ich oft zu hören: »Das macht die Geistige Welt! Das ist die ausgesprochen starke Energie, die durch mich hindurchfließt!« Du solltest eines wissen: Niemand muss zittern (außer er hat eine Krankheit, wie beispielsweise Parkinson), und schon gar nicht will die Geistige Welt, dass du so zitterst. Das ist auch für den Klienten eher verstörend, als dass er einen bewundert. Es kann vielleicht kurzzeitig einmal vorkommen, dass jemand während der Heilbehandlung zittert oder schwankt. Doch alle extremen Reaktionen, die verwirrend aussehen, sind von diesem Menschen selbst! Da hat die Geistige Welt keinen Einfluss darauf.

Überhaupt musst du dir keine Sorgen machen, wenn du mit deinem Geistführer in Kontakt stehst und du eigenartige Geräusche von dir gibst, die Augen verdrehst oder »zombiemäßige« Ausdrücke annimmst. Dies war immer meine größte Angst, vor allem als ich mit Trance-Medialität begonnen habe, weil ich oft auf Esoterikmessen gesehen hatte, dass die Medien zum Teil abartig geatmet haben, eigenartige Geräusche von sich gaben, gezittert und sonst eine Show hingelegt haben. Mein Geistführer sagte mir immer: »Vor dem muss man keine Angst haben. Die Geistige Welt ist das nicht! Sie würde ihr Medium niemals so unglaubwürdig vorführen. Diese Medien stehen nicht in Kontakt mit der Geistigen Welt, auch wenn sie dies behaupten.« Heute, nach all den Jahren meiner Erfahrung, kann ich dir nur bestätigen: Es gibt viele, die eine Show aufführen. Doch die Geistwesen waren nie die Ursache dafür. Das Schlimme dabei ist, dass einige sogar selbst an ihre Show glauben. Sie haben nie eine Ausbildung gemacht und sind in ihrer Fantasie gefangen. Dennoch muss man fair bleiben. In einigen Kulturen gibt es zum Beispiel Trance-Tänze oder Rituale, die sehr verwirrend aussehen. Sie sind schon seit vielen Generationen so. Auch wenn diese Rituale nicht von der Geistigen Welt kommen, möchte ich dies nicht verurteilen. Ich spreche vor allem von Medien hier im Westen und nicht von anderen Kulturen. Doch auch dort ist es die Eigenart der Menschen und nicht der Geistwesen. Extremes Atmen und Zittern etc. gehörten dort einfach dazu, weil es schon immer so praktiziert wurde. Dort ist es auch normal. Wir dagegen brauchen das nicht, und die Geistige Welt würde das auch nie machen. Sie will glaubhafte Medien, denn nur durch sie können sie ihre Botschaft in die Welt bringen. Wenn du dennoch einmal kurz leicht zitterst oder schwankst, dann ist das ganz normal. Wie du gemerkt hast, meine ich hier ausschließlich extremes Zittern und Schwanken.

Fernheilung

Fernheilung ist eine Heilungsart, die ich wunderbar finde. Ich habe nicht immer Zeit, jemandem persönlich Heilung zu geben, weil oft die Entfernung zu groß für eine direkte Heilung ist oder weil jemand im Krankenhaus ist oder was es auch immer für Gründe sein mögen. Fernheilungsmethoden gibt es viele. Ich möchte hier eine ganz einfache, aber sehr effektive Methode vorstellen. Wenn ich weiß, dass es einer Person nicht gut geht, egal ob körperlich oder psychisch, nehme ich ein Foto oder bilde mir, wenn ich sie gut kenne, ein klares Gedankenbild im Kopf. Dann setze ich mich ruhig hin und bitte meinen Hauptgeistführer, er möge näherkommen und sich mit mir verbinden. Letztendlich ist es genau derselbe Ablauf wie bei einer Kontaktheilung. Nachdem ich die Verbindung zu meinem Hauptgeistführer gut fühlen kann, bitte ich ihn wieder in Gedanken: »Lass heilende Energie durch mich zu der Person auf dem Foto fließen, so wie es richtig und gut für sie ist.« Dann bleib ein paar Minuten in der Position und lass die Heilung fließen, bis du fühlst, dass sich der Hauptgeistführer zurückzieht. Falls du dies noch nicht wahrnehmen kannst, bleib am Anfang mindestens zehn Minuten ruhig sitzen. Bedenke, dass auch die Fernheilung Heilung für dich ist. Sie unterstützt das Training zwischen dir und deinem Hauptgeistführer. Du tust nicht nur der Person etwas Gutes, der du Heilung schickst, sondern auch dir selbst, und du aktivierst eine tiefere Verbindung zwischen dir und der Geistigen Welt. Es ist somit eine sogenannte Win-Win-Situation für alle.

Die Dauer der Fernheilung ist dabei nicht entscheidend. Manchmal führe ich eine Fernheilung mehrere Minuten lang durch, manchmal dauert sie nur ganz kurz. Die Dauer hat auf den Heilerfolg keinen Einfluss. Fernheilung ist sehr effektiv und wird leider oft unterschätzt. Meines Erachtens ist sie genauso wirkungsvoll wie eine Kontaktheilung. Wichtig ist immer, sich am Schluss bei den Geistigen Wesen für die Heilung zu bedanken. Achte darauf, dass du nicht an deinen Sorgen und Gedanken hängst, während du die Heilung schickst. Falls du abschweifst, richte deine Aufmerksamkeit einfach wieder auf deinen Nacken und fühle die Verbindung zu deinem Geistführer.

Häufige Fragen

? *Was mache ich, wenn ich kein Foto habe?*

Du kannst auch einen Zettel nehmen und dir dort den Namen und das Geburtsdatum der Person notieren. Es ist lediglich ein Fokus notwendig, damit die Energie zu der Person fließt. Ob Foto, Zettel oder ob du dir die Person einfach nur sehr gut vorstellst, ist dabei nicht wichtig.

? *Kann ich beim Heilen etwas Negatives übertragen?*

Das ist nicht möglich. Du kannst nichts schicken oder weitergeben, was die empfangende Person schädigen oder aus dem Gleichgewicht bringen würde. Dies würde dein Geistführer wie auch der Geistführer der Empfängerperson nie zulassen. Auch kannst du nichts aufnehmen, was dich aus dem Gleichgewicht bringen würde. Auch wenn man es immer wieder hört, entspricht es nicht der Wahrheit. Du kannst weder etwas Negatives senden noch empfangen. Du kannst auch niemanden manipulieren. Auch dies werde ich oft gefragt. Wenn es nicht richtig und gut für deinen Empfänger ist, dann wird es auch nicht übertragen. Die Geistige Welt ist liebevoll und gibt nur das weiter, was gut ist. Dies ist auch der Grund dafür, warum Heilung manchmal nicht funktioniert, weil der Klient nämlich diese Symptome noch braucht, damit er eine Erfahrung machen kann oder einen Lernprozess machen darf. Heilung ist immer unterstützend und kann helfen, dass diese Lernprozesse schneller abgeschlossen werden, auch wenn die Symptome nicht sofort verschwinden.

? *Kann ich dem Klienten schaden, wenn ich nicht konzentriert bin?*

Nein, man kann dem Klienten nicht schaden. Wenn du unkonzentriert bist, dann kann der Klient deine Nervosität oder Unkonzentriertheit spüren. Doch es wird ihm nicht schaden. Die Heilung ist dann nicht ganz so wirkungsvoll. Deswegen ist es von Vorteil, wenn du durch Meditation lernst, ruhig zu werden. Mit regelmäßigem Training, vor allem durch Fernheilung, wirst du auch daran arbeiten, und Meditation und Fernheilung werden dir immer leichter fallen. An Tagen, an denen dich besondere Umstände vielleicht nicht zur Ruhe kommen lassen, solltest du auf Kontakt- oder Fernheilung verzichten und lieber eine Selbstheilung durchführen.

? *Muss ich um Erlaubnis fragen, um eine Fernheilung durchzuführen?*

Meiner Meinung nach nicht, da Heilung für mich ein Geschenk ist. Ich frage ja auch nicht, wenn ich jemandem ein Geschenk machen möchte, ob ich das darf. Manche Menschen sehen das allerdings anders. Doch da ich nur liebevolle, heilende Energie schicken kann, frage ich auch nie. Es kommt nur das an, was dem Klienten hilft, alles andere würde ohnedies nicht zugelassen werden. Falls es dir wichtig ist zu fragen, dann frag einfach. Ich halte es für nicht notwendig, und meine Geistführer sagten mir nie, es sei wichtig zu fragen. Somit vertraue ich auf mich und meine Geistführer. Doch jeder sollte es so halten, wie es für ihn stimmig ist.

? *Kann ich auch Tiere fernheilen?*

Sowohl Fern- als auch Kontaktheilung ist bei Tieren möglich. Auch der Ablauf ist dabei genau derselbe. Tiere lieben die heilende Energie der Geistigen Welt. Wenn sie zum Beispiel beim Kontaktheilen genug haben, gehen die Tiere weg. Sie fühlen genau, wie viel Energie sie brauchen. Das ist ganz faszinierend zu beobachten.

? *Die Heilung hilft immer nur kurz! Doch die Symptome kommen immer wieder zurück. Woran liegt das?*

Dies liegt daran, dass die Ursache nicht verändert wird. Wir müssen verstehen, dass alle Symptome eine Ursache haben. Wenn der Klient nichts an seinem Leben ändert, dann kommen die Symptome zurück. Sie wollen damit sagen, dass er auch etwas ändern muss. Beispiel: Wenn jemand Rückenschmerzen hat und sich heilen lässt, ist alles wunderbar und gut. Wenn er nun wieder in die Arbeit geht und sich nicht schont, wenn er zum Beispiel wieder schwer hebt oder den ganzen Tag am Computer sitzt, dann kommen die Symptome zurück. Die Ursache ist seine Arbeit. Oder ein anderes Beispiel: Jemand hat einen Hautausschlag, der durch die Heilung weggeht. Die Ursache ist jedoch vielleicht der Stress in seiner Beziehung. Wenn er nun in dieser Beziehung bleibt und an ihr nicht arbeitet, bleibt auch der Stress, und der Hautausschlag kommt zurück.

Oft sind die Ursachen von Symptomen im Leben hier und jetzt zu suchen. Stress, unglücklich sein im Beruf, schwierige Partnerschaften, Freundschaften etc. sind die häufigsten Ursachen. Oft suchen wir nach Ursachen, die weit in der Vergangenheit, vielleicht sogar in vergangenen Leben liegen. Doch die Ursachen sind meistens direkt vor uns. Auch falsche Ernährung ist häufig eine Ursache. Achte daher immer auf dein direktes Umfeld oder das deines Klienten. Nur wenn wir dies verändern, kann auch die Heilung ihre ganze Wirkung entfalten. Oft wird dir oder auch dem Klienten bereits während der Heilung bewusst, was ihn aus dem Gleichgewicht gebracht hat. Jetzt gilt es, mutig zu sein, die Ursache anzuschauen, und vor allem, sie zu ändern.

Proxy

Man kann auch Gegenstände, ich nenne sie »Proxys«, mit Heilenergie des Geistführers aufladen. Dazu nimmt man ein Stück Stoff oder ein Kleidungsstück der Person, für die man das Proxy macht. Du kannst auch jeden anderen Gegenstand nehmen, zum Beispiel ein Schmuckstück, einen Edelstein oder für Kinder ein Stofftier. Es spielt am Ende keine Rolle. Dann verbindest du dich wie bei den beiden Übungen vorher mit deinem Hauptgeistführer und lässt die Energie in diesen Gegenstand fließen. Letzten Endes läuft es ab wie bei der Fernheilung. Du hältst den Gegenstand in deinen Händen und bittest in Gedanken: »Bitte, lass heilende Energie für mich (oder Person XY) in den Gegenstand fließen.«

Proxys sind wunderbar, gerade auch für Kinder oder Tiere. Außerdem hat man so die Möglichkeit, die kraftvolle Energie des Geistführers immer bei sich zu tragen oder jemandem ein Energie-Geschenk zu machen. Heute nach vielen Jahren der Arbeit mit Proxys bin ich ein absoluter Fan davon. Ich informiere fast alles mit der heilenden

Energie vom Geistführer. Nicht nur Gegenstände, die ich bei mir trage, sondern auch im Haushalt habe ich vieles mit der Energie informiert. So kann man auch sehr schön im Alltag üben. Hier einige Tipps:

- Bettdecken
- Bettkissen
- Stofftiere
- Kleidung
- Wasserleitung (ideal: Hauptwasserleitung deines Hauses/der Wohnung)
- Essgeschirr
- Pfannen
- Trinkflaschen
- Körpercremes
- Duschgels
- Pflanzen
- usw.

Du musst wissen, dass in all diesen Gegenständen die Energie enthalten ist und von dort auf dich oder die Person, für die du den Gegenstand aufgeladen hast, ihre Wirkung verteilt. Ich kann verstehen, dass dir das vielleicht zu esoterisch klingt. Mir ging es am Anfang auch so.

Als ich während meiner Ausbildung in England diese Art der Heilung kennengelernt habe, musste ich lachen, und ich weiß noch, wie ich zu einem Mitstudenten gesagt habe: »Also dieses Proxy-Zeugs ist mir einfach zu esoterisch. Ich glaube nicht daran.« Mein Lehrer Steven Upton hatte es mitbekommen, doch nichts dazu gesagt. In der nächsten Unterrichtsstunde sagte er zu einem Schüler: »Hast du nicht seit Langem Rückenschmerzen?« Der

Schüler bejahte es. Ich kannte den Schüler von der medialen Ausbildung her und wusste, dass er schon seit fünfzehn Jahren wegen seiner kaputten Bandscheibe starke Schmerzen hatte. Er war aber ganz neu in der Heiler-Klasse. Steven zog eine Papierserviette aus seiner Hose, machte ein Proxy, schaute mich an und sagte zu dem Schüler mit den Schmerzen: »Komm her, nimm die Papierserviette und steck sie in deine Unterhose! Das ist zwar sehr esoterisch, aber probiere es einfach aus!« Ich vergesse nie den Blick, den mir Steven zuwarf. Am nächsten Tag im Unterricht war der Schüler schmerzfrei, und wir waren noch einige Jahre zusammen in der Ausbildung, in denen die Schmerzen nicht mehr zurückkamen. Dies hat mich absolut überzeugt, und Heilen mit Proxys ist mir heute auch nicht mehr zu esoterisch.

Später, als ich wieder zurück in der Schweiz war und ein Seminar gab, in dem es um Geistführer ging, saß eine Kursteilnehmerin ganz schräg auf ihrem Stuhl. Als ich sie fragte, was mit ihr los sei, sagte sie: »Ich habe seit Jahren starke Schmerzen wegen eines Bandscheibenvorfalls. Es tut mir leid, dass ich so komisch dasitze.« Die Frau tat mir leid, und ich erinnerte mich an das Erlebnis während meiner Ausbildung. Ich fragte meinen Geistführer, ob ich etwas für die Frau tun könnte, und er antwortete: »Mach ihr ein Proxy, wie du es in England gelernt hast.« Ich gab ihm zu verstehen, dass ich ein bisschen Angst habe, da es eventuell zu esoterisch rüberkommen könnte. Doch er entgegnete: »Das spielt keine Rolle. Du fragst mich, was du tun kannst, und ich sage dir, dass du ein Proxy machen sollst.

Wenn du es nicht machen möchtest, dann lass es bleiben. Aber frag mich nicht mehr, was du tun könntest.« Das hat gesessen, und so sagte ich der Frau: »Darf ich dir ein Proxy machen? Das ist zwar sehr eigenartig, aber wenn du dafür offen bist, würde ich es tun.« Sie stimmte zu. Da ich keinen Stoff zur Hand hatte, nahm ich ein Papiertaschentuch, schloss meine Augen, bat meinen Geistführer, sich mit mir zu verbinden, und ferner um heilende Energie für die Kursteilnehmerin. Das Ganze dauerte maximal zwei Minuten. Dann gab ich ihr das Papiertaschentuch und bat sie, es auf die schmerzende Stelle zu legen. Sie schaute mich etwas eigenartig an, wie auch der Rest der Kursteilnehmer, weil ich eigentlich für meine bodenständige Art bekannt war. Ich konnte die Blicke und das Unverständnis ja verstehen, schließlich ging es mir ja damals auch so, doch ich hoffte sehr, dass die Heilung genauso Wirkung zeigen würde wie bei Steven. Die Seminarteilnehmerin tat es, und am nächsten Tag war ich ganz verblüfft, als sie sagte: »Pascal, die jahrelangen Schmerzen sind wie weggeblasen. Nichts mehr ist davon zu spüren!« Sie kam auch später immer wieder einmal in meine Seminare. Die Rückenschmerzen aber waren für immer weg.

Wenn ich heute Schülerinnen und Schüler ausbilde, ist das Proxy ein Tool, das ich immer weitergebe. Probiere es einfach einmal aus, mach deine Erfahrung. Ich bin mir sicher, du wirst viele tolle Ergebnisse damit erzielen. Heilen mit Proxys ist vor allem ein tolles Mittel, um die Verbindung mit dem Geistführer zu vertiefen und zu trainieren, da man völlig unabhängig von einem Übungspartner ist und man für sich selbst und natürlich für Freunde oder die Familie viele Proxys durchführen kann. Du kannst auch Geschenke für deine Freunde mit heilender Energie aufladen, ohne dass sie es wissen, und wenn sie Symptome haben und sie wieder gesund sind oder wenn es zu einer Besserung kommt, bekommst du sicher ein Feedback.

Häufige Fragen

? *Wie oft muss ich den Gegenstand aufladen?*
Man muss den Gegenstand nur einmal aufladen. Doch wie du siehst, ist es sehr einfach, ein Proxy herzustellen. Ich persönlich lade den Gegenstand mehrmals auf, wenn ich das Gefühl habe, dass die Energie nicht mehr so stark ist, vor allem, wenn ich ein Proxy zur Heilung einer chronischen Krankheit durchführe und die Symptome wieder zurückkehren. Dann ist es auch wichtig zu schauen, ob auch die Lebenssituation verändert wurde oder ob der Betreffende immer noch in den alten Lebensgewohnheiten hängt.

? *Wie lange bleibt die Energie im Proxy?*
Diese Frage ist oben schon beantwortet. Mein Lehrer Steven sagte, dass die Energie für immer im Gegenstand bleibt. Doch wie schon ausgeführt, nehme ich mir die Freiheit, den Gegenstand von Zeit zu Zeit erneut aufzuladen, wenn ich das Gefühl habe, dass es gut wäre.

? *Was passiert, wenn ich den Stoff gewaschen habe? Ist dann die Wirkung noch vorhanden?*
Im Endeffekt geht die Wirkung nicht verloren, wenn der Gegenstand gewaschen wird. Aber auch hier nehme ich mir die Freiheit, die Heilung zu wiederholen, gerade wenn ich den Gegenstand oft gewaschen habe. Bei festen Gegenständen, beispielsweise bei einem Edelstein, habe ich das Gefühl, dass man ihn mehrmals waschen kann, ohne dass die Wirkung verloren geht. Bei Stoffen allerdings, wie zum Beispiel bei einem Kuscheltier, wiederhole ich die Aufladung, da der Waschvorgang in einer Waschmaschine relativ intensiv sein kann.

? *Darf ein anderer mit dem Gegenstand in Berührung kommen?*
Auch das ist kein Problem. Die Wirkung verändert sich dadurch nicht. Es kann sogar sein, dass auch diese Person Heilung durch den Gegenstand erfährt, wenn sie die Energie gebrauchen kann.

? Könnte man damit auch Räume energetisieren?
Es wäre ohne Weiteres möglich, dass man beispielsweise Pflanzen als Proxy nimmt oder große Edelsteine oder jeden anderen Gegenstand und dass man den Geistführer bittet, er möge Energie hineinfließen lassen, die die Räume energetisiert. Da sind deiner Fantasie keine Grenzen gesetzt. Probiere es einfach aus, und du wirst schnell spüren, was eine gute Wirkung auf dich und deine Mitmenschen hat.

Situationsheilung

Die letzte Heiltechnik, die ich hier vorstellen möchte, ist die Situationsheilung, die ich persönlich sehr schätze. Manchmal sind wir in Lebenssituationen, in denen wir keine Lösung kennen, oder in denen es schwer ist, aktiv eine Veränderung herbeizuführen. Die Situationsheilung kann auf jede Situation angewendet werden, zum Beispiel bei Beziehungsproblemen, beruflichen Themen, Problemen in der Schule, bei Problemen in Freundschaften oder in jeglicher Lebenssituation, die der Heilung bedarf. Vor einigen Jahren hatte ich ein Ausbildungszentrum und viele Angestellte. Doch ich hatte immer mehr das Gefühl, dass mein Leben, wie ich es lebte, nicht mehr stimmig für mich war. Plötzlich war meine Hauptaufgabe nicht mehr die Funktion als Speaker, Medium und Autor, sondern ich hatte mehrheitlich Aufgaben, meine Mitarbeiter zu betreuen und Anweisungen zu geben. Das, was ich liebte und mich glücklich machte, rückte immer mehr in den Hintergrund, und meine Arbeit bestand fast nur noch daraus, alles zu organisieren und zu managen. Das machte mich sehr unglücklich, führte es mich doch immer mehr von meiner Berufung weg und in einen normalen beruflichen Alltag hinein. Auch mein Körper bzw. meine Gesundheit sagten mir, dass ich mich da auf einem Holzweg befinden würde. So entschloss ich mich dazu, das Ausbildungszentrum aufzugeben und viele meiner Mitarbeiter zu entlassen, um mich wieder ganz auf meine Berufung konzentrieren zu können. Die Entscheidung fiel mir nicht leicht, gerade bei einer Mitarbeiterin, die bei mir als Lehrerin angestellt war und persönliche Beratungen gegeben hat. Ich kannte sie schon viele Jahre und hatte sie selbst ausgebildet. Ich wusste, wenn ich sie entlassen würde, dass damit auch eine persönliche Enttäuschung verbunden wäre, zumal sie die Hauptverdienerin ihrer Familie mit drei Kindern war. Die Entscheidung fiel mir wirklich sehr schwer, da ich durch die Kündigung der Familie das Einkommen nehmen und vor allem auch eine wirklich tolle, loyale Mitarbeiterin entlassen musste. Dennoch wollte ich für mich und meinen Weg einstehen. Mir fiel keine Alternative ein, die ich ihr hätte anbieten können. So machte ich eine Situationsheilung zu diesem Thema. Für den Tag darauf hatte ich ein persönliches Gespräch mit ihr vereinbart, und ich sprach mit ihr bei der Gelegenheit über meine Gefühle und meinen Plan und natürlich auch über die Konsequenzen, die die Kündigung für sie und ihren Job haben würde. Sie schaute mich an und sagte: »Das ist kein Problem. Ich habe lustigerweise gestern mit meinem Mann darüber geredet, was wir machen würden, wenn du eines Tages das Zentrum aufgeben würdest. Für mich ist klar, dass ich weiterhin gern so arbeiten möchte, wie ich es bis jetzt gemacht habe. Daher mache ich dir folgenden Vorschlag: Ich übernehme dein Zentrum und alle deine Schüler, so habe ich weiterhin meinen Job und du bist frei und kannst deinen Weg gehen!« Ich war total verblüfft, weil ich an diese Lösung gar nicht gedacht hatte. Mein zweites großes Problem war nämlich, was ich mit all meinen Schülern machen sollte. Doch auch dieses Thema hat sich durch die Situationsheilung wie von selbst gelöst.

Dies ist nur eins von vielen Beispielen, wie mir eine Heilung auf eine Situation in meinem Leben geholfen hat. Ich mache diese Übung häufig auch mit meinen Seminarteilnehmern und bin immer wieder fasziniert, wie sich große Probleme innerhalb einiger Tagen klären. Was man allerdings wissen muss, ist, dass es bei dieser Übung oft zu starken Erstreaktionen und Veränderungen kommen kann. So habe ich es auch schon erlebt, dass Seminarteilnehmer eine Situationsheilung auf ihren Job oder ihre Beziehung gegeben haben und drei Tage später haben sie ihre Kündigung erhalten oder der Partner ist ausgezogen. Zuerst waren sie natürlich total geschockt. Doch am Ende haben alle den richtigen Partner oder einen Job bekommen, den sie sich schon lang gewünscht hatten. Oft muss man zuerst das Alte loslassen, damit das Richtige und Erfüllende ins Leben kommen kann. Auch dies ist eine Form von Heilung. Nicht immer sieht die Heilung der Situation auf den ersten Blick so aus, wie du es dir gewünscht hast. Manchmal muss zuerst etwas Altes aus deinem Leben gehen, damit etwas Neues erblühen kann.

Übung

Auch bei dieser Übung ist der Ablauf ähnlich wie bei allen anderen Heilübungen mit dem Geistführer. Schreib am besten die Situation, die der Heilung bedarf, auf einen Zettel. Das kann ein Stichwort sein oder auch ein Satz. Du musst jedenfalls nicht die ganze Situation aufschreiben. Wenn du ein berufliches

Thema hast, reicht es, wenn du lediglich das Wort Beruf notierst, oder wenn du Probleme mit dem Chef hast, genügt das Wort Chef. Wenn du die Situationsheilung für eine andere Person machst, soll sie einfach mit ein paar Stichworten ihr Thema kurz skizzieren. Ich frage übrigens den Klienten nie, was sein Thema ist, das er auf dem Zettel notiert hat. Das hilft mir, dass ich mich während der Heilung voll und ganz auf die Heilung konzentrieren kann und dass ich nicht über die Situation des Klienten nachdenke. Wichtig ist, wenn du eine Heilung für dich selbst durchführst, dass du dir nicht vorstellst, wie die Heilung für dich aussehen könnte. Es werden nicht deine Wünsche erfüllt, sondern es wird die Heilung geschehen, die für dich und dein Wachstum am besten ist.

Ich schlage dir vor, dich hinzusetzen und deinen Hauptgeistführer zu bitten, er möge näher kommen. Spür die Energie deines Hauptgeistführers und bitte ihn dann, er soll sich mit dir verbinden. Sobald du seine Energie gut wahrnehmen kannst, bittest du ihn in Gedanken, er möge heilende Energie in die Situation fließen lassen, so wie es richtig und gut für alle Beteiligten ist. Bleib dann einen Moment Kanal für diese heilende Energie der geistigen Welt. Sobald du fühlst, dass die Heilung beendet ist, bedanke dich bei deinem Hauptgeistführer und verabschiede dich von ihm.

Häufige Fragen

? *Warum bitte ich bei dieser Übung: »So wie es richtig ist für alle Beteiligten?« und nicht: »So wie es richtig ist für mich oder meinen Klienten?«*
Da meistens bei Situationsheilungen andere Menschen mit involviert sind, nicht nur du oder dein Klient, ist diese Formulierung sehr wichtig. Denn die Situation kann nur Heilung finden, wenn es richtig und gut ist für alle Beteiligten ist.

? *Mir fällt es schwer, mich bei der Heilung nicht auf meinen Wunsch zu konzentrieren. Ich wüsste ja, wie es sein sollte, damit es für mich stimmig ist.*
Du solltest dir bewusst machen, dass du eine Situation nicht so manipulieren kannst, dass sie für dich stimmig ist. Das wird nicht funktionieren. Beispiel: Wenn man eine Heilung der Beziehung durchführt und sich jetzt wünscht, dass der Partner einen wieder liebt, dann muss auch sein freier Wille berücksichtigt werden. Sicher gibt es Gründe, warum die Liebe verschwunden ist. Daher ist es besser, die Heilung so fließen zu lassen, wie es für alle Beteiligten stimmig ist. Vielleicht kommt es dann zu einer Trennung. Doch diese Trennung kommt nur, wenn es richtig und gut für alle ist. Das heißt, am Ende wird es auch für dich das Richtige sein. Lerne daher zu vertrauen. Dein Hauptgeistführer weiß viel besser, was am Ende für uns das Richtige ist.
Noch ein Tipp: Du kannst auch mehrere Zettel für ver-

schiedene Situationen, für eine Fernheilung oder auch für Freunde und Bekannte verwenden. Die Zettel sollten alle exakt gleich aussehen. Dann faltest du sie und legst sie in eine Schüssel, zieh nun einen und gib die Heilung ein, ohne dass du weißt, für wen und für was du gerade eine Heilung gibst. Dies hilft ganz besonders dabei, die Wünsche und Gedanken zu deaktivieren, da du ja nicht weißt, was das Thema auf dem Zettel ist und für wen die Heilung durchgeführt wird. So verfährst du mit jedem Zettel in der Schüssel.

? *Wie oft muss ich diese Heilung durchführen?*
Letztendlich reicht es einmal. Ich führe Situationsheilungen immer nur einmal durch. Doch fühle dich da frei. Wenn du nach einer bestimmten Zeit das Gefühl hast, die Heilung zu wiederholen, dann mach dies. Doch es sollten mindesten drei Wochen dazwischen liegen. Du wirst feststellen, dass es meistens nur einer Heilung bedarf und dass eine Situation sich innerhalb von drei Wochen auflöst oder verändert.

? *Funktioniert die Situationsheilung auch bei Tieren oder Kindern?*
Ja, sie funktioniert auch bei Kindern oder Tieren sehr gut.

? *Wenn ich die Situationsheilung für jemand anderen durchführe, muss ich ihn dann zuerst fragen?*
Ich sehe das wie bei der Fernbehandlung: Man muss nicht fragen, da man nichts ins Negative manipulieren

kann. Auch Situationsheilung ist immer ein lichtvolles Geschenk. Doch wenn es sich für dich nicht stimmig anfühlt, dann frag einfach die Person, ob du ihr auf diese Situation Heilung schicken darfst.

Integriere deinen Hauptgeistführer in deinen Alltag

Ich hoffe, du hast schon einige schöne Erlebnisse mit deinem Hauptgeistführer gehabt. Ich möchte dir noch ein paar Tipps geben und dir eine Übung vorstellen, die am Anfang für dich sehr hilfreich sein wird. Gerade wenn die Verbindung zu deinem Hauptgeistführer noch nicht so stark ist und sich vielleicht oft Zweifel melden oder wenn der Druck bei den Übungen groß ist und du dadurch die feinen Zeichen und Impulse deines Geistführers nicht so gut wahrnimmst, können dir diese Inputs eine große Hilfe sein. Ich denke, das Wichtigste ist dabei, einfach eine neue Routine mit deinem neuen Freund zu entwickeln. Vielleicht hast du die letzten Jahre deinen Hauptgeistführer nicht bewusst wahrgenommen, und dadurch ist natürlich auch die Verbindung ein wenig eingeschlafen, deswegen ist es wichtig, die Existenz deines treuen Freunds und Begleiters in deinen Alltag zu integrieren. Je mehr Platz du deinem Freund einräumst, desto realer wird er für dich und desto klarer wird die Zusammenarbeit mit ihm. Für mich war sie immer sehr leicht, da ich meinen Hauptgeistführer von klein auf wahrgenommen habe. Ich hatte auch nie Zweifel, dass wir Begleiter aus der Geistigen Welt haben. Doch ich durfte während meiner Ausbildung lernen, dass nicht alle Menschen von klein auf ihren Geistführer wahrnehmen können. Für sie ist es viel schwerer, sich bewusst zu machen und zu erkennen, dass die Geistige Welt hundertprozentig real ist und unser Geistführer uns im Alltag begleitet und uns wie ein bester Freund immer zur Seite steht. Je mehr dir dies bewusst ist und je mehr du ihn in deinen Alltag integrierst, desto einfacher wird es für dich, deinen Hauptgeistführer wahrzunehmen und seine Impulse und Botschaften zu verstehen.

Wenn ich das meinen Schülern erkläre, sagen sie mir nach einer gewissen Zeit häufig: »Mir hat die Übung sehr geholfen. Doch am Anfang fiel es mir sehr schwer, meinen Hauptgeistführer wahrzunehmen, weil es immer wieder Tage gab, an denen ich ihn vergessen habe, und weil es einfach ungewohnt ist, einen Freund in meinem Leben zu haben, den ich mit meinen physischen Sinnen nicht wahrnehmen kann!« Das ist ganz normal, und es wird dir wahrscheinlich am Anfang auch oft passieren. Doch wenn du beginnst, deinen neuen »unsichtbaren« Freund immer stärker in deinen physischen Alltag zu integrieren, dann wirst du in kürzester Zeit feststellen, dass die Wahrnehmung deines Geistführers immer klarer für dich wird. Damit dies einfacher gelingt, gebe ich dir hier eine Übung an die Hand, die vielleicht ein bisschen verrückt anmutet. Deswegen nenne ich sie auch spaßeshalber *Schizo-Übung*.

Übung
Nimm dir am Anfang jeden Tag fünf bis zehn Minuten Zeit (es darf auch länger sein) für deinen Geistführer. In der Zeit tust du so, als wäre er bereits absolut real für dich. Du sprichst mit ihm, beispielsweise in Gedanken, erzählst ihm aus deinem Leben oder von deinem Tag. Erwarte aber keine Antwort, sondern versuch einfach so zu tun, als wäre er ein physischer Freund für dich. Du kommst dir am Anfang vielleicht komisch vor, doch schon nach einigen Tagen wirst du feststellen, dass es für dich immer selbstverständlicher wird, mit einem Geistwesen zu kommunizieren, das du nicht physisch wahrnehmen kannst. Durch diese Übung schaffen es viele, die Blockade im Kopf zu überwinden, dass der Geistführer nicht wie ein Freund physisch da ist. Er wird aber immer mehr zu deinem Freund, und vor allem findet er immer mehr Bezug zu deinem Alltag. Auch wenn diese Übung Schizo heißt und auch ein wenig an Schizophrenie erinnert, musst du keine Angst haben. Du gehst dadurch nicht in die Fantasie oder läufst damit auch nicht Gefahr, wirklich schizophren zu werden. Dein Umgang mit deinem Geistführer wird immer natürlicher und dadurch auch entspannter, und da du keine Antwort oder sonst etwas erwartest, nimmt es dir auch enorm Druck weg. Gerade der Erwartungsdruck verhindert oft eine leichte, freie mediale Kommunikation. Ich le-

ge dir diese Übung daher dringend ans Herz, weil sie sehr effektiv ist und dir helfen wird, die Blockade in deinem Bewusstsein und Unterbewusstsein aufzulösen, die jetzt noch verhindert, dass ein natürlicher Zugang zu deinem Geistführer möglich ist. Durch all die Konditionierungen und Glaubenssätze, die du in den letzten Jahren von deinem Umfeld bekommen hast, wird oft die Kommunikation mit dem Geistführer verhindert. Oft hört man dann: »Das ist nicht real, die geistige Welt gibt es nicht! Nur Spinner sprechen mit unsichtbaren Wesen« etc. Je mehr du diesem Umfeld, diesem Glauben ausgesetzt warst oder bist, umso stärker sind die Glaubenssätze und Konditionierungen in dir verankert. Mit dieser einfachen, aber sehr effektiven Übung merkst du bereits nach 30 Tagen, dass die Kommunikation mit deinem Geistführer immer realer wird, und dadurch fallen dir dann auch die anderen Übungen viel leichter, die noch folgen.

Häufige Fragen

? *Ich vergesse die Übung immer wieder. Hast du einen Tipp, was ich dagegen machen könnte?*

Gerade am Anfang ist es normal, dass man vergisst zu üben, da das Üben noch keine Routine ist. Wir lieben aber Routinen. Sie tun uns auch gut, vorausgesetzt, es handelt sich um positive Routinen. Erinnere dich an früher, als du noch ein Kind warst, wie lang es gedauert hat, bis zum Beispiel das Zähneputzen zur Routine wurde. Du musstest immer wieder daran erinnert werden. Heute gehört es zu deinem Alltag, und du wirst es nicht vergessen, egal wie müde oder lustlos du bist. Genauso ist es mit dieser Übung. Je mehr du dich selbst erinnerst, umso natürlicher und normaler wird es, dass dein Geistführer da ist und dich unterstützt. Du kannst dir zum Beispiel oder Zettel schreiben und sie an Stellen aufhängen, an denen du ständig vorbeikommst. Du kannst dir auf dein Handy oder den PC eine Erinnerung posten. Vielleicht hast du auch einen Freund, der mitmacht, und ihr erinnert euch gegenseitig daran.

? *Warum muss ich die Übung 30 Tage durchführen?*
Du solltest sie täglich durchführen, doch nach etwa 30 Tagen sagt man, dass man eine neue Routine geschaffen hat. Vorausgesetzt, man hat es in den 30 Tagen nicht vergessen. Nach 30 Tagen verlagert es sich vom Bewusstsein immer mehr ins Unterbewusstsein und wird normal. Dann gehört es einfach zu dir. Mit der Zeit wirst du auch Antworten und Hinweise bekommen, und dann ist diese Übung nicht mehr so schizo wie am Anfang. Doch du solltest am Anfang nichts erwarten. Es geht einfach darum, eine neue natürliche Routine zu entwickeln.

? *Ich finde diese Übung eigenartig. Muss ich sie wirklich machen?*

Du musst gar nichts. Es ist nur ein Tipp bzw. eine Empfehlung von mir, da die Übung sehr effektiv ist. Ich kann dir nur dazu raten. Wenn du sie 30 Tage lang machst, wirst du feststellen, dass dir auch die anderen Übungen immer leichter fallen. Üben heißt, manchmal Dinge zu machen, die auf den ersten Blick keinen Spaß machen. Doch der Spaß daran stellt sich ein und wird umso größer, je näher du deinem neuen Freund kommst. Du wirst vor allem viel schneller Erfolg haben als bei den anderen Übungen, und dann macht sie umso mehr Spaß.

Bevor wir an die etwas komplexeren Übungen gehen, empfehle ich dir dringend, mindestens 30 Tage lang diese Übung zu machen. Ich weiß, dass viele Menschen nicht die Geduld haben, die Übungen auszuführen, die ich in diesem Buch vorgestellt habe. Deswegen stelle ich dir im Folgenden einige Bonus-Übungen vor, die dir helfen, deinen Geistführer in deinen Alltag zu integrieren, bevor es dann an die rein medialen Übungen geht. Zuerst jedoch solltest du die etwas einfacheren Übungen machen, weil du mit ihnen Erfolg haben wirst. Dann werden dir auch die medialen, schwereren Übungen mehr Spaß bereiten, und die Chance ist groß, dass du nicht aufgibst, wenn es nicht gleich funktioniert.

Wenn die folgenden Übungen leichter sind, heißt es nicht, dass sie weniger effektiv oder weniger gut sind. Sie sind genauso wertvoll wie alle anderen Übungen, und es sind vor allem Tipps, wie du deinen neuen Freund in deinen Alltag integrieren kannst. Lass dir dazu Zeit. Es bringt nichts, möglichst schnell das Buch zu lesen und die Übungen dann halbherzig durchzuführen. Dein oberstes Ziel sollte sein, deinen Hauptgeistführer kennenzulernen. Und dazu brauchst du Zeit und Geduld.

Segne dein Essen

Bei einigen löst das Wort segnen vielleicht ein religiöses Trauma aus. Doch es geht um etwas anderes. Früher hat man das Essen oft gesegnet und hat dabei unbewusst das Essen hochwertiger gemacht. Heute wissen wir dank der Experimente von Masaru Emoto, dass Wasser ein sehr großer Speicher für Energien ist, und genau diesen Speicher können wir nutzen. Emotos Versuche haben gezeigt, wenn man Wasser nimmt und positive Gedanken hineinprojiziert oder ein positives Wort auf das Wasserglas schreibt, dass sich dann die Kristallstruktur des Wassers unter dem Mikroskop auf wunderbare Weise verändert. Sind die Worte oder Gedanken negativ, sieht die Kristallstruktur ganz anders aus. Dann ist nichts Schönes mehr zu erkennen. Wer mehr über diese Experimente wissen möchte, sollte die Bücher von Masaru Emoto lesen. Wenn wir wissen, dass unser Körper sehr viel Wasser enthält, können wir diese Tatsache nutzen. Wenn wir positiv über uns denken oder uns mit positiven Dingen umgeben, wird der Wasseranteil in unserem Körper auch positive Kristallstrukturen aufweisen. Wenn die Kraft der Gedanken eine so außergewöhnliche Wirkung auf Wasser hat, dann müsste uns klar sein, welch ungewöhnlich starke Wirkung das Segnen der Lebensmittel und Getränke hat. Wenn wir bedenken, welchen Gedanken unsere Nahrungsmittel durch Transport und Verarbeitung und nicht zuletzt durch die Kunden in den Einkaufscentern ausgesetzt sind, können wir uns leicht vorstellen, wie die Kristallstruktur des Wassers unserer Nahrungsmittel beschaffen ist.

Durch unseren Segen können wir ohne großen Aufwand die Lebensmittel wieder in die richtige Schwingung bringen und ihre Struktur positiv verändern. Heute segne ich meine Nahrungsmittel immer. Früher litt ich unter Nahrungsmittelallergien und Unverträglichkeiten. Es gab Zeiten, da konnte ich kaum etwas ohne Probleme zu mir nehmen. Ärzte, Heilpraktiker und Geistheiler konnten mir nicht helfen, und ich hatte mich schon fast damit abgefunden. Dann bat ich meinen Hauptgeistführer, er möge mir ein Zeichen schicken, wie ich meine Allergien loswerden könnte. Einige Stunden später fiel mir ein Artikel über die Kraft des Segnens in die Hände. Ich tat es zunächst als religiöses, esoterisches Blabla ab. Doch der Artikel ließ mir keine Ruhe, und ich verband mich erneut mit meinem Hauptgeistführer. Ich fragte ihn, ob der Artikel ein Zeichen von ihm sei. Da fühlte ich plötzlich eine ungewöhnliche Wärme und ein bejahendes Gefühl, und ich interpretierte es als Ja. Ab diesem Zeitpunkt begann ich, mein

Essen immer zu segnen. Ich verbinde mich, sobald mein Essen auf dem Tisch steht, kurz mit meinem Hauptgeistführer und stelle mir vor, wie die segnende und heilende Kraft von ihm in mich einströmt und durch meine Augen wieder ausströmt. So schaue ich mir inzwischen immer bewusst segnend mein Essen an. Das kann überall geschehen, ohne groß Aufmerksamkeit zu erregen. Dieses Segnen ist für mich ein sehr wichtiges Ritual geworden, da ich durch meine Arbeit oft auswärts essen muss und häufig in Hotels und Restaurants speise. Ich könnte in diesen Momenten kein großes Ritual ausführen, ohne dass die Leute komisch schauen würden.

Schon innerhalb weniger Tage nach Beginn dieses Segnens konnte ich wieder ganz normal essen, ohne dass ich allergisch oder intolerant auf Nahrung reagierte. Heute kann ich alles, wirklich alles, wieder ganz normal essen. Wenn man stark allergisch reagiert, sollte man so etwas nicht kopflos machen, sondern Notfallmedikamente bei sich haben, falls es am Anfang doch zu einem allergischen Schock kommen sollte. Also nicht übertreiben, sondern langsam die allergischen Nahrungsmittel wieder in die Nahrung integrieren. Bei Milch brauchte ich beispielsweise fast sechs Monate, bis ich sie wieder ohne Probleme zu mir nehmen konnte. Gewisse Nahrungsmittel brauchen länger, und man sollte den Körper nicht überfordern. Wenn man selbst kocht, kann man sich schon während der Zubereitung und beim Kochen mit dem Hauptgeistführern verbinden und sich vorstellen, dass die heilende Energie des Geistführers während des Kochens über deine Augen ins Essen einströmt. Du wirst feststellen, dass das Essen dadurch besser und bekömmlicher wird. Die Kraft des Segnens wird dir eine außergewöhnliche Hilfe sein. Deine Körperflüssigkeiten werden positiv schwingen, und dadurch kann auch dein Körper jünger, vitaler und gesünder werden. Segnen lohnt sich also. Außerdem ist es eine ideale Möglichkeit, um mit dem Geistführer zu trainieren; da wir mehrmals am Tag essen, haben wir auch mehrmals am Tag ein wunderbares Training und tun uns dabei auch noch etwas Gutes. Ich habe diese Übung schon einmal in einem anderen Buch vorgestellt, worauf mir viele Leserinnen und Leser berichtet haben, dass es ihnen viel besser geht, seit sie das Essen segnen.

Energetische Reinigung von Räumen

Ich werde oft gefragt, ob ich energetische Reinigungen für sinnvoll erachte. Da ich persönlich nicht an böse Verstorbene oder Dämonen glaube, halte ich nichts davon, Wohnungen und dergleichen generell energetisch zu reinigen. Sie sind meistens von der Angst getrieben. Da wir aber in einer Wohnung auch einmal streiten, schlechte Laune haben, hitzige Gespräche führen und dergleichen, setzen sich diese destruktiven Energien auch in unserer Wohnung bzw. unserem Haus ab. Es gibt also immer wieder Momente, in denen wir destruktive Energien erzeugen. Und daher sollten wir die Wohnung auch regelmäßig energetisch reinigen oder neutralisieren. Meines Erachtens gibt es dafür viele Rituale, die dabei helfen können. Ich reinige die Wohnung meistens zusammen mit meinem Hauptgeistführer. So habe ich auch die Möglichkeit, mit meinem besten Freund in Verbindung zu treten. Wenn du dich zu einer Reinigung zusammen mit deinem Hauptgeistführer entschließt, wirst du sofort eine Veränderung in deinem Haus bzw. in deiner Wohnung feststellen. Je wohler wir uns zu Hause fühlen, desto besser geht es uns auch. Mein Tipp daher: Egal wie du dein Zuhause energetisch reinigen möchtest, zuerst solltest du es immer physisch aufräumen und reinigen. Allein dadurch kommt schon die positive Energie wieder zum Fließen. In meinen Kursen empfehle ich den Teilnehmern mitunter, dass sie ihr Zuhause einfach einmal entrümpeln sollen, vom Keller bis zum Dachboden. Altes loszulassen befreit uns auch von alten Energien, die wir nicht mehr brauchen. Wenn wir unsere Wohnung nicht regelmäßig reinigen und sie total zumüllen, dann ist es schwer, dass neue Energien lange bei uns bleiben. Du wirst feststellen, dass allein schon die physische Reinigung der Wohnung ein kleines Wunder bewirkt. Wenn du deine Wohnung bzw. dein Haus energetisch aufladen möchtest, kann dein Hauptgeistführer eine gute Hilfe sein. Ich mache diese Übung regelmäßig, und zwar immer dann, wenn ich einmal einen schlechten Tag hatte oder wenn es zu einem Konflikt gekommen war. Das kommt auch bei mir vor. Ich setze mich dann hin, schließe meine Augen und bitte meinen Hauptgeistführer, er möge näherkommen und sich mit mir verbinden. Dann bleibe ich eine Zeit lang in Verbindung mit ihm. Wenn ich die

Verbindung gut spüre und ich in meiner Mitte bin, bitte ich ihn, er möge reinigende, energetische Energie für mein Haus durch mich hindurchströmen lassen. Ich stelle mir vor, wie die Energie aus meinem Herzen wieder hinausströmt und in jeden einzelnen Raum des Hauses fließt. Ich gehe in Gedanken jeden Raum durch und lasse die Energie dorthin strömen. Das lasse ich so lange geschehen, bis ich das Gefühl habe, dass es in Ordnung ist. Danach bedanke ich mich bei meinem Geistführer und komme dann langsam wieder in die Realität zurück.

Diese Übung mache ich etwa einmal im Monat, oder wenn ich das Gefühl habe, dass es wieder einmal notwendig wäre. Als ich in mein Haus neu eingezogen bin, habe ich es drei Monate lang regelmäßig einmal in der Woche energetisch gereinigt, um meine Energie ins Haus zu bringen. Wenn du irgendwo neu einziehst, würde ich es an deiner Stelle auch öfter machen, sodass alle Restenergien vom Vormieter neutralisiert werden.

Eine andere Form dieser Übung ist notwendig, wenn du jeden Raum einzeln reinigst. Vor allem dann, wenn es dir schwerfällt, dich auf die einzelnen Räume zu konzentrieren. Dann solltest du von Raum zu Raum gehen und die Energie aus deinem Herzen in den jeweiligen Raum fließen lassen. Wenn du schon mehr Erfahrung mit Heilung und der Verbindung zum Geistführer hast, dann kannst du das Ganze auch in Bewegung durchführen, wie ich es auch häufig mache, zum Beispiel, bevor ich das Hotelzimmer beziehe oder in einem Konferenzsaal ein Seminar gebe. Dann verfahre ich ähnlich wie zu Hause und verbinde mich mit meinem Hauptgeistführer. Ich bitte ihn um reinigende, energetisierende Kraft und stelle mir vor, dass sie aus meinem Herzen strömt. Ich gehe dann das Zimmer oder das Haus an den Wänden entlang ab. Dies empfehle ich dir aber erst dann, wenn du die Verbindung zu deinem Geistführer gut fühlen kannst und auch mit geöffneten Augen ohne Probleme die Verbindung zu deinem Hauptgeistführer wahrnehmen kannst. Solltest du andere Ideen haben, dann probiere sie einfach aus. Lass dich inspirieren. Du wirst bald feststellen und fühlen, was funktioniert und was nicht. Zum Schluss noch ein Hinweis auf Proxys fürs Haus. Das können zum Beispiel Steine oder Edelsteine oder auch Dekogegenstände sein, die du aufladen und im Raum verteilen kannst. So kannst du in deinem Haus eine positive, langanhaltende Energie erzeugen. Sei einfach kreativ.

Konflikte mithilfe deines Hauptgeistführers lösen

Es kommt immer wieder einmal vor, dass man mit einer Person einen Konflikt hat, sei es mit dem Chef, einem Freund oder dem Partner. Oder dein Kind hat Probleme mit dem Lehrer oder einem Mitschüler. Auch in diesem Fall kann man gut mit dem Hauptgeistführer arbeiten. Ich darf dabei an die Situationsheilung erinnern (➤ Seite 182 ff.). Genauso würde ich auch in diesem Fall vorgehen. Wichtig ist dabei, dass du deinen Hauptgeistführer um Heilung bittest, und zwar so, wie es richtig und gut für alle Beteiligten ist.

Auch in diesem Fall wird wieder die Heilung geschehen, die dir am Ende ein gutes Gefühl gibt, allerdings nicht so, wie du es dir vorstellst oder wünschst. Wenn du zum Beispiel die Heilung für dein Kind durchführst, das einen Konflikt mit seinem Lehrer hat, solltest du bedenken, dass du immer mit deinem Hauptgeistführer arbeitest und nicht mit dem Geistführer deines Kindes oder des Lehrers. Überhaupt arbeite ich immer mit meinem eigenen Hauptgeistführer oder mit meinem Geistführer-Team, also nie mit dem Geistigen Team eines Klienten oder Freundes. Ich bleibe immer bei meinem Team; denn mein Team weiß genau, was das Richtige für diese Person ist. Und falls es einmal nicht so ist, dann weiß ich, dass sich mein Team leicht mit dem Team des Klienten absprechen kann.

Falls dir diese einfachen Übungen und Rituale gefallen, findest du am Ende dieses Buches noch eine ganze Reihe weiterer Übungen, die dir helfen, die Verbindung zu deinem Hauptgeistführer zu stärken und vor allem auch viele Lebenssituationen in deinem Alltag besser zu meistern (➛ Seite 273 ff.). Du kannst alle Übungen deiner Situation anpassen. Die Übungen sind für alle leicht umzusetzen. Wie du weißt, helfen sie dir, deinen neuen Freund in deinen Alltag zu integrieren.

Lass uns nun zu den etwas schwierigeren medialen Übungen kommen. Falls du feststellen solltest, dass sie dir noch sehr schwerfallen, dann verzweifle nicht. Wiederhole einfach ein paar Wochen lang die Übungen, die ich am Anfang vorgestellt habe oder mach die Ritualinspirationen, die du am Ende des Buches findest (➛ Seite 287 ff.).

Mit der Zeit werden dir auch die medialen Übungen, bei denen du vor allem deine Hellsinne brauchst, immer leichter fallen.

Mediale Übungen mit dem Hauptgeistführer

Bei den folgenden Übungen arbeiten wir hauptsächlich mit unseren Hellsinnen und mit der außersinnlichen Wahrnehmung. Diese Übungen sind Inspirationen. Sobald du sie beherrschst, kannst du sie je nach Situation abändern und eigene Übungen kreieren. Wenn du alle Übungen in diesem Buch sorgfältig durchgeführt und dir dabei Zeit gelassen hast und das Gelernte praktisch anwendest, wird deine Verbindung zu deinem Hauptgeistführer so stark sein, dass du die Übungen ohne Probleme anpassen kannst. Mit der Zeit wird die Kommunikation zwischen dir und deinem Geistführer so normal sein, dass du das Gefühl hast, du würdest mit einem physischen Freund sprechen.

Ich möchte dir nochmals ans Herz legen, unbedingt geduldig mit dir zu sein. Es braucht Zeit und eine regelmäßige Verbindung zum Geistführer, bis die Kommunikation immer und unter allen Umständen stattfinden kann. Oft fällt sie uns leicht, wenn wir entspannt sind und uns in einer positiven, guten Lebenssituation befinden. Dann fließt alles sehr leicht und einfach. Schwerer wird es, wenn du in einer schwierigen Lebenssituation bist und du mit Unsicherheit und Ängsten zu kämpfen hast. In solchen Momenten ist es schwer zu unterscheiden, welche Gefühle und Eindrücke von uns kommen und welche wirklich von unserem Geistführer stammen. Das ist ganz normal und sollte dich nicht entmutigen. Deswegen meine Empfehlung: Übe auch dann, wenn es dir gut geht. Arbeite möglichst täglich mit deinem Geistführer. Nicht nur dann, wenn es dir gerade nicht so gut geht; denn dann kann das Training deprimierend sein. Wenn du dich an guten Tagen sicher fühlst und voller Vertrauen bist, dann wirst du die Impulse und Unterstützung auch an den schlechten Tagen viel einfacher empfangen und wahrnehmen können. Das solltest du bedenken, bevor du mit den nächsten Übungen beginnst.

Von deinem Hauptgeistführer führen lassen

Diese Übung kannst du in verschieden Variationen und Situationen durchführen. Es ist eine tolle und hilfreiche Übung. Dabei arbeiten wir hauptsächlich mit Hellfühlen sowie Hellwissen und mit Impulsen. Ich werde dir im Folgenden einige Variationen vorstellen, sodass du Ideen bekommst, wie du diese Übung in deiner jeweiligen Situation anwenden kannst. Der Ablauf der Übung bleibt immer gleich.

Übung

Ziel ist es, einen neuen, ungewöhnlichen oder speziellen Ort kennenzulernen.

Ich selbst mache die Übung oft, wenn ich einen Tag

frei habe oder wenn ich nicht recht weiß, was ich unternehmen könnte. Zum Beispiel habe ich sie sehr oft in der Covid-19-Zeit angewendet, um zu trainieren und in dieser schwierigen Zeit neue Dinge zu entdecken. Mach dich für einen längeren Spaziergang fertig und bitte deinen Geistführer, er möge näherkommen. Fühle die Verbindung zu ihm und bitte ihn in Gedanken, dich an einen neuen Ort zu führen, der für dich interessant, spannend oder ungewöhnlich ist. Geh dann einfach los, doch versuch den Weg nicht mit dem Verstand abzulaufen. Geh immer wieder in die Verbindung und fühle, ob du geradeaus, links oder rechts gehen sollst. Achte dabei auf Eingebungen, Gefühle und Impulse. Folge ihnen! Ich bin mir sicher, dass du etwas Spannendes findest. Vertrau den Impulsen. Ich liebe diese Übung, weil sie mich immer wieder Neues erfahren und kennenlernen lässt. Du kannst natürlich auch dein Ziel ändern. Zum Beispiel:

– Führe mich an einen Ort, an dem ich etwas lernen kann!
– Lass mich jemand treffen, der wichtig für mein Leben oder meine Situation ist.
– Lass mich etwas finden, was ich gebrauchen kann!
– Ich bräuchte ein Geschenk für XY. Führe mich bitte zu einem tollen Geschenk.
– Ich möchte ein spannendes Buch lesen, führe mich dorthin.

Wie du siehst, kannst du deine Ziele ganz individuell gestalten. Ich empfehle dir, die Übung zunächst nur im Gehen auszuführen. Später kannst du sie auch im Auto machen. Auf diese Weise kann man sehr spannende neue Orte finden, was gerade im Urlaub ungemein hilfreich sein kann.

Ein Beispiel für den alltäglichen Gebrauch: Ich war mit meiner Freundin in Deutschland unterwegs. Wir suchten einen Supermarkt, weil wir unbedingt noch etwas besorgen mussten. Wir standen ziemlich unter Zeitdruck, waren in einer fremden Stadt, und dann hatte mein Navi auch noch den Kontakt verloren. So fuhr ich ziellos in der Stadt umher und brachte nicht gerade die spirituellsten Worte über meine Lippen. Meine Freundin begann zu lachen und sagte: »Frag doch den Großen Bären nach dem Weg!« Ich war kurz irritiert, doch mehr verfahren konnte ich mich ohnedies nicht mehr. Ich nahm also ein paar Atemzüge, um mich zu beruhigen, und sagte zu meinem Hauptgeistführer: »Könntest du mir bitte helfen, so schnell wie möglich den nächsten Supermarkt zu finden?« Ich bekam den Impuls, noch etwa 200 Meter weiter zu fahren. Kurz bevor ich an eine Kreuzung kam, erhielt ich den Impuls, links abzubiegen. Dann fuhr ich weiter geradeaus. Nach circa 300 Metern bekam ich den Impuls, rechts abzubiegen. Und was sah ich dort? Genau: einen Supermarkt! Ich habe viele solche oder ähnliche Situationen dank meines Geistführers klären können. Diese Situation blieb mir besonders in Erinnerung, weil ich an dem Tag nicht weiterkam und zu sehr mit meinem Ärger beschäftigt war.

Eine andere Situation, bei der ich auch die Übung genutzt habe, möchte ich noch kurz vorstellen. Sie fiel besonders aus dem Rahmen. In solchen Situationen ist es immer wichtig, dass du deinen Geistführer um Hilfe bittest und darauf vertraust, dass er dir helfen wird. Es war ganz am Anfang, als ich begann, Seminare zu geben. Damals kam gerade das iPhone® auf, das für mich deswegen eine große Hilfe war, weil nun alle Termine, die von meinem Büro vereinbart wurden, direkt auf mein Handy übertragen wurden. Das war für mich ein großer Vorteil. Ein Nachteil ist allerdings, wenn du aus irgendwelchen Gründen keinen Zugang auf dein Handy hast. Ich war von Basel Richtung Einsiedeln losgefahren, wo ich zum ersten Mal ein Seminar zum Thema Geistführer abhalten sollte. Als ich in Einsiedeln angekommen bin, bemerkte ich, dass der Handy-Akku fast leer war, weil ich vergessen hatte, das Handy über Nacht aufzuladen. Ich hatte nur noch zwölf Prozent Akkuleistung. Jeder, der schon damals ein iPhone® hatte, kennt das Problem. Das Dumme war nur, dass ich auch noch mein Ladegerät vergessen hatte. Damals hatte noch nicht jeder ein iPhone® oder Smartphone, und somit war die Chance, dass ich mir ein Ladegerät borgen könnte, sehr gering. Auch im Hotel hatte man keines. Doch ich war zuversichtlich und dachte: »Dann gehe ich eben vor dem Seminar noch schnell in einen Elektromarkt und kaufe mir eines!« Als ich nach einem entsprechenden Markt suchte, wurde mir bewusst, dass ich mich in einem schönen, idyllischen Bergdorf befand, in dem es weit und breit keinen Elektromarkt gab. Langsam kam ich unter Stress, da mein Akku immer leerer wurde und mir bewusst wurde, dass ich auch meinen PIN-Code nicht kannte, sollte mir das Handy absaufen und ich es nicht mehr einschalten können. Vor allem aber hätte ich dann meine Termine nicht mehr abrufen können. Schließlich war geplant, dass die Tour nach dem Wochenende erst beginnen sollte. Ich fuhr durch Einsiedeln in der Hoffnung, vielleicht doch noch einen Elektromarkt zu finden. Doch Fehlanzeige. Fünf Prozent Akku. Da meldete sich mein Geistführer. Ich konnte ihn fühlen, doch durch meinen Stress war ich nicht offen für ihn. Da bekam ich immer wieder einen Impuls, als würde er mich fragen: »Was für ein Seminar hast du heute?« – »Entdecke deinen Geistführer!«, dachte ich genervt. »Und was lehrst du die Teilnehmer dort?« Da kam erneut ein Gedankenblitz in meinen Kopf! »Großer Bär, ich liebe dich. Aber ich brauche ein Ladegerät und kann jetzt nicht mit dir über den Inhalt des Seminars sprechen! Ich habe ganz weltliche Probleme!« – »Was unterrichtest du dort?«, nahm ich den Impuls wieder wahr. »Wie man den Geistführer um Hilfe bittet!«, sagte ich genervt und laut. Auf einmal musste ich lachen und sagte: »Ich habe verstanden! Großer Bär, ich brauche schnell, sehr schnell ein Ladegerät!« Fahr weiter, kam der Impuls, was ich auch tat. Es folgten noch andere Impulse und Gefühle, wo und wie ich abbiegen musste etc. Ich weiß es nicht mehr genau. Plötzlich kam der Impuls, dass ich auf einen Parkplatz fahren und vor einem kleinen Geschäft anhalten solle, was ich auch tat. Kaum hatte ich geparkt, schaute ich mich nach einem Elektronikgeschäft um. Doch es war keines zu sehen. Ich stand auf dem

Parkplatz einer Wäscherei. »Oh Großer Bär, eine Wäscherei brauche ich nicht, sondern ein Ladekabel. Ich weiß, dass es das bei euch im Himmel nicht gibt. Das hier ist keine Lösung.« – »Geh rein!«, kam erneut ein Impuls. Widerwillig folgte ich dem Impuls und kam mir blöd vor, als mich eine ältere Dame in der Wäscherei fragte, was sie für mich tun könne. »Also, es ist so. Ich suche ein Ladekabel für mein iPhone®, und ich finde keinen Elektromarkt in Einsiedeln. Ich habe hier ein Seminar ...«, erklärte ich ihr. Sie sah mich an und sagte: »Das ist eigenartig, aber mein Sohn wollte sein iPhone® nicht mehr. Der Akku war immer so schnell leer. Doch sein altes Ladekabel liegt hier noch herum. Du kannst es haben!« Ich weiß nicht, wie dumm ich aus der Wäsche geschaut habe; ich bin mir sicher, ziemlich blöd!

Dieses Beispiel hatte mir wieder einmal deutlich gemacht, wie wichtig es ist, einfach zu vertrauen. Dein Geistführer hilft dir wirklich in jeder Situation. Ich war jedoch froh, dass ich diese Übung schon sehr oft gemacht hatte, sodass nicht der Stressfaktor, nachdenken zu müssen, wie die Übung geht, die Situation zusätzlich erschwert hätte.

Häufige Fragen

? *Ich bin mir mit den Impulsen oft sehr unsicher! Was kann ich dagegen machen?*
Dranbleiben! Bei mir hat es am Anfang auch nicht sofort funktioniert. Das Wichtigste ist dabei: Mach es oft in Situationen, in denen du entspannt und nicht unter

Druck bist, weil es dir dann viel leichter fällt. Wenn es am Anfang nicht funktioniert, hat es meist damit zu tun, dass du noch zu wenig Vertrauen in dich hast. Vertrauen kommt immer erst mit der Erfahrung, und Erfahrung bekommen wir durchs Üben und auch durch Misserfolg. Mit der Zeit wirst du immer genauer spüren, wann der Impuls vom Geistführer und wann er von dir selbst kommt. Versuch die Übung zwei- bis viermal in der Woche zu machen. Nach etwa drei Monaten wird sie dir immer besser gelingen.

? *Bei mir funktioniert das nicht!*

Auch hier ist meine Antwort wie oben: Für einige ist diese Übung wirklich sehr schwer. Dies liegt nicht daran, dass es nicht möglich ist, mit dem Geistführer zu kommunizieren oder dass dein Geistführer vielleicht keine Lust dazu hat. Es liegt einfach daran, dass du noch zu wenig Übung hast und dir großen Druck machst. Bedenke, dass es kein Wettbewerb ist. Es gibt nichts zu gewinnen. Stell dir täglich kleine Aufgaben, bei denen du nicht lang konzentriert sein und die Verbindung halten musst; zum Beispiel beim Einkaufen: »Führe mich an ein neues Nahrungsmittel, das ich noch nicht kenne, das mir aber wunderbar schmeckt.« Führen lassen, nicht mit dem Verstand überlegen, bis es funktioniert! So macht Einkaufen Spaß, und du kannst die Übung regelmäßig praktizieren. Such dir ähnliche Aufgaben. Je mehr Erfolg du dabei hast, umso einfacher fällt es dir dann, wenn du eine größere und längere Distanz hinter dich bringen musst.

Auskunft erhalten, ob etwas Ja oder Nein, gut oder weniger gut ist

Diese Übung können wir sehr oft brauchen. Ich stelle sie in zwei Varianten vor. Es kann sein, dass dir die eine leichter fällt als die andere. Teste beide einige Male und arbeite dann mit der weiter, die dir besser liegt. Wichtig ist dabei, dass du diese Übung vor allem in solchen Situationen anwendest, die nicht so wichtig sind, weil du dadurch lernst, dir immer mehr zu vertrauen und du die Antwort deines Hauptgeistführers immer besser verstehst, ohne dass dir deine Wünsche, Ängste, Fantasien einen Streich spielen. Dies ist die größte Gefahr, gerade dann, wenn es um sehr wichtig Dinge geht. Bevor wir mit der Übung beginnen, stell dir eine Frage, die du mit Ja oder Nein, gut oder weniger gut beantworten kannst. Beginne sofort, nachdem du ein Thema gefunden hast.

Übung 1

Setz dich bequem hin und versuch nicht an die Frage zu denken, jedenfalls noch nicht. Nimm dann ein paar Atemzüge und komm erst einmal zur Ruhe. Lass dir dafür so lang Zeit, wie du brauchst, um ganz zur Ruhe zu kommen. Verbinde dich dann mit deinem Hauptgeistführer. Bitte ihn in Gedanken, er möge näherkommen. Genieße zunächst seine Energie. Du kannst ihn, wenn du willst, auch bitten, dir heilende Energie zu schicken, damit du deine Gedanken von deiner Frage ablenkst. Wenn du fühlst, dass du zur Ruhe gekommen bist, dann erkläre deinem Geistführer die Situation so genau wie möglich. Stell dir vor, du würdest das Thema einem guten Freund vortragen. Doch erwarte keine Antwort, sondern erkläre es ihm einfach. Wenn du damit fertig bist, bleib einfach in der Verbindung und achte nur auf dein Gefühl. Dein Hauptgeistführer wird dir seine Antwort in Form eines Gefühls mitteilen. Achte nicht auf Gedanken oder Ähnliches, sondern nur auf dein Gefühl. Sobald du ein Gefühl klar wahrgenommen hast, bedankst du dich bei deinem Geistführer, kommst wieder in die Realität zurück und öffnest deine Augen.

Meistens ist es so, dass wir das Gefühl, das wir bekommen haben, eher einem Ja oder einem Positiv zuordnen oder einem Nein oder einem Weniger-Gut. Wenn etwas gut für uns ist oder die Antwort ein Ja ist, dann fühlt es sich oft leicht, beschwingt oder kraftvoll an. Es hat einfach eine positive Wirkung. Bei einem Nein oder Nicht-Ideal fühlt man sich oft schwer, bedrückt, langsam, herunterziehend. Die Gefühle können sehr individuell und am Anfang nicht ganz so klar sein. Es sind aber oft schnelle, kurze Impulse. Du wirst dies mit der Zeit immer besser wahrnehmen können. Ich würde mit dieser Übung beginnen und sie mindestens fünfzigmal machen, bevor du zur nächsten Übung gehst.

Variante

Die Variante ist mit der ersten Übung nahezu identisch, nur dass wir hier die Augen nicht schließen. Ich würde allerdings am Anfang mit der ersten Übung trainieren und wenn diese gut gelingt, mit der Variante üben. Die Variante eignet sich gut für schnelle Entscheidungen oder Entscheidungen, die sofort gefällt werden müssen, zum Beispiel während eines Gesprächs.

Wie bei der Ausgangsübung bitte ich auch bei der Variante den Geistführer, näher zu kommen, nur bleibe ich in der Situation, in der ich mich gerade befinde. Auch hier erkläre ich meinem Geistführer gedanklich in kurzen Worten, was mein Thema ist und was mich beschäftigt, und bitte ihn dann um eine Antwort. Ich achte dabei auf mein Gefühl oder auf einen Gedankenblitz, der sich meistens in Form eines Wortes oder eines Satzes einstellt. Sollte der Gedankenblitz aber aus vielen Sätzen bestehen und viele Wenn und Aber enthalten, dann ist die Wahrscheinlichkeit groß, dass der Gedankenblitz nicht vom Hauptgeistführer stammt. Seine Antwort ist immer knapp und klar.

Die Übung kann uns am Anfang ein bisschen schwerer fallen, da wir eher abgelenkt werden und dadurch nicht zur Ruhe kommen. Du wirst aber feststellen, dass es dir schon nach kurzem regelmäßigem Training leichtfällt, Entscheidungen zu treffen. Mach diese Übung gerade am Anfang, wenn keine wichtigen Entscheidungen anstehen, damit du später bei weitreichenderen Entscheidungen leichter klare Antworten wahrnehmen kannst.

Häufige Fragen

? *Ist ein Nein für immer ein Nein?*

Nein heißt, dass es momentan nicht ideal ist. Dafür kann es verschiedene Gründe geben. Doch ein Nein kann sich ändern. Es geht immer um die jeweilige Situation, in der man gerade ist. Dein Hauptgeistführer erkennt zum Beispiel, ob dich eine Situation im Augenblick überfordern würde. Wenn du beispielsweise fragst: »Soll ich mich selbstständig machen?«, und es kommt ein Nein, da dein Hauptgeistführer weiß, dass die Zeit nicht günstig ist, dann bedeutet dies nicht, dass dies für immer so sein muss. Schon ein paar Wochen oder Monate später kann es ganz anders aussehen.

? *Ich bekomme nie während der Übung eine Antwort. Doch kurze Zeit später habe ich das Gefühl, eine Antwort zu bekommen. Kann das sein?*

Das passiert oft. Aber kaum lassen wir los und erwarten nichts mehr, kommt ein klarer Impuls oder eine Antwort. Das ist absolut in Ordnung. Es zeigt, dass der

Druck, den du dir während der Übung machst, noch sehr groß ist. Freu dich zunächst einmal über die Antwort, und mit der Zeit wird sie auch direkt während der Übung kommen.

? *Mir gefällt die Antwort nicht. Was mache ich jetzt?*
Zunächst ist es wichtig zu wissen, dass gerade dann, wenn uns eine Antwort nicht gefällt, die Chance groß ist, dass sie vom Geistführer kommt. Häufig erliegen wir leider dem Denkfehler, dass uns die Antwort von unserem Geistführer immer passen muss und dass sie möglichst einfach umzusetzen ist, ohne groß etwas zu ändern. Leider ist dies häufig nicht der Fall. Veränderungen in unserem Leben finden nur dann statt, wenn wir beginnen, die Lebenssituation entsprechend anzupassen. Nicht immer sehen wir bei einer Antwort sofort eine Lösung. Die Lösung wäre allerdings eine Veränderung, die aber liegt immer bei uns. Bedenke, dass wir einen freien Willen haben, und das heißt auch, dass wir nicht auf die Antwort hören müssen. Wir dürfen allerdings dann nicht enttäuscht sein, wenn alles beim Alten bleibt. Manche machen dann den Fehler, die Übung so lange zu wiederholen, bis sie die gewünschte Antwort bekommen. Diese Antwort ist dann aber immer von uns selbst und nicht vom Hauptgeistführer oder von der Geistigen Welt.

? *Ich habe das Gefühl, bei mir funktioniert es nicht!*
Überlege als Erstes, wie oft du die Übung schon durchgeführt hast. Wenn es nicht funktioniert, liegt es meis-

tens nicht daran, dass der Geistführer keine Antwort gibt, sondern daran, dass du zu wenig trainiert hast. Das Talent ist da, sonst hätte das Buch nicht den Weg zu dir gefunden. Doch sei ehrlich: Hast du die Übungen nur gelesen oder sie auch wirklich gemacht? Die meisten Menschen haben damit schon die Antwort. Falls du viel geübt hast und es dennoch nicht funktioniert, rate ich dir, den Druck herauszunehmen. Leg diese Übung zunächst zur Seite und mach eine andere.

Ein Wort oder einen Satz deines Hauptgeistführers weitergeben

Auch das ist eine Übung, die ich sehr liebe. Ich mach sie oft mit Seminarteilnehmern, aber auch im alltäglichen Leben. Sie eignet sich sehr gut, um anderen einen Ratschlag, einen Tipp von deinem Hauptgeistführer weiterzugeben. Wichtig ist dabei, dass du nicht zu den Menschen hingehst und sagst: »Mein Geistführer sagt, du sollst dieses oder jenes machen!« Das kann Menschen irritieren und sogar aus dem Gleichgewicht bringen. Aus meiner Sicht machen dies nur Menschen, die nicht wirklich mit ihrem Geistführer in Kontakt stehen. Mein Geistführer hat mir noch nie gesagt, ich solle jemandem dieses oder jenes sagen. Ich frage ihn vielleicht und bekomme auch eine Antwort. Doch ich würde nie auf der Straße zu jemandem oder zu meinem Freund sagen, dass dies von meinem Geistführer kommt. Lauf nicht in deinem Freundeskreis herum und gib Botschaften deines Geistführers weiter, ohne dass du gefragt wurdest. Du kannst den Input vom Geistführer weitergeben, doch gib ihn einfach weiter, ohne zu sagen, von wem er kommt. Wenn es richtig ist, was du sagst, wird dein Gegenüber sofort erkennen, dass es eine wichtige Information ist. Dann braucht es auch den Zusatz nicht, dass die Information oder der Tipp von deinem Geistführer kommt. Die Menschen fühlen sich dann auch viel weniger eingeengt oder bevormundet. Ehrlich gesagt, gibt es viele Menschen, die so herumrennen und sich wichtigmachen. Doch darunter ist keiner, der seriös ist. Ich erlebe es häufig, dass mich Menschen auf der Straße erkennen. Mindestens zwei- bis dreimal im Monat kommt jemand auf mich zu und sagt: »Mein Geistführer hat mir gesagt, du hast eine Botschaft für mich!« So etwas nervt mich total. Wollte der Betreffende Kontakt zu seinem Geistführer, dann müsste er nicht mich fragen, sondern könnte seinen Geistführer selbst fragen, der ihm die Botschaft sicher geben würde. Es mag ein netter Versuch sein, an eine Botschaft zu kommen, doch ich spiele da nie mit. Meine Antwort ist immer: »Tut mir leid, ich habe keine Botschaft. Mein Geistführer ist gerade in der Mittagspause oder im Urlaub!« Nur so am Rand: Geistführer sind weder im Urlaub noch machen sie Pausen noch müssen sie schlafen. Wenn mich allerdings jemand zum Narren halten möchte, dann spiele ich gern mit.

Manchmal möchte man einer Person helfen, und dazu ist die Übung sehr gut geeignet, weil man sie ohne Probleme im Alltag durchführen kann. Falls die Botschaft nicht stimmt und man nicht gesagt hat, dass sie vom Geistführer sei, dann ist sie auch völlig ungefährlich. Diese Übung ist in drei Schritte unterteilt. Oft ist nur der erste Schritt notwendig. Am Anfang kannst du die Übung auch etwas einfacher gestalten, das heißt, dass du sie zu Hause in Ruhe ausführst, bevor du sie mit einem Freund oder einer anderen Person machst. Später kannst du sie mit geöffneten Augen und in jeder Situation durchführen.

Erster Schritt

Verbinde dich mit deinem Geistführer und bitte ihn um ein Wort oder einen Satz für dein Gegenüber oder deinen Freund. Das kannst du bereits vor dem Treffen machen, in Ruhe, mit geschlossenen Augen oder auch direkt vor Ort. Ich mache das mehrmals am Tag, wenn ich mich mit Menschen unterhalte. Ich bitte einfach um ein Wort oder einen Satz. Ganz wichtig dabei ist, dass du das erste Wort oder den ersten Satz unbedingt nehmen musst, also nicht lang wartest, sondern auf den ersten Input achtest. Wenn du lang überlegst, kommt der Input – das Wort oder der Satz – von dir und nicht von deinem Geistführer.

Achte auch darauf, dass du vorher deinen Hauptgeistführer einlädst, dich mit ihm verbindest und dass du diese Verbindung auch fühlst. Bitte dann um das Wort bzw. den Satz und nimm wirklich das erste Wort oder den ersten Satz. Es wird innerhalb von Sekunden zu dir kommen. Bei den Worten handelt es sich meistens um ganz normale Worte, also keine esoterischen Begriffe oder Sätze. Ein Beispiel dazu: Ich bekomme für eine Frau den Namen Pippi Langstrumpf. Es ist ganz einfach, wie ich damit umgehe. Ich sage in normalem Ton bei dem Gespräch: »Es mag vielleicht schräg klingen, aber seit ich mich mit dir unterhalte, muss ich ständig an Pippi Langstrumpf denken!« Jetzt kann es sein, dass mein Gegenüber sofort darauf reagiert und antwortet: »Oh ja. Ich bin ein Fan von Pippi Langstrumpf. Als Kind habe ich mich damit immer so gut und wohlgefühlt!« Oder sie sagt: »Ich wollte gerade mit einer Freundin wieder einmal einen Filmabend veranstalten, und wir dachten dabei an einen Klassiker wie Pippi Langstrumpf!« Also dein Gegenüber geht sofort in Resonanz mit dem Wort bzw. Namen. Nicht immer ist damit eine tiefe Botschaft verbunden. Manchmal allerdings schon, selbst wenn wir denken, dass es sich um kein wirklich spannendes Wort handelt. Es kann aber auch sein, dass mein Gegenüber sagt: »Keine Ahnung, warum du bei unserem Gespräch an Pippi Langstrumpf denken musst.« Dann geht es zum zweiten Schritt.

Zweiter Schritt

Das Wort oder der Satz kann auch symbolisch sein. Wenn mein Gegenüber die Botschaft nicht sofort erkennt, dann weiß ich, dass es sich um eine symbolische

Botschaft handelt, und ich interpretiere sie für die Person. Zum Beispiel: »Für mich ist Pippi eine schöne Kindheitserinnerung. Pippi ist eine starke Frau, die sich nicht einengen lässt und jeden Tag das macht, was für sie stimmig ist. Irgendwie erinnert sie mich an dich. Vielleicht solltest du wieder mehr an ein unbeschwertes Leben denken und dich daran erinnern, dass du eine starke Frau bist.« Meine Interpretationen sehen bei jeder Person anders aus. Oft sagt dann mein Gegenüber: »Spannend. Ja, ich mache mir oft Gedanken in letzter Zeit, wie ich wieder freier und leichter sein könnte. Irgendwie habe ich meine Kraft und Unbekümmertheit verloren.« Somit kam die Botschaft an. Oder sie sagt: »Naja, das sollten wir ja alle!« Oder: »Also das sind komische Dinge, die du da sagst. Ich verstehe sie nicht!« Dann geht es zum dritten Schritt.

Dritter Schritt

Wenn eine Person nicht beim ersten oder zweiten Schritt in Resonanz geht, dann solltest du zwei bis drei Tage warten. Oft geht die Person dann doch noch in Resonanz und du erfährst es dann auch. Zum Beispiel: »Du glaubst es nicht, aber kannst du dich noch erinnern, dass du mir etwas über Pippi Langstrumpf gesagt hast? Zwei Tage später hat mich mein Mann nach Schweden eingeladen, und wir sind ins Pippi-Langstrumpf-Museum gegangen.« Falls du gar nichts hörst, dann ist die Chance groß, dass dein Wort nicht vom Geistführer kam, sondern vom Verstand. Das Tolle daran ist, dass es keiner merkt, wenn du nicht Medium gespielt hast. Somit nimmst du dir den Druck weg und stellst fest, dass die Menschen sehr oft schon beim ersten oder zweiten Schritt in Resonanz gehen und sofort eine Botschaft damit verbinden. Viel Spaß bei der Übung. Sie ist wirklich sehr wertvoll. Du wirst es mit der Zeit feststellen.

Häufige Fragen

? *Ich bekomme höchst eigenartige Worte und getraue mich gar nicht, das zu sagen!*

Versuch nicht, die Worte zu verstehen bzw. sie müssen für dich keinen Sinn ergeben. Oft ist es sogar so, dass spezielle Worte für den Klienten sehr viel bedeuten. Beispiel: Während eines Seminars habe ich die Übung demonstriert und mir dazu einen Mann als Partner ausgesucht, der 83 Jahre alt war. Ich bat meinen Geistführer um ein Wort, und er zeigte mir einen Steinschlag! Ich dachte: Was soll das für ein Wort sein? Da ich damit nichts anfangen konnte, bat ich meinen Geistführer um ein besseres Wort. Doch es kam immer wieder dasselbe Wort. Ich teilte es dem Herrn mit, und er begann sofort zu weinen. Alle Seminarteilnehmer und ich waren überrascht von seiner Reaktion. Doch er erklärte: »Ich bin jetzt 83 Jahre alt und arbeite immer noch als Bergführer. Vor zwei Wochen war ich mit meinem besten Freund in den Bergen. Wir wurden von einem Steinschlag überrascht, und er starb dabei. Ich bat ihn heute um ein Zeichen, ob es ihm gut geht. Für mich war dies eine klare Botschaft!« Ich konnte mit der Botschaft nichts anfangen, doch für den Seminarteilnehmer war es eine klare Botschaft, und es konnte Heilung stattfinden. Probier es einfach aus! Mit der Zeit wirst du immer sicherer werden und viel Freude damit haben, wie sich die einzelnen Worte aufklären, die für dich zunächst keinen Sinn ergeben haben.

? *Der zweite Schritt fällt mir sehr schwer. Hast du noch einen Tipp?*
Am Anfang ist die Übung nicht ganz leicht. Doch man muss sich ein wenig mit Symbolsprache beschäftigen. Wichtig ist dabei, dass der Geistführer dir dieses Symbol oder Wort gibt. Daher musst du dich eigentlich nur fragen, was es für dich bedeutet! Ein anderer würde das Wort vielleicht völlig anders interpretieren. Beispiel: Ich bekomme als Wort oder Bild einen Schlüssel. Dann stelle ich mir die Frage: »Was macht man mit dem Bild bzw. Wort?« Antwort: »Etwas verschließen oder aufschließen!« Meistens bekomme ich zu dem Wort auch gleich noch ein Bild: »Es ist ein goldener Schlüssel, mit einem Schlüsselbart.« Interpretation: Ein alter Schlüssel, da er einen Bart hat und etwas Wertvolles, weil er aus Gold ist. Dann würde ich fühlen, ob ich mit dem Schlüssel etwas öffne oder

schließe. In meinem Beispiel bedeutet es »öffnen«. Somit sieht meine Interpretation etwa folgendermaßen aus: »Ist es richtig, dass du gerade ein altes Thema, das dir sehr viel bedeutet, wieder anschaust und bearbeitest?« Doch wie schon gesagt, für einen anderen würde dasselbe Bild etwas ganz anderes bedeuten. Wenn mir ein Bild nicht klar ist, dann bitte ich meinen Geistführer einfach um einen anderen Input, ein anderes Bild, das mir hilft, das Thema zu verstehen. Am Anfang mag dies kompliziert klingen, doch mit der Zeit ist es sehr einfach. Du kannst jederzeit deinen Freund, deinen Hauptgeistführer, um einen neuen Input bitten. Wenn du dir bei einer Interpretation nicht sicher bist, dann frag ihn. Die Ja- oder Nein-Übung (➤ Seite 213 ff.) hast du ja schon gemacht. Dann weißt du auch, ob du auf der richtigen Spur bist. Entscheidend ist, dass dir die Übung Spaß macht und dass du ziemlich schnell sehr schöne Botschaften weitergeben kannst. Die Menschen werden vor allem dann nichts damit anfangen können, wenn du sagst, dass die Botschaft vom Geistführer ist. Aus meiner Erfahrung weiß ich, dass sie dann viel offener sind, ein Thema anzuschauen.

Variante

Hier noch eine Variante der Übung, die ich auch sehr oft anwende. Wenn ich feststelle, dass jemand ein Thema oder ein Problem hat, dann bitte ich meinen Geistführer statt um ein Wort oder einen Satz um ein Erlebnis, das ich selbst erlebt habe oder das mir jemand erzählt hat. Ich flechte dann bei einem normalen Gespräch diese Geschichte oder das Erlebnis ein. Du bekommst dann meistens sofort ein Feedback, wenn du den Nagel auf den Kopf getroffen hast. Immer wieder höre ich dann: »Das ist spannend. Darüber habe ich mir auch schon Gedanken gemacht. Oder erzählst du mir das einfach nur so? Es ist nämlich genau mein Thema!«

Beispiel: »Es lohnt sich, langsam zu fahren, da es hier ziemlich viele Radarfallen gibt. Ein Freund von mir hat das ignoriert und hatte einen schweren Unfall.« Antwort: »Ich bin heute früh geblitzt worden. Dabei hatte ich mir noch gedacht, dass ich eigentlich lernen müsste, langsamer zu fahren, sonst baue ich noch einen schlimmen Unfall! Dass du mir gerade jetzt die Geschichte von deinem Freund erzählst, finde ich seltsam.«

Oder ein anderes Beispiel: »Ein Freund von mir hat sich gerade von seiner Frau (oder Freundin) getrennt. Er hat lang dazu gebraucht und war sehr unglücklich. Doch eines Morgens ist er aufgewacht und hat sich gefragt, ob er sich diese Beziehung ein Leben lang antun will. Da kam ein klares Nein! Jetzt hat er sich getrennt und ist sehr glücklich. Ich finde die Frage sehr wichtig, wenn man ein Problem hat. Was meinst du?« – »Mir geht es genauso wie deinem Freund. Wenn ich mir die

Frage stelle, kommt auch ein klares Nein! Vielleicht muss ich mich auch trennen.«

Wenn mein Gegenüber mit der Geschichte nichts anfangen kann, weil sie mir vielleicht gerade eingefallen ist und nicht von meinem Geistführer kam, dann ist es auch nicht weiter tragisch, dann habe ich einfach eine nette Unterhaltung gehabt. Versuch nicht, irgendetwas Intelligentes, Spirituelles etc. zu erzählen, einfach nur eine Geschichte, die du oder ein Freund erlebt hat. Dein Geistführer wird dich führen. Ich liebe diese Übung und mache sie sehr oft, weil sie nichts Belehrendes hat. Man sagt nicht: »Tu dies oder tu jenes«, sondern man erzählt einfach nur eine Geschichte, die eine versteckte Botschaft für das Gegenüber enthält. Oft sind mir die Botschaften gar nicht so klar. Doch wenn sie in Resonanz mit dem Gegenüber gehen, wird es immer klar darauf reagieren und dir ein Feedback geben. Dadurch wächst auch das Vertrauen in dich und deinen Geistführer. Mit dieser wunderbaren Übung kannst du anderen Menschen sehr gut helfen.

Mit deinem Hauptgeistführer subjektiv hellsichtige Zeichensprache vereinbaren

Diese Übung ist ausgesprochen hilfreich. Voraussetzung dafür ist, dass du schon länger mit deinem Geistführer zusammenarbeitest und Fantasie von subjektiver Hellsichtigkeit oder von außersinnlicher Wahrnehmung mit deinen Hellsinnen unterscheiden kannst, nachdem du diese Fähigkeiten schon gut trainiert hast und dir damit ziemlich sicher bist. Ich arbeite für mich selbst fast immer mit dieser Übung, da sie für mich inzwischen die einfachste und schnellste Kommunikation mit meinem Geistführer ist. Bevor du mit der Übung beginnst, solltest du mit deinem Geistführer eine Zeichensprache vereinbart haben. Ich rate dir, die Zeichensprache exakt aufzuschreiben. Im Folgenden meine Liste, mit der ich arbeite. Du kannst sie natürlich deinen Bedürfnissen anpassen und erweitern. Achte aber darauf, die Zeichen nicht immer wieder zu wechseln, nachdem du sie einmal mit deinem Geistführer abgesprochen hast.

Liste der Zeichen

Zeichen	Bedeutung
Lächelndes Gesicht meines Geistführers	Alles ist gut!
Trauriges Gesicht meines Geistführers	Ist nicht gut oder ist ungünstig!
Daumen nach oben	Alles bestens! Top! Ja! Tu das!
Daumen nach unten	Nein! Keine gute Idee! Tu das nicht! Schwierig!

Zeichen	Bedeutung
Mit der Hand hin und her winken	Geht so! Nicht so ideal!
Neutraler Gesichtsausdruck meines Geistführers	Neutral! Spielt keine Rolle! Ich kann dir nichts dazu sagen! Oder ich darf dir nichts dazu sagen!

Mit dieser Liste arbeite ich hauptsächlich. Ich kann mit ihr im Grunde genommen jedes Thema, jede Frage und jede Situation für mich und andere klären. Vielleicht ist die Arbeit mit der Liste eher eine Übung für Fortgeschrittene, weil sie schon sehr viel Vertrauen voraussetzt in dich, deine Fähigkeiten und deinen Geistführer. Doch wenn du sie in deinen Alltag integrierst, sie täglich durchführst, wird sie bald ein Kinderspiel für dich sein. Ich mache diese Übung jeden Morgen. Nachdem ich aufgestanden bin und mir einen Kaffee gemacht habe, gehe ich auf den Gartensitzplatz, egal bei welchem Wetter, und genieße zuerst einmal die Zeit mit meinem Geistführer. Oft verbinde ich mich einfach nur mit ihm und freue mich an der Energie. Für mich persönlich ist diese Übung einfach, da ich schon von klein auf eine relativ klare Hellsichtigkeit besitze. Auch wenn diese bei dir noch nicht so klar ausgeprägt sein sollte, ist die Übung absolut machbar. Wichtig auch hier wieder: Du solltest das Aussehen deines Geistführers schon sehr gut kennen und ihm quasi beim Aufschreiben deiner Liste mitgeteilt haben, dass dies ab heute eure Zeichensprache ist.

Wenn ich die Zeit genossen habe, stelle ich meinem Geistführer einfach ein paar Fragen und lasse sie mir von ihm beantworten. Viele Fragen sind ganz alltäglich, banal. Doch dies ist gerade am Anfang wichtig, damit du immer ein klares Feedback erhältst und dir und deinem Hauptgeistführer immer mehr vertraust. Ich frage zum Beispiel:

– Hat mein Sohn oder meine Freundin gut geschlafen?
– Hat heute XY gute Laune?
– Wird die Arbeit heute entspannt sein?
– Treffe ich heute XY?
– Wie wird heute mein Tag?
– Ruft mich heute Pablo oder XY an?
– Ist heute etwas Spannendes in der Post oder bekomme ich eine tolle E-Mail?

Dies sind ganz banale Fragen. Diese oder ähnliche Fragen solltest du am Anfang in deinem Repertoire haben, weil du auf solche Fragen spätestens am Abend ein Feedback hast. Dein Geistführer gibt dir Antwort, und du merkst sie dir! Am Abend weißt du dann, was passiert ist, was los war, und kannst mit der Zeit exakt spüren, wie und bei welchen Gelegenheiten sich die Fantasie meldet.

Wenn du mit der Zeit immer sicherer wirst, kannst du auch komplexere Fragen stellen. Dinge ansprechen, die dich beschäftigen und dir Sorgen bereiten etc.... Doch stell solche Fragen nicht schon zu Beginn, weil Ängste, Wünsche, Muster und deine Fantasie dir einen Streich spielen könnten. Außerdem kannst du dies später immer dann machen, wenn du eine wichtige Antwort brauchst, wenn du zum Beispiel ein Gespräch mit deinem Chef hast und er dir etwas Neues anbietet. Dann kannst du deinen Geistführer in Gedanken näherbitten und ihm sagen, er möge dir ein Zeichen geben als Antwort auf deine Frage. Dies dauert mit der Zeit nur ein paar Sekunden, und dein Chef wird gar nicht merken, dass du einen Geistigen Rat bekommen hast. Manchmal sagt dir dein Kopf das komplette Gegenteil dessen, was dir dein Geistführer sagt oder wozu er dir rät. Dann ist es wirklich schwer, ihm zu vertrauen. Aus meiner eigenen Erfahrung weiß ich, dass der Geistführer am Ende immer recht hat. Doch bis ich ihm hundertprozentig vertraut habe, hat es ein bisschen gedauert. Sogar heute fällt es mir noch manchmal schwer, seinem Rat zu folgen, gerade dann, wenn die Antwort nicht so ausfällt, wie ich sie mir gewünscht hatte. Doch mach dir bewusst, dass du immer frei entscheiden kannst. Die Erfahrung wird dich aber mit der Zeit lehren, dass es sinnvoll ist, auf deinen Geistführer zu hören. Nun aber beginne zunächst mit den Kleinigkeiten, bei denen du im Verlauf des Tages immer eine Antwort bekommst, sodass du dir sicher sein kannst, dass es die Antwort vom Geistführer ist und du dir seine Antwort nicht nur eingebildet hast. Wenn du damit täglich übst, wenn die Übung gewissermaßen zu einem Ritual für dich wird, dann wirst du dich immer weniger unter Druck setzen, und die Antworten werden immer klarer, auch bei einschneidenden, wichtigen Entscheidungen.

Häufige Fragen

? *Ist es normal, dass ich für andere klarere und bessere Antworten bekomme als für mich selbst?*

Ja, das ist normal, weil uns dabei unsere eigenen Wünsche, Fantasien und Muster viel weniger in die Quere kommen als bei anderen Personen, gerade dann, wenn wir sie nicht sehr gut kennen. Je besser wir jemand kennen, desto schwerer kann es sein, die außersinnliche Wahrnehmung von der eigenen Fantasie oder den eigenen Wünschen zu unterscheiden. Mit der Zeit gelingt einem das immer besser, auch für sich selbst oder für Menschen, die einem nahestehen. Zu Beginn ist es jedoch völlig normal, dass wir die einfachsten und klarsten Antworten für Personen bekommen, die wir kaum kennen.

? *Kann es sein, dass mir mein Geistführer eine Antwort gibt, ohne dass ich ihn darum bat?*

Auch dies kommt häufig vor, gerade am Anfang; manchmal auch, wenn dir eine Frage sehr wichtig ist und du dir Druck machst, weil es um eine weitreichende Entscheidung geht, dann bekommst du auch nicht sofort eine Antwort; oder aber du bist unsicher. Doch kaum lässt du los und gehst in deinen Alltag, kommt plötzlich ein klares Bild oder die Antwort per Hellwissen. Am Ende ist es entscheidend, dass wir eine Antwort bekommen; wann, ist nicht entscheidend.

Inspiriertes Schreiben mit dem Hauptgeistführer

Viele verwechseln inspiriertes Schreiben mit automatischem Schreiben. Das ist meiner Meinung nach jedoch ein großer Unterschied. Beim inspirierten Schreiben versucht man, so gut wie möglich die Gedanken aufzuschreiben, die einem durch den Kopf gehen. Man führt dabei die Hand selbst über das Papier und schreibt alles auf, was einem gerade einfällt. Am Anfang ist dieses Schreiben noch stark von den eigenen Gedanken geprägt. Doch plötzlich schreibt »es« einfach, und der Hauptgeistführer übernimmt immer mehr die Kontrolle. Ich bin es zwar immer noch selbst, der den Stift über das Papier bewegt, aber die Inputs, die in meinem Kopf entstehen, kommen immer mehr vom Geistführer. Ich werde eben inspiriert. Das ist eine Übung, die jeder machen kann. Ich setze sie meistens in meinen Geistführer-Seminaren ein und finde sie sehr wertvoll. Wenn man einfach schreibt, ohne zu denken, kann man innerhalb weniger Minuten, manchmal nur in einer oder zwei Minuten mehrere Seiten füllen. Wenn man schreibt, ohne zu denken oder ohne wahrzunehmen, worüber man schreibt, wird man hinterher sehr überrascht sein, was man da zu lesen bekommt. Meistens sind es sehr wertvolle, ja sogar sehr weise Texte. Beachten solltest du, dass du beim Schreiben in einem meditativen Zustand bist. Ich zum Beispiel meditiere vor der Übung kurz und komme dann so weit zurück, dass ich die Augen öffnen und schreiben kann. Dann schreibe ich einfach drauflos und schaue erst ganz zum Schluss, was dabei herausgekommen ist.

Am Anfang ist es wichtig, dass du jeden Gedanken aufschreibst, der dir durch den Kopf geht, alles, wirklich alles. Zu Beginn der Übung kommt oft noch sehr wenig vom Hauptgeistführer. Doch dann kommst du immer stärker in einen Flow, und plötzlich kommen immer mehr Inspirationen direkt von deinem Geistführer. Auch wenn du Gedanken hast, wie: »Ich weiß überhaupt nicht, was ich schreiben könnte. Mir fällt nichts ein. Ich fühle überhaupt nichts … Das ist eine blöde Übung … etc.« Schreib einfach alles auf. Ich empfehle dir, die Übung jeden Tag zu machen. Schreib einmal täglich mindestens eine DIN-A4-Seite, zum Beispiel bevor du ins Bett gehst. Ich würde die Seite dann nicht gleich lesen, würde sie liegen lassen und sie erst nach etwa sieben Tagen lesen. Zum Beispiel könntest du jeden Sonntagabend alles lesen, was du während der Woche geschrieben hast. Du wirst überrascht sein, wie viele Fragen damit beantwortet sind, die du dir die ganze Zeit schon gestellt hast.

Warum nur einmal in der Woche lesen? Weil du dich damit nicht auf das Ergebnis konzentrierst und den Fokus bei der Übung nicht auf eine Antwort oder das Resultat legst. Die ersten Monate geht es wirklich nur darum, einfach alles aufzuschreiben. Anfänglich werden vielleicht nur wenige Sätze für dich hilfreich sein. Doch schon ein paar Monate später, wenn deine eigenen Gedanken immer mehr in den Hintergrund rücken und dich dein Geistführer immer stärker inspiriert, wirst du sehr wertvolle Botschaften lesen. Das Tolle dabei ist, dass du es während des Schreibens gar nicht merkst. »Es« schreibt sich einfach. Und genau das ist inspiriertes Schreiben.

Es kann sogar sein, dass du nach einigen Monaten vom inspirierten Schreiben ins automatische Schreiben kommst. Das bedeutet, du hast nicht mehr das Gefühl, dass du schreibst, sondern dass deine Hand direkt vom Geistführer über das Papier geführt wird. Die Hand wird von ihm bewegt. Auch deine Schrift wird sich dabei komplett verändern. Das stellt sich alles ganz automatisch ein, nachdem du ein paar Monate regelmäßig geübt hast. Es kann aber manchmal auch ein bis zwei Jahre dauern. Doch du wirst vorher schon tolle Inspirationen von deinem Geistführer bekommen. Es ist eine wirklich wundervolle Übung, die ich jedem nur ans Herz legen kann. Sie ist deswegen so wunderbar, weil die Antworten deines Hauptgeistführers schwarz auf weiß vorliegen. Nachfolgend eine Übung zum inspirierten Schreiben, die ich gern in meinen Seminaren mache.

Übung

»Und mein Hauptgeistführer sagt …« Diese Einleitung kannst du schon einmal auf dein Blatt schreiben …

Schließ deine Augen und konzentriere dich auf deinen Atem. Mit jedem Atemzug entspannst du dich mehr und mehr. Lass alle Gedanken los. Bitte nun deinen Hauptgeistführer, er möge nähertreten. Fühle seine Anwesenheit und spür, wie er dir ganz nahekommt. Lass alle Erwartungen und Vorstellungen los. Nimm wahr, dass dein Hauptgeistführer dir nun ganz nah ist und dir seine Hände auf die Schultern legt. Du entspannst dich mehr und mehr. Nimm wahr, wie dich dein Hauptgeistführer umarmt. Nimm wahr, wie ihr eins werdet. Lass dir Zeit. Fühle seine liebevolle Umarmung. Fühle, wie du dich komplett entspannen kannst, wie sehr du die Umarmung genießt. Fühle seine Liebe, und spür, wie sie immer größer und stärker wird. Nimm wahr, wie er langsam beginnt, dir zu erzählen … Nimm jetzt dein Blatt und schreib: »Mein Hauptgeistführer sagt …« Schreib einfach weiter. Schreib, was dein Geistführer dir oder über dich sagen möchte. Schreib seine liebevollen Gedanken auf, ohne nachzudenken, ohne zu bewerten. Lass es einfach fließen. Du wirst an einen Punkt kommen, da du fühlst, dass der Text zu Ende ist. Komm dann langsam zurück ins Hier und Jetzt. Lies jetzt die liebevollen Worte deines Geistführers.

Ich empfehle dir, diese Übung immer wieder einmal auszuführen. Ich habe sie eine Zeit lang täglich gemacht. Auch beim Schreiben meiner Bücher lasse ich mich immer wieder von der Geistigen Welt inspirieren. Meistens schreibe ich einfach alles nieder, was mir mein Geistführer diktiert, und erst wenn ich fertig bin, lese ich den Text und ergänze ihn, falls notwendig. Ich bin immer wieder erstaunt über das Ergebnis und frage mich oft, ob ich das wirklich geschrieben habe.

Häufige Fragen

? *Ich habe das Gefühl, dass ich nur meine eigenen Gedanken wahrnehmen konnte!*
Auch das ist am Anfang völlig normal, weil das Schreiben über unseren Verstand passiert. Wir wollen meistens etwas Schönes und Spirituelles schreiben. Doch das sollten wir alles möglichst schnell außer Acht lassen. Die Texte unseres Hauptgeistführers sind häufig sehr klar und nüchtern und beziehen sich auf den Alltag, ohne esoterische Ausschweifungen. Das Wichtigste dabei ist, einfach alles aufzuschreiben, ohne es zu bewerten. Es spielt keine Rolle, wenn in du in den ersten zwölf Monaten nur eigene Gedanken zu Papier bringst. Sobald es dir nicht mehr wichtig ist, was du schreibst, sondern einfach nur schreibst, kommen die Inspirationen immer mehr direkt von deinem Geistführer.

Ähnliche Fragen

? *Ich war total blockiert und konnte kaum etwas schreiben.*
? *Mir fällt es schwer, meine Gedanken beiseite zu lassen.*
? *Ich kann nichts von meinem Geistführer wahrnehmen, nur meine eigenen Gedanken.*
? *Kann ich die Übung auch auf dem PC machen?*

Bitte deinen Hauptgeistführer um ein klares Zeichen von außen

Im folgenden Kapitel möchte ich eine Übung vorstellen, die ich auch häufig in meinen Seminaren anwende. Sie ist sehr wertvoll und hat den Vorteil, dass wir unsere Hellsinne dazu brauchen. Ich setze sie häufig ein, wenn ich feststelle, dass meine Hellsinne bei einer Frage blockiert sind oder dass meine Gedanken nicht zur Ruhe kommen. In solchen Situationen hat sich diese Übung als äußerst wirkungsvoll erwiesen. Da sie sehr einfach ist, hast du sie wahrscheinlich schon öfter bewusst oder auch unbewusst angewendet. Es geht dabei darum, ganz klare Zeichen von außen zu bekommen. Dabei ist es wichtig, dass die Zeichen für dich völlig klar sind, also dass du sie nicht erst lang interpretieren musst. Die Übung ist schnell erklärt:

Übung

Bitte deinen Hauptgeistführer, er möge dir auf deine Situation oder eine Frage ein klares Zeichen im Außen geben. Dann lässt du los. Jetzt kommt der schwierigere Teil der Übung. Du darfst nämlich nicht nach Zeichen suchen, sondern solltest einfach ganz normal deinen Alltag leben. Wenn du nach Zeichen suchst, kann es schiefgehen.

Ich möchte es noch einmal betonen: Die Zeichen müssen sehr klar sein. Zeichen können beispielsweise sein:

- Eine Person hat eine Botschaft für dich.
- Ein Bericht im Radio, im Fernsehen, in der Zeitung oder in einem Buch.
- uvm.

Das Zeichen deines Geistführers wirst du immer sofort erkennen. In der Regel ist es gar keine Frage, ob es wirklich ein Zeichen deines Geistführers ist. Oft werde ich auf Facebook oder bei Seminaren gefragt: »Ich bat meinen Geistführer um ein Zeichen und sah anschließend ständig die Zahl 777, immer wieder! Was hat das zu bedeuten?« Ich antworte dann darauf, dass es nichts zu bedeuten hat. Wäre es ein echtes Zeichen, dann wüsstest du sofort, was es für dich bedeutet. Wenn du jemand um Hilfe bitten oder googeln musst, dann ist es auch kein Zeichen von deinem Geistführer. Das solltest du unbedingt beachten. Wir dürfen nicht in alles Mögliche Zeichen hineininterpretieren, sondern sollten einfach nur offen sein. Denn du musst eines wissen: Je besser deine Zusammenarbeit mit deinem Geistführer ist, desto klarer sind die Zeichen von ihm. Ich werde später noch einige Beispiele aus meinem Leben berichten, damit du siehst, wie klar diese Zeichen sind.

Dennoch muss man die Zeichen sehen und danach handeln und nicht ständig zweifeln, zumal dann, wenn uns das Zeichen nicht passt und wir es wegreden und nach einem anderen Zeichen suchen, das uns besser gefällt. Leider geschieht das häufig unbewusst, aber auch bewusst. Bitte auch hier zunächst um unbedeutende Dinge und Zeichen, sodass du immer mehr Vertrauen in die Kommunikation mit Zeichen bekommst.

Ich habe diese Übung einige Jahre lang täglich angewendet und meinen Geistführer jeweils um zwei bis vier Zeichen gebeten, oft für ganz unbedeutende Dinge. Dadurch lernte ich loszulassen und konnte die Zeichen kommen lassen, ohne nach ihnen zu suchen. Vor allem aber lernte ich dabei, meinem Geistführer absolut zu vertrauen. Er gibt immer eine Antwort! Wirklich immer! Wenn ich dennoch einmal keine Antwort bekam, dann lag es daran, dass ich sie nicht annehmen wollte oder sie gar nicht sehen konnte oder dass ich total gestresst war oder dass ich selbst gesucht habe. Doch mein Geistführer hat mir jedes Mal eine Antwort oder ein Zeichen gegeben. Ich mache diese Übung auch heute noch, meistens mehr zum Spaß, um Freunden zu zeigen, was alles möglich ist, oder wenn ich einmal feststelle, dass ich total blockiert bin. Das Schöne daran ist, dass diese Zeichen innerhalb weniger Minuten oder weniger Stunden kommen. Früher brauchte ich oft zwei bis drei Tage, um ein klares Zeichen zu erkennen.

Beispiel 1

Ich wollte einmal umziehen und sagte zum Spaß: »Ich gehe jetzt schnell in die Arbeit, und wenn ich zurück bin, habe ich eine neue Wohnung!« In Gedanken bat ich meinen Hauptgeistführer, mir zu helfen. Dann fuhr ich zu meinem Ausbildungszentrum. Ich brauchte dafür genau sieben Minuten. Als ich dort ankam, stand ein Auto auf meinem Parkplatz, worüber ich etwas genervt war. Ich stieg aus und schaute das Auto an. Es trug die Aufschrift: Immobilien Büro XY, dazu eine Telefonnummer. Da war es, mein Zeichen! Klar und deutlich! Ich rief das Immobilienbüro an und sagte: »Sie stehen auf meinem Parkplatz!« Darauf der Mann: »Oh sorry. Ich komme gleich!« – »Nein, warten Sie. Ich suche eine Wohnung, vier Zimmer, in der Nähe von Sissach, mit kleinem Garten. Haben Sie so etwas? Die Miete sollte nicht höher als XY sein!« – »Ja, so eine Wohnung haben wir!« – »Gut! Kann ich die Wohnung haben? Dann dürfen Sie auf meinem Parkplatz stehen bleiben! Falls nicht, müssen Sie sofort kommen und Ihr Auto wegfahren!« Es war kurz still in der Leitung, dann fragte er: »Wollen Sie die Wohnung nicht zuerst ansehen?« – »Nicht nötig. Ich vertraue da meiner Führung. Also ja oder nein?« Ich bekam die Wohnung, und unterzeichnete bereits am nächsten Tag den Vertrag, ohne die Wohnung gesehen zu haben. Das fand der Makler ungewöhnlich. Doch ich vertraute meinem Geistführer zu hundert Prozent. Die Wohnung war perfekt für mich. Mit Fahrt und Telefonat brauchte ich nicht einmal zehn Minuten, um zu einer neuen Wohnung zu kommen. Das

Zeichen befand sich klar und deutlich auf meinem Parkplatz. Ich musste nur erkennen, dass das Auto eines Immobilienmaklers mein Zeichen war und entsprechend handeln. Vielleicht musste ich auch ein wenig frech sein, was meine Natur ist.

Beispiel 2

Als ich und meine Freundin noch nicht zusammengewohnt haben, trafen wir uns auf einem Event von mir in Berlin. Grazia kommt ursprünglich aus Hamburg, und wir kannten uns noch nicht sehr lang, doch ich wusste, dass sie die Richtige ist. Wir sprachen im Café darüber, dass sie zu mir in die Schweiz ziehen sollte. Die Gefühle waren dafür, doch der Verstand war noch unsicher. Ein Typ, den sie erst vor Kurzem kennengelernt hatte, und für den sollte sie alles aufgeben? Ich bat meinen Geistführer um ein klares Zeichen für sie. Etwa zehn Minuten später kam die Bedienung an den Tisch und fragte irgendetwas. Ich weiß nicht mehr, worum es ging. Da sagte sie: »Du hast so einen eigenartigen Akzent. Woher kommst du?« – »Aus der Schweiz und meine Freundin aus Hamburg!« – »Oh, Ihr habt eine Fernbeziehung. Das hatte ich auch einmal mit meinem Mann. Aber ich bin von heute auf morgen zu ihm nach Berlin gezogen. Und das war die beste Entscheidung meines Lebens!« Ich musste lachen und sah Grazia an. Auch sie lächelte und hatte das als Zeichen verstanden. Ich sagte dann zu der Bedienung: »Sie sind wirklich ein Engel für uns!«

Es gäbe noch vieles, was ich in Bezug auf Zeichen erlebt habe. Ich möchte dich damit nur inspirieren, wie Zeichen aussehen und wie klar sie sein können. Zum Schluss noch ein Erlebnis, das zeigt, dass dich dein Freund bzw. Hauptgeistführer häufig auch bei Dingen unterstützt, die nicht unbedingt gesund für dich sind, was jedoch zeigt, dass uns unsere Geistführer wirklich immer unterstützen.

Beispiel 3

Wir waren gerade auf Tour und, wie bereits im ersten Beispiel, wir waren wieder in Einsiedeln. Damals gehörte zu meinem Tour-Team noch eine Sängerin, die vor meinen Vorträgen immer ein paar Lieder sang, um den Abend abzurunden. Wir kamen um drei Uhr in der Früh in Einsiedeln an. Das Dorf und seine Bewohner schliefen schon. Ich wollte nur schnell eine Zigarette rauchen und dann ins Bett gehen. Doch ich hatte keine Zigaretten mehr. Ich ging zur Sängerin, da sie Raucherin war. Doch auch sie hatte keine Zigaretten mehr und wollte mich bitten, ihr eine zu geben. Jeder Raucher kann nachvollziehen, welch blöde Situation das ist. Man ist stundenlang im Tour-Bus und würde einfach gern noch eine rauchen. Ich schlug der Sängerin vor, dass wir kurz zum Bahnhof gehen könnten, der nicht weit entfernt war, dort gäbe es bestimmt einen Selecta-Automat. Das waren Automaten mit Süßigkeiten und Zigaretten. So gingen wir also nachts um drei Uhr durch Einsiedeln, Richtung Bahnhof. Dort angekommen, war die Enttäuschung groß, denn inzwischen durften Zigaretten nicht mehr in Selecta-Automaten verkauft werden. Wir waren beide genervt, und die Sängerin sagte provokant: »Du sagst doch immer, deine Engel und Geistführer würden dir immer helfen. Dann sag ihnen doch, dass ich gern eine Schachtel Marlboro Rot hätte! Zeig doch mal, was deine Engel können!« Sie lachte dabei, meinte es aber ernst. Ich antwortete nichts darauf, sagte aber in Gedanken zu meinen Geistführern: »Jungs, könnt hr mir helfen? Es wäre schön, wenn wir noch eine rauchen könnten. Das blöde Gesicht von ihr würde mir jedenfalls Spaß machen!« Wir gingen langsam zurück, und auf einmal bekam ich den starken Impuls, links abzubiegen, durch eine enge, dunkle Gasse und nicht den direkten Weg zurück zum Hotel zu nehmen. Die Sängerin war nicht sehr begeistert, doch ihre Angst, allein zurückzugehen, war größer. Und so ging sie mit. Etwa 150 Meter weiter kam uns ein betrunkenes Pärchen entgegen. Ich sagte zur Sängerin: »Da kommen unsere Zigaretten. Betrunkene um diese Zeit sind meistens auch Raucher.« Sie sah mich irritiert an. Als wir beim Pärchen waren, fragte ich den Mann, der in meinem Alter war: »Entschuldige, aber hättest du vielleicht zwei Zigaretten für uns?« Er schaute mich an, und seine Freundin antwortete für ihn: »Sorry, wir sind beide Nichtraucher!« Ich war enttäuscht, doch da sagte der Typ zu seiner Freundin: »Schatz, sei doch ein Engel für die beiden!« Er sagte es total lallend. Sie antwortete nur: »Kommt mit!« Wir gingen mit und erfuhren, dass sie in einer Bar arbeitete, die zwar schon geschlossen hatte, sich jedoch direkt ums Eck befand. Sie schloss die Tür auf und sagte: „Ich habe aber nur noch Marlboro Rot!« Ich schaute meine Sängerin an und bemerkte: »Hier ist dein Engel mit Marlboro Rot, zwar ein bisschen besoffen, aber dennoch zuverlässig!« Wir mussten beide lachen und erzählten unseren neuen Bekannten die ganze Geschichte. Auch sie waren überrascht und amüsiert.

Ob sie sich wohl noch an mich erinnern können bei dem Pegel, den sie hatten? Naja, das ist eine andere Geschichte. Wie du siehst, waren es auch hier ganz klare Zeichen. Natürlich muss man in der jeweiligen Situation auch etwas tun; in unserem Beispiel wurde ich aktiv und habe gefragt. Es braucht also auch unser Dazutun. Du kannst aber sicher sein, dass du mit der Zeit die Zeichen immer besser erkennen kannst. Du wirst dann sofort wissen, wenn du aktiv werden musst. Ich wünsche dir viel Spaß beim Ausprobieren dieser Übung.

Tipps und Übungen für Kinder

Ich habe mir lang überlegt, ob ich dieses Kapitel speziell für Kinder in das Buch aufnehmen soll. Doch auf Facebook wird mir von meiner Community immer wieder dazu geraten und bedauert, dass ich in meinen Büchern nicht auf Kinder eingehen würde.

Ich finde das Thema sehr wichtig, da Kinder von sich aus Lust an Übersinnlichem oder an Geistführern haben sollten. Viel zu oft habe ich erlebt, dass eine Mutter oder ein Vater, die das Thema Spiritualität sehr spannend fanden, die Kinder fast schon dazu gedrängt haben, mit der geistigen Welt in Kontakt zu treten. Dabei wird dann das Kind sehr stark unter Druck gesetzt, weil die Eltern ein besonderes Kind wollen. Leider entwickeln die Kinder dabei vielfach Angststörungen. Ich persönlich finde, dass Kinder nicht aktiv geschult werden sollten. Ein Kind sollte in erster Linie nur Kind sein und einfach nur spielen dürfen. Wenn Kinder von Grund auf eine starke außersinnliche Wahrnehmung haben, kann es durchaus sinnvoll sein, sie zu fördern, damit sie lernen, mit ihrer Begabung umzugehen und damit auch Ängste zu verlieren. Das sollte jedoch spielerisch stattfinden und die Kinder nicht überfordern.

Ich persönlich weiß, wie es ist, als Kind verschiedene Dinge zu sehen und wahrzunehmen, die die meisten Menschen – und Kinder – nicht sehen. Da ist es hilfreich, Eltern zu haben, die einem helfen, besser zu verstehen, was die außersinnliche Wahrnehmung bedeutet. Doch muss uns auch bewusst sein, dass Kinder, wenn sie in der Schule oder im Kindergarten zu sehr von der Geistigen Welt und von übersinnlichen Dingen erzählen, sehr schnell zu Außenseitern werden und unter Umständen sogar gemobbt werden. Wir leben nun einmal in einer Welt, die noch nicht so offen für das Außersinnliche ist, auch wenn es schon große Fortschritte in diese Richtung gibt. So durfte ich zum Beispiel am Gymnasium in Luzern in einer Projekt-Woche immer wieder mit Jugendlichen arbeiten. Ich habe das ganze sechs Jahre lang gemacht. Vielen Jugendlichen hat dies großen Spaß gemacht, und auch beim Lehrerkollegium kam meine Arbeit sehr gut an. Als nach einigen Jahren einige wenige Eltern gegen meine Arbeit an der Schule waren, gab es einen Aufstand. Sie hatten sich sogar an die Presse gewandt. Da zählten die ganzen sechs Jahre wunderbarer Arbeit nicht mehr. Die Schulleitung stand unter Druck und hatte Angst, und so wurde die Arbeit wieder eingestellt.

Dies zeigt, dass die Arbeit mit der Geistigen Welt für viele Menschen noch ein rotes Tuch darstellt. Deswegen sollte man mit Kindern immer mit großem Fingerspitzengefühl umgehen und sich der Verantwortung bewusst sein, die man in diesem Fall als Lehrer hat. Die Geistige Welt ist real, dennoch mache ich zum Beispiel meinem Sohn bewusst, dass viele Menschen dies nicht so sehen und er nicht mit jedem darüber sprechen soll. Es ist mir sehr wichtig, dass er Kind sein und Freunde haben darf, und wenn der Kontakt zur Geistigen Welt zu seinem Weg gehört, dann wird er den Weg in die außersinnliche Welt von ganz allein finden. Natürlich bin ich für seine Fragen da, und ich mache auch immer wieder einmal im Alltag kleine Übungen mit ihm. Doch diese sind immer sehr spielerisch und nie auf Leistung ausgelegt. Ihm ist bewusst, dass die Dinge, die er bei sich zu Hause erlebt, nicht für alle Menschen alltäglich und normal sind.

Die folgenden Übungen speziell für Kinder drehen sich nicht alle um den Geistführer. Einige fördern die Sensitivität und auch richtiges Denken. Nimm dies als Inspiration, und passe die Übungen nach Möglichkeit immer deinem Kind an. Du findest im nächsten Kapitel, bei dem ich dir zusätzliche Rituale und Übungen vorstelle, weitere Übungen, auch für Kinder und Themen für Kinder.

Für meinen Sohn – er ist jetzt acht Jahre alt – ist es normal, dass jeder Mensch einen Geistführer hat. Das hat er durch meine Arbeit schon sehr früh mitbekommen. Seine Mutter, bei der er aufwächst, arbeitet auch als Heilerin. Im Großen und Ganzen weiß er auch, was ich mache, und dass Grazia, meine Partnerin, auch als Heilerin arbeitet. Somit bekommt er an beiden Orten mit, dass Geistiges Heilen, ein Leben nach dem Tod und Geistführer etwas ganz Normales ist. Auch ist es mir wichtig, ihm klarzumachen, dass dies nicht für alle Menschen normal ist, und wenn einer seiner Freunde dies nicht so sieht, dann ist das auch in Ordnung.

Ich erkläre ihm vieles auch anders, als es in meinen Büchern steht, und anders, als ich es in meinen Seminaren unterrichte. Als er mich einmal fragte, wo die Verstorbenen sind, habe ich ihm dies auf kindliche Weise erklärt, dass alle im Himmel sind und bei den Engeln. Ich spreche bei ihm mehr über Engel als über Geistführer, obschon er weiß, dass beides dasselbe ist. Für mich ist es wichtig, dass er weiß, dass es ein Leben nach dem Tod gibt und dass die Verstorbenen uns besuchen, auch wenn sie nicht im Himmel wohnen. Für ihn fühlt sich das gut an, dass seine Opas ihm vom Himmel aus zusehen und dass auch die verstorbene Hündin Luna im Himmel ist. Das gibt ihm ein gutes Gefühl. Bei ihm haben sich auch schon einige Verstorbene bemerkbar gemacht, vor allem Luna war nach ihrem Tod sehr oft bei ihm. Da sind dann auch schon einmal Dinge heruntergefallen, oder er hat sie gespürt. Doch da er mit dem Glauben, dass verstorbene Menschen und Tiere immer noch da sind, aufgewachsen ist, auch wenn man sie physisch nicht mehr wahrnehmen kann, haben ihm die Phänomene nie Angst gemacht, sondern Trost gespendet. Andere hätten dies vielleicht mit Spuk verwechselt. Mir ist es immer wichtig, dass er mir erzählt, wenn Luna bei ihm war oder wenn ihm seine verstorbene Uroma gezeigt hat, wo ein Gegenstand ist, den seine Mutter gesucht hat. Ich habe ihm dann einfach zugehört und ihn bestätigt. Ich habe jedoch nicht viel nachgefragt oder ihm das Gefühl gegeben, dass dies etwas ganz Besonderes sei. Auch wenn ich es selbst oft ganz faszinierend fand. Wie ich weiß, kann es passieren, dass Kinder beginnen, besonders stark zu fantasieren, um noch mehr Aufmerksamkeit zu bekommen, wenn man sich mit ihnen in solchen Momenten intensiv beschäftigt. Das ist immer eine Gratwanderung. Mein Vorteil dabei ist, dass ich weiß und sehe, wenn er übertreibt oder wenn er in der Fantasie ist. Vielen Eltern ist dies in dieser Form nicht möglich. Deswegen muss man sich immer bewusst sein, dass Kinder eine wirklich tolle Fantasie haben und dass dies sehr wichtig ist. Ich empfinde es als eine enorme Herausforderung, Kindern ihre Spiritualität zu lassen und sie ihnen näherzubringen und es zuzulassen, dass sie sich selbst entwickeln dürfen, damit sie in ihrem Freundeskreis angenommen werden. Dazu gehört auch, die Dinge so zu erklären, dass sie für ein Kind verständlich sind, zumal jedes ganz individuell ist und man deswegen besonders auf es eingehen muss.

Hätte mein Sohn das Wort Geistführer nicht schon sehr früh kennengelernt, dann würde ich ihm noch nichts davon erzählen, sondern eher von Engeln sprechen. Doch er hat zum Beispiel selbst schon mit drei Jahren auf meinen Arm gezeigt, wo ich eine Tätowierung von meinem Hauptgeistführer habe, und gesagt: »Dein Geistfüüüri.« Er weiß auch, dass seiner Red Bull heißt und nicht zu verwechseln ist mit dem Energy Drink. Er hat ihn selbst schon ein paarmal gespürt. Doch soweit ich es beurteilen kann, kann er ihn noch nicht die ganze Zeit wahrnehmen. Das ist für mich absolut in Ordnung, und ich dränge ihn da auch nicht. Er weiß aber, wie man seinen Geistführer um Unterstützung bittet und wie man mit ihm arbeiten kann.

Ich will dir im Folgenden ein paar Übungen vorstellen, die ich mit meinem Sohn gemacht habe. Die Übungen sind sehr spielerisch und sollen deinem Kind helfen, seinen Alltag und seine Resonanz auf das positive Lenken leichter zu gestalten, damit es lernt, dass es mit seinen Gedanken sein Umfeld und sein Leben verändern kann. Dies ist mir viel wichtiger als dass z.B. mein Sohn genauso wie ich lernt, Auras zu lesen und Verstorbene oder Geistführer wahrzunehmen. Das eine schließt allerdings das andere nicht aus. Die Übungen verstehen sich nur als Inspirationen. Alle Übungen kannst du schon mit kleinen Kindern ab vier Jahren machen. Wenn man die Übungen anpasst, finden auch Jugendliche noch Gefallen daran.

Meditation für Kinder, um den Geistführer kennenzulernen

Du kannst den Text deinem Kind entsprechend anpassen. Unter XYz.com findest du die Meditation von mir eingesprochen. Ich verwende bei Kindern häufig statt Hauptgeistführer das Wort Schutzengel. Doch das bleibt dir überlassen, da ja ohnedies beides dasselbe ist. Für Kinder finde ich das Wort Schutzengel einfach schöner.

Meditation
Setz dich bequem auf einen Stuhl und fühle einmal deinen Atem. Fühle, wie du einatmest und ausatmest. Atme einfach ein und aus … Du merkst schon,

dass dir das guttut und dass du ganz entspannt und locker wirst. Es fühlt sich fast so an, als wenn du einschlafen würdest. Fühle dein Einatmen und dein Ausatmen. Dein Körper ist schwer, ruhig und entspannt. Höre jetzt ein wenig Musik und genieße sie ... (Pause)

Du fühlst immer noch, wie du atmest – frei und leicht ... Sag jetzt leise in Gedanken oder wenn du willst, kannst du es auch laut sagen: »Ich will, dass mein Schutzengel, mein Hauptgeistführer, zu mir kommt.« Er wird dies sofort machen, wenn du ihn darum bittest. Es kann sogar sein, dass du ihn fühlen kannst oder dass du sogar ein Bild vor deinen Augen hast, wie bei einem Traum. Es kann aber auch sein, dass er so sanft kommt, dass du gar nichts fühlen kannst. Und doch ist er da. Er wird immer liebevoll auf dich aufpassen. Vielleicht fühlst du aber auch eine Wärme, Kälte oder ein leichtes Kribbeln. Vielleicht hast du das Gefühl, dass du sanft umarmt wirst. Oder dein Herz schlägt ein bisschen schneller, so als würdest du dich auf etwas freuen. Kannst du es fühlen?

(Kinder sprechen oder antworten hier oft laut, je nach Alter. Das ist in Ordnung.)

Kannst du es sehen? Schickt er dir ein Bild? Vielleicht ist er aber auch ganz scheu und so leise und sanft, dass du es nicht fühlen kannst.

(Kurze Pause)

Sag jetzt zu deinem Schutzengel: »Ich weiß, dass du da bist, dass du ein unsichtbarer Freund bist. Kannst du mir ein bisschen Energie schicken, damit es mir noch besser geht in meinem Leben?« Vielleicht kannst du es fühlen oder sogar sehen. Dein Schutzengel legt dir seine Hände auf die Schultern und schenkt dir wunderbare, kraftvolle heilende Energie. Bleib einen Moment noch ruhig sitzen und genieße die Energie ... Wenn du ganz leise dasitzt, kann es sein, dass dir dein Schutzengel seinen Namen ins Ohr flüstert. Es kann sein, dass du den Namen hören kannst oder dass er in deinen Gedanken auftaucht. Versuch einfach die Energie zu genießen. Vielleicht kannst du seinen Namen erfahren. ....
(Pause)
Sag jetzt in deinen Gedanken deinem Schutzengel Danke und beweg deinen Körper, deine Hände, Füße und Schultern ganz langsam und mach erst, wenn du es willst, langsam deine Augen auf.

Sprich nach dieser Meditation mit deinem Kind, was es gefühlt, gesehen hat. Doch setz es nicht unter Druck, falls es nichts gefühlt hat. Hör einfach zu. Es kann auch sein, dass es nichts gefühlt hat. Auch das ist in Ordnung. Frag es dann, ob es die Übung morgen noch einmal machen möchte. Du kannst diese Übung auch in abgeänderter Form durchführen, indem du dein Kind nur mit dem Geistführer verbindest, die heilende Energie fließen lässt und den Rest einfach weglässt. Die Übung mit der Heilung eignet sich beispielsweise wunderbar am Abend als Einschlafritual, am besten jeweils fünf Minuten, bis es einschläft. Das Ritual kann sowohl kürzer als auch länger sein. Natürlich kann das Kind bei der Übung auch liegen. Gerade bei Schlafstörungen helfen Rituale erwiesenermaßen sehr gut. Für Kinder, die ungern ins Bett gehen, ist ein klarer Ablauf, der jeden Tag gleich ist, außerordentlich wichtig. Wenn mein Sohn bei mir ist, läuft bei uns immer ab 17 Uhr das gleiche Ritual ab. Natürlich passe ich es von Zeit zu Zeit seinem Alter entsprechend an. Auf diese Weise gibt es keine Einschlafprobleme, und er geht immer ohne Murren ins Bett.

Übung mit dem Geistführer: Ist etwas gut, offen und richtig?

Mit dieser Übung lernt dein Kind einzuschätzen, ob eine Situation richtig und gut ist oder ob etwas offengeblieben ist. Die Übung ist zum Beispiel dann sehr gut geeignet, wenn dein Kind für diese Übung schon einmal den Schutzengel bzw. Hauptgeistführer gespürt hat. Sie kann ohne Probleme nahezu jeder Situation angepasst werden. Ich zum Beispiel greife immer ganz alltägliche Situationen auf, die sich zum Üben für meinen Sohn eignen. Ich führe also kein richtiges Training durch, sondern zeige ihm im Alltag, wie er die außersinnlichen Fähigkeiten nutzen kann oder wie ihm sein Geistführer den Alltag erleichtert. Das finde ich sinnvoller als ein Training, weil er eben vor allem dabei lernt, seinen Freund in den Alltag zu integrieren. Ich möchte das an einem Beispiel zeigen: Meine Partnerin Grazia und ich haben Shane von seiner Mama abgeholt. Wir wollten nach Sursee fahren, dort ein kleines Motorboot mieten und auf dem See herumfahren. Ich weiß, dass er das liebt, und er hatte sich auch richtig darauf gefreut. Zuvor wollten wir noch zu Mittag essen, damit die „Raubtiere« hinterher zahm sind. Wir gingen also in ein Restaurant, wo wir durch Zufall erfahren haben, dass es aufgrund der Covid-19-Maßnahmen im Moment nicht möglich sei, Motorboote zu mieten. Ich ärgerte mich über mich selbst, dass ich das nicht vorher abgeklärt hatte, und erklärte meinem Sohn, dass es im Moment verboten sei, ein Motorboot zu mieten. Er war ziemlich enttäuscht und sagte: »Können wir es nicht versuchen und einfach einmal hinfahren? Vielleicht gibt es ja doch eine Chance?« Ich versuchte, ihm zu erklären, dass es wahrscheinlich keinen Sinn habe, doch er könne ja einmal Red Bull, seinen Hauptgeistführer, fragen. Er war unsicher und wollte wissen, wie er das machen soll. Ich erklärte ihm: Du schließt deine Augen, bittest ihn, näherzukommen, und wenn du ihn fühlst, fragst du ihn in Gedanken, ob der Bootsverleih offen hat. Danach beschreibst du mir das Gefühl, das du empfindest.

Er tat, wie ich es ihm gesagt hatte. Als ich ihn dann fragte, welches Gefühl er hat, erklärte er: »Ich fühlte viel Freude in mir. Es wird ein schöner Tag!« Ich war etwas irritiert, weil mir mein Verstand sagte, dass die Chancen gering sind für die Unternehmung und dass er sich das wahrscheinlich nur einbildete, weil er eben unbedingt Boot fahren wollte. Ich sah Grazia an, doch die zuckte nur mit den Schultern. Dann fragte ich Zoey, meinen Geistführer, doch er gab mir keine Antwort, lächelte nur und gab mir zu verstehen, dass wir wohl hinfahren müssten, um herauszufinden, wer recht hatte: Verstand oder mein Sohn. Wir stiegen also ins Auto, und ich sagte noch: »Auch wenn der Bootsverleih nicht offen hat, wird es dennoch ein schöner Tag, weil Red Bull es ja gesagt hat.« – »Papa. Der Bootsverleih hat offen. Red Bull hat es mir gezeigt!«

Nach zehn Minuten waren wir dort, und es sah so aus, als wäre er geschlossen. Dennoch gingen wir zum Bootshäuschen. Doch es war dunkel, und niemand war zu sehen. »Shane, das Bootshaus hat zu. Wollen wir stattdessen zum Eis essen gehen?« Mein Sohn schaute an mir vorbei und sagte: »Papa, dort ist der Mann, der die Boote vermietet. Ich kenne ihn noch vom letzten Mal!« Ich schaute in seine Richtung, und wirklich, da stand er. Ich ging zu ihm hin und fragte ihn, ob er offen habe und er sagte: »Für Familien im gleichen Haushalt ist geöffnet. Es wurde gerade ein Boot frei, möchten Sie es haben?« Mein Sohn war überglücklich, und natürlich haben wir es genommen.

Solche Übungen mache ich immer wieder einmal mit ihm, einfach nur, um ihn sanft an die Geistige Welt heranzuführen, und damit er lernt, gewisse Dinge mithilfe seines Geistführers abzuklären. Ich selbst mache solche Übungen sehr oft. Sie sind enorm hilfreich. So haben zum Beispiel Grazia und ich vor einiger Zeit an einem neuen Ort einen Spaziergang gemacht. Wir gingen durch ein Dorf und schauten uns die Häuser bzw. Quartiere an. Da schlug Grazia vor, noch ein wenig herumzugehen. Ich war schon ziemlich müde und wollte eigentlich so schnell wie möglich zurück. Doch sie sagte: »Wenn wir diese Schlaufe machen, ist es kein großer Umweg.« – »Und was ist, wenn es keinen Weg für eine Schlaufe gibt? Dann müssen wir den ganzen Weg wieder zurückgehen.« Sie ging los und ich hinter ihr her. Da fragte ich Zoey, und er gab mir ein Bild, auf dem klar zu sehen war, dass es keine Schlaufe gibt, sondern dass diese Straße immer weiter wegführen würde. Ich sagte es Grazia, und sie antwortete: »Das ist unlogisch. Es muss eine Querstraße geben.« Ich lächelte und sagte: »Zoey ist sich sicher, dass es nicht so ist!« – »Hat er das wirklich gesagt, oder bist du einfach nur zu faul?« – »Zoey hat es wirklich gesagt!« Da drehte sich Grazia sofort um, und wir gingen den normalen Weg zurück. Weiter hinten konnte man sehen, dass es wirklich keine Schlaufe gab und dass wir einen riesen Umweg hätten gehen müssen. In solchen Momenten, es mögen Kleinigkeiten, jedoch alltägliche Situationen sein, liebe ich den Kontakt zu meinen Geistführern besonders!

Farben lesen

Dies ist zwar keine Übung mit dem Geistführer, sondern gehört zur Sensitivität, doch eignet sie sich hervorragend fürs Hellfühlen und Hellsehen. Kinder lieben diese Übung, und Eltern macht sie auch Spaß. Außerdem hat mir diese Übung schon sehr oft beim Spiel »Schwarzer Peter« geholfen. Dank ihr habe ich entweder nicht verloren oder aber ich habe meinen Gegner gewinnen lassen, wenn ich beispielsweise Mitleid mit ihm hatte. Für diejenigen, die das Spiel nicht kennen: Es handelt sich dabei um ein Kartenspiel, das einen »Schwarzen Peter« hat und bei dem man mit den anderen Karten Paare bilden muss. Wer am Ende den Schwarzen Peter in der Hand hält, hat verloren. Dabei muss man gegenseitig verdeckt Karten ziehen, und natürlich will man den Schwarzen Peter nicht ziehen. Hat man ihn jedoch gezogen, hofft man, dass ihn einer der Mitspieler zieht. Da es die Karte mit viel schwarzer Farbe ist, kann ich sie von den anderen Spielkarten durch Hellfühlen relativ gut herausfühlen, und somit gewinne ich meistens. Doch manchmal kommt es auch vor, dass ich Mitleid mit Shane habe, weil er schon oft verloren hat, dann fühle ich auch, wo die Karte ist, und ziehe sie absichtlich.

Wie kann man das aber lernen? Ich gebe zu, dass ich das selbst nicht detailliert gelernt habe, weil es für mich außer beim Kartenspielen nicht viel bringt. Doch mit Kindern und Jugendlichen mache ich diese Übung oft, weil sie die Übung lieben und sie damit ohne mich mit der Familie üben können.

Übung

Du brauchst für die Übung drei bis zwölf Kuverts und farbiges Papier. Das Papier sollte nur eine Hauptfarbe haben, zum Beispiel Blau, keine Muster und keine allzu ähnlichen Farbtöne aufweisen, jedenfalls nicht am Anfang. Ich beginne mit fünf Kuverts in den Farben Blau, Grün, Rot, Gelb und Orange. Nun steckst du die farbigen Blätter in die Kuverts und verteilst sie. Jetzt nimmst du und dein Kind eines in die Hände, und ihr versucht, die Farbe herauszufühlen, oder ihr lasst ein inneres Bild mit der Farbe entstehen. Es kann auch sein, dass dein Kind ein Grün hat und plötzlich eine Wiese sieht, eben das Symbol für Grün. Oder es hat Blau und sieht den Himmel, es hat Rot und sieht Blut oder Erdbeeren, es hat Gelb und sieht eine Zitrone oder eine Orange oder es sieht die Sonne etc.

Kinder sind bei diesem Spiel außerordentlich gut. Es trainiert das Hellfühlen und das Hellsehen auf natürliche Weise. Wir dürfen nicht vergessen, dass Kinder viel offener für das Übernatürliche sind als Erwachsene und dass ihre Sinne noch nicht durch Muster und den Verstand abtrainiert wurden. Deswegen solltest du nicht enttäuscht sein, wenn deinem Kind diese Übung leichter fällt als dir. Natürlich kann es, je nach Training, auch umgekehrt sein. Wenn man Farben gut wahrnehmen kann, dann hilft das später zum Beispiel beim Auralesen, oder es ergeben sich alltägliche Situationen, wie beim Kartenspielen, wo man es sehr gut anwenden kann. Ich wünsche dir viel Spaß dabei.

Gefühle reflektieren

Diese Übung hilft deinem Kind, seine außersinnliche Wahrnehmung zu schulen. Wenn es frühzeitig lernt, Gefühle zu erkennen und zu reflektieren, kommt es in jeder Situation besser zurecht. Da Kinder noch eine natürliche außersinnliche Wahrnehmung haben und diese meistens sehr stark auf das Hellfühlen fokussiert ist, hilft es ihnen, Gefühle und Emotionen nicht nur besser zu erkennen, sondern auch die Sprache ihres Hauptgeistführers besser zu verstehen, weil es gelernt hat, Gefühle zu interpretieren.

Ich darf an die Geschichte übers Bootfahren mit meinem Sohn erinnern (➛ Seite 256 ff.). Er hatte sich sehr gefreut, und es hatte sich für ihn so angefühlt, dass es ein guter Tag für ihn wird. Als er noch kleiner war, fiel es ihm deutlich schwerer, seine Gefühle in Worte zu fassen oder zu erkennen, ob das Kribbeln im Bauch schön, nervös, unangenehm oder gar Angst ist. Natürlich hat er die starken Emotionen immer sofort erkannt und auch verstanden. Doch bei den sanften Emotionen hatte ich manchmal den Eindruck, dass er nicht immer genau gewusst hat, was er fühlt. Das kann bei deinem Kind ganz anders sein. Doch mir ist dasselbe auch bei anderen Kindern schon aufgefallen. Grazia und ich fragen ihn dann oft, wenn er etwas erzählt, auch bei ganz alltäglichen Dingen: »Wie hast du dich dabei gefühlt? Wie hat sich das angefühlt?« Manchmal auch: »Wo hast du dies in deinem Körper wahrgenommen?« So machen wir ihm die Gefühle bewusst, und wenn der Geistführer ihm hellfühlend etwas schickt, kann er eine

Verknüpfung mit einer Situation oder einem Gefühl herstellen oder auch erklären, wie es dazu gekommen ist. So fiel es ihm viel leichter, die Geistführer zu verstehen, und seine Hellsinne wurden dadurch aktiviert und verständlicher.

Ich empfehle dir, diese Übung vorwiegend bei positiven Emotionen anzuwenden. Natürlich auch dann, wenn einmal etwas nicht so rundläuft, also auch bei negativen Emotionen. Doch solltest du dann dein Kind immer wieder von dieser negativen Emotion wegführen hin zu einer positiven. Dies hat den Vorteil, dass dein Kind lernt, negative Emotionen in positive Emotionen zu verwandeln. Dies ist fürs Leben eine sehr wichtige Lektion.

Mit älteren Kindern kann man auch positives Umerleben üben. Nehmen wir an, dein Kind kommt nach Hause und hatte einen Streit mit einem Mitschüler. Es erzählt dir davon, und du fragst dein Kind, wie es sich gefühlt und wo es etwas gespürt hat. Es schildert dir die ganze Situation und wie es dazu kam. Dann fragst du es: »Wie wäre es ideal für dich gewesen? Was hättest du dir gewünscht?« Jetzt soll das Kind die Situation mit einem positiven Verlauf schildern, wie es aus seiner Sicht am besten gewesen wäre. Bei kleinen Kindern reicht das oft schon. Bei älteren Kindern könntest du jetzt sagen: »Schließ deine Augen und stell dir die Situation noch einmal vor. Lass sie noch einmal vor deinem inneren Auge ablaufen. Und jetzt verändern wir die Situation in deinen Gedanken. …« Dann erzählst du langsam die Situation so, wie dein Kind sie sich gewünscht hätte.

Diese Übung hilft, den Fokus aufs Positive zu lenken. Es ist eine starke mentale Übung, die ich auch Erwachsenen sehr ans Herz lege. Auch lang zurückliegende Situationen, die uns Angst und großen Frust bereitet hatten, können wir positiv umerleben. Oft müssen wir die Übung zwei- bis dreimal machen. Doch mit jedem Mal werden die destruktiven Emotionen geringer. Kinder brauchen die Übung oft nur einmal zu machen und fühlen sich schon wieder gut. Ich kann dir die Übung für dich und dein Kind nur empfehlen.

Version für Erwachsene

Diese Übung stammt aus meinem »Enjoy-this-Life-Selbstcoaching-Programm«. Da sie sowohl für Erwachsene als auch für Kinder für die Persönlichkeitsentwicklung äußerst hilfreich ist, will ich sie dir nochmals vorstellen.

Es gibt immer wieder einmal Situationen, die nicht so verlaufen, wie sie sollten. Vielleicht kommt es zu einem Konflikt, und du reagierst in der Situation alles andere als entspannt oder positiv. Vielleicht fällst du total zusammen oder bekommst Angst, wirst aggressiv oder unsicher oder etwas Ähnliches. Sicher kennst du solche Situationen, bei denen du spätestens am Abend denkst: »Ich hätte in der Situation besser so oder so reagieren sollen.« In solchen Momenten ist positives Umerleben genial. Ab heute kannst du jede Situation in deiner Vorstellung umerleben und sie so erfahren, wie du sie gern hättest. Spannend dabei ist: Wenn du das machst, ist es für dein Unterbewusstsein absolute Realität. Wenn du in Zukunft alle Situationen, in denen du nicht konstruktiv oder optimal reagiert hast oder die dich aus dem Gleichgewicht gebracht haben, am Abend umerlebst, schaffst du damit eine neue positive Resonanz. Es ist ein sehr effektives Tool.

Natürlich wäre es sinnvoller, künftig gar nicht erst aus dem Gleichgewicht zu kommen. Doch solange wir leben, wird es immer wieder Situationen geben, in denen wir es nicht schaffen, ruhig zu bleiben, gelassen und angemessen zu reagieren. Bevor du mit der Übung beginnst, mach dir bewusst, welche Situation du umerleben möchtest.

Schließ dann deine Augen und nimm zuerst ein paar Atemzüge und komm dabei zur Ruhe. Du solltest diese Übung nicht mit destruktiven Emotionen beginnen. Komm voll und ganz zur Ruhe. Am einfachsten kommst du zur Ruhe, wenn du den Fokus auf den Atem legst. Atme zwei bis fünf Minuten in deinem Tempo.

Wenn du ganz in deiner Mitte bist, dann stell dir noch einmal den Anfang der Situation vor, die du positiv umerleben möchtest. Geh ganz in die Situation hinein, sieh alles so, wie es war. Achte auf die Geräusche, Düfte und alles, wie du es in der ursprünglichen Version erlebt hast. Immer wenn du in eine Situation oder an eine Stelle kommst, die du gern verändern würdest, spielst du sie in deiner Vorstellung möglichst exakt durch. Jedes Detail, das destruktiv ist, erlebst du jetzt um, und zwar so, wie du es als richtig und positiv empfindest. Stell dir vor, du bist der Regisseur dieses Films, und du drückst immer dann die Stopptaste, wenn du an eine Stelle kommst, die dir nicht gefällt, und lässt langsam in deiner Vorstellung den Film neu entstehen, und zwar ganz so, wie die Situation für dich richtig und gut gewesen wäre. Fühle und erlebe die Situation voll und ganz. Fühle die positiven Emotionen und geh ganz in die Szenen hinein. Wenn du sie in deiner Vorstellung wirklich erlebst und sie positive Emotionen in dir auslöst, wird sie für dein Unterbewusstsein und für dein Gehirn genauso sein, wie du sie in deiner Vorstellung erlebst. Am Ende wird es in deinem Unterbewusstsein insgesamt als positiv abgespeichert. Sobald du die Situation von Anfang bis zum Ende so umerlebt hast, sodass es für dich stimmig ist, kommst du wieder ins Hier und Jetzt zurück und öffnest deine Augen.

Positives Umerleben ist deswegen ein sehr wichtiges Tool, weil wir oft nach alten Mustern reagieren. Wenn wir alles, was wir während des Tages negativ erlebt haben, am Abend positiv umerleben, lernen wir neues positives Reagieren und handeln mit der Zeit auch im Alltag klarer und positiver, auch dann, wenn wir uns normalerweise früher in solchen Situationen als Opfer erlebt hätten. Ich lege dir diese Übung sehr ans Herz.

Fahrstuhl vom Kopf ins Herz

Diese Übung habe ich von Grazia. Sie macht sie oft mit ihren Klienten, wenn sie sich nicht entscheiden können bzw. wenn der Kopf zu aktiv ist, sodass sie nicht gut außersinnlich wahrnehmen können. Grazia hat die Übung auch schon mit Shane gemacht, wenn er Mühe hatte, seine Gefühle oder seinen Geistführer wahrzunehmen, oder wenn sie festgestellt hat, dass er nur noch verstandesmäßig handelt. Als ich zum ersten Mal sah, wie Grazia mit Shane die Übung machte, musste ich lachen und war überrascht, wie leicht es ihm fiel, ins Herz zu kommen und hellfühlend wahrzunehmen. Die Übung kann auch deinem Kind helfen, vom Verstand in die außersinnliche Wahrnehmung zu kommen. Solltest du feststellen, dass dein Verstand dominant und aktiv ist, und solltest du Probleme haben, außersinnlich wahrzunehmen, würde ich dir empfehlen, diese Übung auch zu machen. Sie ist, wie du feststellen wirst, sehr leicht und dauert nur wenige Minuten. Du kannst sie immer anwenden, bevor du mit deinem Geistführer arbeitest, oder wenn du merkst, dass du im Verstand bist und dass du dein Bauchgefühl und deine Intuition nicht wahrnehmen kannst.

Übung

Setz dich hin und schließ deine Augen. Komm langsam zur Ruhe und beobachte eine Zeit lang deinen Atem. Dann stell dir vor, in deinem Kopf sei ein Fahrstuhl. Versuch es dir vorzustellen. Wenn du ihn dir nicht bildlich vorstellen kannst, dann versuch ihn zu fühlen. Vielleicht spürst du jetzt einen leichten Druck auf deinem Dritten Auge (Stirn). Ganz langsam kannst du nun fühlen, wie der Fahrstuhl vom Kopf weiter hinunter fährt bis in dein Herz. Lass dir dabei Zeit. Sobald der Fahrstuhl in deinem Herzzentrum angekommen ist, verweile dort ein wenig und atme bewusst an die Stelle, an der du den Fahrstuhl wahrnimmst. Wahrscheinlich wirst du feststellen, dass deine Gedanken ruhig werden und dass du gelassener wirst. Komm nun zurück oder mach nun die geplante Übung, die du dir vorgenommen hast.

Wie ich aus Erfahrung weiß, macht Kindern diese einfache Übung großen Spaß, und man kann bei ihnen wunderbar feststellen, wie sie oft sofort den Verstand verlassen und in die außersinnliche Wahrnehmung kommen.

Parkplatz reservieren

Mir ist bewusst, dass Kinder noch keine Parkplätze brauchen. Doch ich zeige dir an einem Beispiel, wie ich die Übung mit meinem Sohn durchgeführt habe und wie ich ihn dabei lehrte, seine Gedanken in die richtige Resonanz zu bringen, damit er seine Ziele erreichen kann. Ich plädiere dafür, Kinder schon sehr früh anzuleiten, ins Schöpferbewusstsein zu kommen, weil sie damit im Grunde alles erreichen können, was für sie wichtig ist. Darüber hinaus kann man dadurch dem allgemeinen Trend gegensteuern, bei dem in der Gesellschaft das Bewusstsein sehr stark dominiert und die Schule die Kinder in Glaubenssätze zwängt, wie zum Beispiel: »Liebe gegen Leistung!« Auch viele Eltern machen dies, oft unbewusst, mit Sätzen wie: »Wenn du den Teller leer isst, gibt es etwas Süßes!« Oder:

»Wenn du einen anständigen Beruf lernen willst, musst du etwas dafür tun!« Natürlich sollen Kinder lernen, und es ist auch sinnvoll, dass sie etwas Gehaltvolles essen, bevor sie etwas zu naschen bekommen. Doch wir sollten unseren Kindern vermitteln, dass sie liebevolle Wesen sind, die nichts Bestimmtes leisten müssen, um geliebt zu werden. Mir ist es wichtig, meinem Sohn zu helfen, dass er an seine Ziele glaubt, und ich unterstütze ihn dabei, dass er diese Ziele auch erreicht. Wir können alles oder nahezu alles mit unseren Gedanken steuern, und das können wir den Kindern spielerisch beibringen.

Mein Sohn kam an einem Sonntagmorgen zu mir und sagte: »Papa, ich will noch besser schwimmen lernen. Können wir heute ins Hallenbad gehen?« Ich fand, dass dies eine gute Idee war und war sofort dabei, wie immer, wenn er Sport machen oder lernen will. Ich schlug ihm damals vor, ins Hallenbad XY zu gehen. Er aber war dagegen und sagte: »Papa, können wir nicht in ein anderes gehen, wo es mehr Spaß macht?« Sein Vorschlag war bezüglich des Schwimmbeckens und der Rutschen viel besser als das von mir erwähnte Hallenbad. Doch es gibt dort nur wenige, sehr enge Parkplätze, und das ist gerade an einem Sonntag ziemlich problematisch, deswegen bevorzuge ich eigentlich das andere Hallenbad. Ich sagte also: »Shane, dort sind die Parkplätze sehr eng, und es gibt nur wenige. Könntest du mir helfen, einen zu reservieren, dann fahren wir dorthin.« Ich gebe zu, dass ich das auch selbst hätte machen können, doch ich sah hier wieder eine alltägliche Situation, bei der ich ihm die Kraft seiner Gedanken vermitteln konnte. Er wollte wissen, wie das geht, und ich erklärte ihm: »Es ist ganz einfach. Du stellst dir einfach vor, wo wir unser Auto abstellen können, und bittest Red Bull, er möge den Parkplatz freihalten, bis wir da sind. Schaffst du das?« – »Klar! Los Papa, lass uns die Schwimmsachen packen.« Wir fuhren los, und ich fragte nochmals, ob er den Parkplatz schon reserviert habe. Er nickte nur und antwortete: »Alles erledigt! Mach dir keine Sorgen!« Ich musste schmunzeln und fuhr los. Shane sagte mir, wo er reserviert hatte, und genau an der Stelle waren zwei Parkplätze frei. Es war wunderbar, mein Auto dort abzustellen. Shane war auch sehr stolz auf sich, und dies tut jedem Selbstwert eines Kindes gut. Seitdem ist es immer seine Aufgabe, wenn wir zum Schwimmen gehen, sich um einen Parkplatz zu kümmern, und bis jetzt funktioniert es immer zu hundert Prozent. Mir geht es dabei nicht um den Parkplatz, sondern darum, dass er lernt, sich Dinge zu manifestieren und mithilfe seines Geistführers und seiner Gedankenkraft sein Leben einfacher zu gestalten. Ich bin überzeugt, dass wir nicht früh genug damit beginnen können. Und das empfinde ich sogar wichtiger, als die Hellsinne zu trainieren.

Heilspray machen und andere Inputs

Als mein Sohn noch sehr klein war, hat er zeitweise sehr schlecht geschlafen. Ich nahm eine Pumpflasche mit einem Zerstäuber, füllte sie mit Wasser und gab ein paar Tropfen eines hochwertigen Lavendelöls hinzu. Dann machte ich daraus ein Proxy (➛ Seite 176 ff.). Damit konnte er viel besser schlafen, und das Proxy wurde unser Zauberspray. Der Spray half auch gegen Bauchschmerzen und andere kleine Wehwehchen. Auch heute machen wir noch öfter so einen Zauberspray zusammen. Das macht ihm Spaß, und er liebt es, die Düfte für den Spray auszuwählen. Wenn du auch einen Spray mischen willst, dann solltest du unbedingt darauf achten, nur sehr hochwertige, natürliche Aroma-Öle zu verwenden. So kann man Sprays zubereiten, die beim Lernen, gegen Liebeskummer oder bei Heimweh etc. helfen.

Ich zeigte meinem Sohn schon sehr früh, wie er selbst mithilfe seines Geistführers Proxys herstellen kann. Kinder sind da sehr kreativ, und vor allem wirken die Proxys wunderbar. Es ist auch eine wunderbare Art, Kinder zu beschäftigen. Auch Handauflegen hat er früh kennengelernt. Früher habe ich das oft bei ihm gemacht, und heute kommt es immer wieder einmal vor, dass auch er mir die Hände auflegt. Es ist schön zu sehen, wie das Geistige Heilen mit dem Geistführer für ihn ganz natürlich geworden ist. Ich sagte vor Kurzem einmal: »Ich glaube, das Wetter schlägt um. Ich habe ziemliche Kopfschmerzen bekommen!« Worauf er antwortete: »Papa, ich mache sie dir weg. Nur weil das Wetter umschlägt, brauchst du keine Schmerzen zu haben!« Ich musste lachen und erkannte nebenbei auch noch einen Glaubenssatz: »Das Wetter schlägt um. Deswegen habe ich diese oder jene Beschwerden!« Er legte mir die Hände auf, und es wirkte wunderbar.

Ich hoffe, dass ich dir ein paar wichtige Inspirationen geben konnte, wie du dein Kind sanft an seine außersinnliche Wahrnehmung und die Zusammenarbeit mit der eigenen Gedankenkraft und dem Geistführer erinnern bzw. heranführen kannst. Im Folgenden findest du noch einige Rituale, die du problemlos anwenden kannst.

Zusätzliche Rituale und Übungen mit dem Hauptgeistführer

Heilung bei Streit durch Engel und den Hauptgeistführer

Das folgende Ritual hilft, wenn man Streit mit einer Person hat. Nimm dir ein paar Minuten Zeit, schließ deine Augen und entspanne dich. Bitte deinen Hauptgeistführer, er möge zu dir kommen. Mach dir bewusst, dass allein durch diesen Gedanken dein Hauptgeistführer bei dir sein wird. Fühle die Veränderung der Energie um dich herum, wenn die Geistige Welt sich mit dir verbindet.

Beschreibe nun in Gedanken oder, wenn du allein bist, auch laut, was dich beschäftigt. Was ist zwischen dir und der betreffenden Person vorgefallen? Bitte dann deinen Hauptgeistführer, er möge mit dem Hauptgeistführer der anderen Person, mit der du einen Konflikt hast, sprechen. Du wirst überrascht sein, wie schnell die Situation geheilt wird.

Ich selbst habe in einer für mich sehr bedrückenden Situation dieses Ritual angewendet. Wenngleich ich hundertprozentig von der Geistigen Welt überzeugt bin, da ich ja die Geistigen Wesen hellsichtig wahrnehme, war ich dennoch zunächst kritisch und habe deswegen auch alle Rituale getestet.

Von einem Tag auf den anderen sprach die Freundin meines besten Freunds kein Wort mehr mit mir. Wenn ich sie sah, ignorierte sie mich, und auf Fragen bekam ich nur sehr knappe Antworten. Ich hatte alles versucht, war mir aber auch keiner Schuld bewusst. Immer wieder habe ich mir den Kopf zerbrochen, was ich wohl falsch gemacht habe. Auch mein Freund wusste nicht, warum seine Freundin so reagierte. Auch ihm erzählte sie nicht, was los war. Daher machte ich das oben genannte Ritual. Als ich einen Tag später die Freundin meines Freundes sah, staunte ich nicht schlecht, als sie lachend auf mich zukam und sich wieder so verhielt wie früher. Was der Grund für ihr distanziertes Verhalten war, ist mir bis heute ein Rätsel. Es zeigte jedoch die außerordentlich starke Wirkung dieses einfachen Rituals.

Auch folgendes Ritual kann ich sehr empfehlen, wenn du beispielsweise Ärger im Geschäft hast, in dem es viele Mitarbeiter gibt oder in dem die Stimmung einfach nur sehr schlecht ist. Du bittest jeden Morgen die Engel, sie mögen anwesend sein und die Atmosphäre heilen und so das Arbeitsklima positiv beeinflussen. Das dauert nur ein paar wenige Sekunden und ist äußerst hilfreich.

Heilung durch Handauflegen

Eine Heilungsart, die ich auch gern anwende, ist vielen Menschen wahrscheinlich als Handauflegen bekannt. Ich nenne es Geistiges Heilen. Man braucht keine Ausbildung dazu, jedenfalls nicht, wenn man Handauflegen für den Hausgebrauch nutzt. Wenn man jedoch eine Praxis eröffnen möchte, sollte man eine seriöse Ausbildung haben. Ansonsten brauchst du vor allem Hingabe, Liebe und Vertrauen in die Geistige Welt. Bei dieser Heilungsform arbeite ich meistens mit meinem Geistführer zusammen. Du kannst aber auch Heilengel oder Erzengel Raphael um Hilfe bitten.

Wenn es in deinem Familien- oder Freundeskreis eine Person gibt, der es nicht so gut geht, dann bitte die Person, sie möge sich hinlegen oder sich bequem auf einen Stuhl setzen. Berühre dann mit den Händen die Person an einer Körperstelle, an die du gut herankommst und in der es für dich bequem ist. Es eignen sich dafür Stellen am Bauch oder am Rücken. Dann setz dich hin und schließ die Augen. Atme ein paar Mal tief ein und aus. Nimm dir ein paar Minuten Zeit, um zur Ruhe zu kommen.

Bitte anschließend deinen Hauptgeistführer, er möge näherkommen und sich mit dir verbinden. Achte darauf, wie sich die Energie und das Gefühl um dich herum verändern. Ich bin mir sicher, dass du das wahrnehmen kannst. Falls nicht, ist es jedoch nicht tragisch, es hat keine Auswirkung auf die Heilung. Bitte nun deinen Hauptgeistführer, er möge dich als Medium bzw. Kanal zwischen der Geistigen Welt und dem kranken Freund benutzen. Mach dir bewusst, wie heilende Energie durch dich hindurchfließt. Bleib dann einige Minuten in diesem Zustand, wie lang, das entscheidest du allein. Doch lass dir am Anfang ausreichend Zeit.

Das Schöne an diesem Ritual ist, dass nicht nur dein Freund Heilung erfährt. Weil heilende Energie durch dich hindurchfließt, erfährst auch du immer wieder Heilung, wenn du dieses Ritual anwendest.

Bei dieser Art der Heilung kannst du nichts falsch machen. Konzentriere dich ausschließlich auf deinen Geistführer und mach dir immer wieder bewusst, dass die Heilenergie durch dich hindurchfließt.

Wenn du noch nicht so geübt bist, werden dir vielleicht einige störende Gedanken durch den Kopf gehen, beispielsweise, dass du die Wäsche noch aufhängen oder Einkäufe erledigen musst und Ähnliches. Immer, wenn du das bemerkst, lass die Gedanken los und lenk deinen Fokus wieder auf die heilende Energie. Ich sage mir oft in Gedanken, ich bin ein Kanal für die Heilenergie. Wenn du das beachtest, kann nichts schiefgehen.

Du brauchst auch keine Angst zu haben, dass du dich mit Krankheiten anstecken könntest. Das sind alles Märchen von schlecht ausgebildeten Medien und Heilern. Es ist schon deswegen nicht möglich, weil es dein Geistführer nie zulassen würde. Bedanke dich zum Schluss der Heilung bei deinem Hauptgeistführer für die Heilenergie, die durch dich fließen durfte. Nach der Heilung kann es sein, dass die Krankheit sofort verschwunden ist, auch eine scheinbar unheilbare. Es kann aber auch passieren, dass die Heilung ein paar Wochen Zeit braucht. Und manchmal passiert es auch, dass das Heilungsritual nicht hilft. Doch das liegt nicht an dir. Mach dir bewusst, dass du nicht für den Erfolg oder Misserfolg einer Heilung verantwortlich bist. Denn es ist allein Gottes Entscheidung, ob Heilung stattfindet oder nicht.

Wenn jemand nicht geheilt wird, heißt das nicht, dass er es nicht verdient hat oder dass Gott ihn weniger lieb hätte, sondern dass er eventuell den Lernprozess der Krankheit noch nicht verstanden hat. Vielleicht aber hilft ihm deine Behandlung, um zu begreifen, warum er oder sie krank ist, und das ist dann auch eine Art Heilung, obwohl der Körper noch krank ist.

Kinder lieben diese Art der Heilung. Ich wende sie sogar bei Tieren an. Dass sie besonders bei Tieren so gut wirkt, beweist, dass Geistiges Heilen kein Placebo ist, wie häufig von Wissenschaftlern behauptet wird. Selbst wenn es so wäre – immerhin verschwinden bei Menschen Schmerzen und andere Krankheiten, manchmal sogar Krebs – würde für mich ausschließlich das Resultat zählen und nicht, ob es sich wissenschaftlich belegen lässt. Ich habe viele Krankheiten verschwinden sehen, an denen Menschen über Jahre oder sogar Jahrzehnte hinweg litten. Daher ist mir klar, dass die Geistige Welt enorme Heilfähigkeiten hat. Allerdings sollte man immer, und das ist ganz wichtig, bei schweren Krankheiten die Schulmedizin hinzuziehen. Ich bin kein Gegner der Schulmedizin, wir haben dasselbe Ziel. Wir möchten Kranke heilen. Bei einer Zusammenarbeit ist das noch besser möglich, als wenn jeder für sich allein handelt. Mir ist auch bewusst, dass es auf beiden Seiten sogenannte Heiler gibt, die nicht die Gesundheit des Menschen, sondern ausschließlich ihr Geld im Blick haben. Leider gibt es überall solche schwarzen Schafe. Und es wird sie immer geben, solange es Geld gibt.

Die wichtigste Voraussetzung, geliebt zu werden und zu lieben, ist die Selbstliebe. Daran führt kein Weg vorbei. Wir müssen zuerst uns selbst annehmen und lieben mit allen unseren Vor- und Nachteilen. Das ist leichter gesagt als getan, und ich denke, das wissen alle. Oft erwarten wir von unserem Partner, dass er uns mit Liebe erfüllt, weil wir uns selbst nicht so lieben können, wie wir uns das wünschen oder wie wir es bräuchten. Doch wenn wir uns selbst nicht lieben und so respektieren, wie wir sind, dann werden wir nie einen Partner finden, der uns wirklich liebt und respektiert. Wer sich selbst nicht liebt, der erwartet vom Partner, geliebt zu werden. Er ist aufs Bekommen fixiert. In der Liebe geht es aber nicht ums Erhalten, sondern ums Geben.

Wer sich selbst liebt, ist frei und braucht keinen Partner, um diesen Mangel in sich zu füllen. Wer sich selbst liebt, ist bereit für die wahre Liebe. Es ist nicht so schlimm, wenn du merkst, dass dir die Selbstliebe noch schwerfällt. Wem das bewusst ist, der kann daran arbeiten. Und, sei ehrlich, ich glaube, jeder kann noch ein bisschen Selbstliebe gebrauchen.

Selbstliebe hat nichts mit Egoismus oder Narzissmus zu tun. Selbstliebe ist das Wichtigste überhaupt. Oft haben wir Angst, uns selbst zu lieben, oder wir trauen es uns gar nicht zu sagen, da man uns sonst als Egoist bezeichnet könnte. Aber wer sich selbst annimmt, ist nicht nur ein Geschenk für sich, sondern auch für andere. Wer sich selbst liebt, ist glücklich, und wer glücklich ist, der ist eine Bereicherung für seine Mitmenschen, die Kinder, Eltern und Partner.

Willst du anderen etwas Gutes tun, dann fang gleich jetzt damit an, dich selbst zu lieben und dich als wichtigsten Menschen in deinem Leben zu betrachten. Hab Mut dazu! Stell dich vor den Spiegel, schau dir in die Augen und sag dir: »Ich liebe mich!« Achte dann auf das Gefühl in dir. Ist dir die Situation angenehm oder eher nicht? Kannst du dir selbst sagen, dass du dich liebst? Dass du das größte Geschenk bist, das es gibt?

Vielen Menschen fällt dies sehr schwer, oder sie finden diese Übung auch »affig«. Aber warum? Weil es meist sehr unangenehme Gefühle auslöst oder weil die innere Gedankenstimme sagt: »Du und liebenswert? Du, das größte Geschenk? Das glaubst du ja selbst nicht!«

Ich stelle in meinen Beratungen und in den Seminaren immer wieder fest, dass viele Menschen ein großes Problem mit der Selbstliebe haben, gerade Frauen. Aber vielleicht täuscht das auch, weil ich in meinen Seminaren zu fünfundneunzig Prozent weibliche Teilnehmer habe, denen oft die Zeit für sich selbst fehlt. Häufig drehen sich ihre Gedanken vorwiegend um den Partner, die Kinder und um die Mitmenschen. Sich selbst vernachlässigen sie, oder sie vergessen sich ganz. Doch wann geht es den Kindern gut? Wenn es der Mutter und natürlich auch dem Vater gut geht. Wenn ich sage: »Nehmt euch pro Tag mindestens dreißig Minuten Zeit nur für euch selbst, ohne Ablenkung von Kindern, Mitmenschen, TV, Musik oder was weiß ich noch alles.« Dann kommt oft die Antwort: »Dazu fehlt mir die Zeit!« Aber wenn wir ganz ehrlich sind, verbringen wir täglich so viel Zeit mit unwichtigen Dingen. Jeder, der wirklich will, findet dreißig Minuten für sich selbst. Die Antwort sollte nicht lauten: »Ich habe keine Zeit«, sondern: »Ich bin es mir nicht wert, mir selbst dreißig Minuten am Tag zu schenken.«

Wer mir geholfen hat, mir wirklich Zeit für mich zu nehmen und mir auch immer wieder die Energie dafür gibt, ist die Geistige Welt. Während meiner Ausbildung zum Medium habe ich sehr viel Zeit mit Meditationen und Übungen mit meinen Freunden aus der Geistigen Welt verbracht. Als dann 2007 mein Durchbruch als Medium und Autor kam, vernachlässigte ich das Meditieren und die Verbindung zu meinen Geistführern und den Engeln. Auch ich geriet in die Falle: »Ich habe keine Zeit!« Und ich lernte das am weitesten verbreitete westliche Mantra kennen: »Ich bin im Stress!« Mein Alltag drehte sich nur noch um Einzelberatungen, Vorträge, Seminare, Buchvorstellungen, Interviews, Pressetermine und Reisen von einem Ort zum anderen.

Das ging fast achtzehn Monate so, bis ich merkte, dass mein Körper nicht mehr mitmachte, weil ich das Ganze nur noch als Stress empfand. Plötzlich war meine Selbstliebe verschwunden, weil ich mir keine Zeit mehr nahm für meine persönliche Entwicklung. Mein Körper reagierte mit Allergien. Plötzlich vertrug ich viele Nahrungsmittel nicht mehr, war ständig müde, ausgepowert und unkonzentriert.

Zum Glück spürte ich noch rechtzeitig, was mir fehlte: Ruhe und Zeit für mich selbst. Ich suchte nach Möglichkeiten, wie ich mit geringem Zeitaufwand mit meinen Freunden aus der Geistigen Welt in Verbindung treten könnte. Viele der Rituale in diesem Buch sind in dieser Zeit entstanden. Ich begann, sie in meinen Alltag zu integrieren und achtete darauf, dass sie zeitlich knappgehalten wurden, damit ich sie auch unterwegs ausführen konnte.

In der Energie der Selbstliebe baden

Führ einmal am Tag folgendes Ritual durch: Bitte deinen Hauptgeistführer oder die Engel der Selbstliebe, sie mögen dir helfen, die Selbstliebe in dir zu aktivieren, alte Wunden, Muster und Blockaden zu erkennen, und zu helfen, sie aufzulösen. Wenn du möchtest, kannst du Erzengel Raphael für diese Übung zu dir bitten, er ist auch der Erzengel der Selbstliebe. Schließ dazu die Augen und atme bewusst tief ein und aus. Bitte dann die Geistige Welt, sie möge näherkommen und sich mit dir verbinden. Achte darauf, wie sich die Energie um dich herum verändert. Beobachte nur die Energie um dich herum und wie sie dich einhüllt. Bitte nun deine Freunde der Geistigen Welt, sie mögen dir helfen, dir deine Muster, Blockaden und Wunden bewusst zu machen und sie aufzulösen. Bleib einige Minuten so sitzen und gib dich einfach der Energie der Selbstliebe hin. Wie lang du in dieser wunderbaren Energie badest, bleibt dir überlassen. Komm dann, wenn die Zeit reif ist, langsam wieder ins Hier und Jetzt zurück. Vergiss nicht, dich bei deinen geistigen Freunden zu bedanken.

Achte ab jetzt auf Zeichen in deinem Leben. Es kann sein, dass du nun häufiger in Situationen kommst, in denen es wichtig ist, zu dir zu stehen, Nein zu sagen und bei deiner Selbstliebe zu bleiben. Du wirst vielleicht in nächster Zeit öfter einmal getestet werden. Schau dir die Situationen dann positiv an und denk immer: »Das ist nur eine Prüfung, um meine neue Selbstliebe zu testen und mir selbst treu zu bleiben.«

Wenn du oft in der Energie der Selbstliebe badest, wirst du immer stärker und klarer durch solche Gelegenheiten gehen. Mach diese Übung täglich, auch wenn es nur für wenige Minuten ist. Besonders geeignet ist sie am Morgen vor dem Aufstehen, weil du dann mit der neuen Energie der Selbstliebe den Tag beginnst.

Dusche in Selbstliebe

Meistens duschen wir einmal am Tag. Nutz doch diese Zeit, um dich mit deinen neuen Freunden aus der Geistigen Welt zu verbinden. Als ich damit anfing, mir bewusst Zeit zum Duschen zu nehmen und mich dabei mit meinem Hauptgeistführer verband, fiel mir auf, dass ich mich ab da wesentlich sorgfältiger wusch, mich liebevoller einseifte und das Ritual des Waschens eine ganz neue Bedeutung bekam. In vielen Religionen ist das Waschen eine rituelle heilige Handlung.

Bitte einfach kurz vor dem Duschen die Engel oder deinen Hauptgeistführer, er möge das Duschwasser mit

Selbstliebe segnen, und genieß dann bewusst deine Dusche. Seif dich bewusst ein und nimm dir Zeit dafür. Das ist ein starker Akt der Selbstliebe. Spür auch den Unterschied, wie du dich früher nach dem Duschen gefühlt hast und wie du dich jetzt fühlst. Es wird sich völlig anders anfühlen. Hab keine Sorgen, wenn dir die Engel oder dein Hauptgeistführer beim Duschen zusehen, sie sehen nichts, was sie vorher nicht auch schon gesehen haben.

Ritual für den Traumpartner

Dieses Ritual wird dir keinen Mann oder eine Frau nach Hause zaubern. Aber es kann dir helfen zu erkennen, was du an dir ändern kannst oder was deine Muster sind, die dich daran hinderten, den richtigen Partner gefunden zu haben.

Die Vorbereitung für dieses Ritual ist wichtig. Nimm dir Zeit und schreib genau auf, was du dir von deinem neuen Partner wünschst. Achte darauf, keine Negativaussagen zu machen. Schreib nur das auf, was dir wichtig ist, und nicht, was du nicht haben möchtest.

Zum Beispiel: Ich möchte einen Partner, der liebevoll und zärtlich ist. Aber nicht: Ich möchte keinen Raucher, oder ich will nicht, dass er eifersüchtig ist. Das sind negative Formulierungen.

Lass dir viel Zeit dazu. Bedenke, mit dem Partner möchtest du ja Jahre oder dein ganzes Leben verbringen, also lohnt es sich, dafür ein paar Stunden oder Tage zu investieren. Erst wenn du wirklich deine Wünsche aufgeschrieben hast, bist du bereit für den zweiten Teil der Übung. Ganz wichtig ist es, dass du deine Wünsche niederschreibst, da bereits das Schreiben ein ganz wichtiges Ritual ist: Es manifestiert das erste Mal deine Wünsche auf Papier. Außerdem hilft es dir, dass sich keine negativen Formulierungen einschieben. Nimm dir ausreichend Zeit und setz dich bequem hin. Schließ deine Augen und beobachte eine Zeit lang deinen Atem. Nimm wahr, wie du einatmest und ausatmest. Komm zur Ruhe. Bitte dann deinen Hauptgeistführer oder die Engel der Liebe, sie mögen näherkommen. Gern kannst du auch beide darum bitten. Spür, wie sich die Energie um dich herum verändert, wenn sie näherkommen. Gib in Gedanken deine Wünsche an deine Geistigen Freunde weiter und lass dir dafür Zeit. Bitte sie, dir zu helfen und dich erkennen zu lassen, was bis jetzt verhindert hat, dass du noch nicht den richtigen Partner gefunden hast.

Du wirst in den nächsten Tagen sicher Botschaften erhalten, die dir helfen, an dir zu arbeiten, damit du in die richtige Schwingung (Resonanz) kommst und dein Traumpartner in dein Leben treten kann. Bedenke, es ist wichtig, den Auftrag der Geistigen Welt zu erteilen, da sie den freien Willen beachtet. Sie wird dir nicht einfach einen Partner schicken. Bekommst du Botschaften, in welche Richtung du dich ändern und wie du an dir arbeiten kannst, dann halte dich daran, sonst hat ein neuer Partner, der passt, keine Chance. Bedenke, nur wer selbst ein guter Partner ist, wird einen guten Partner bekommen. Achte auch darauf, in deiner Selbstliebe zu bleiben, denn nur wer sich selbst annimmt und liebt, wird von einem anderen angenommen und geliebt werden. Vergiss nicht, dich nach der Übung bei den Helfern aus der Geistigen Welt zu bedanken.

Mach dieses Ritual nur einmal. Sei dir bewusst, dass es wirkt. Es kann ein paar Stunden, Tage oder auch ein paar Monate dauern, bis der richtige Partner kommt, je nachdem, wie viel Zeit du noch brauchst, um an dir zu arbeiten.

Engel der Liebe

Das nächste Ritual ist eines, das man täglich durchführen kann, wenn man in einer Beziehung lebt, oder natürlich auch für alle Menschen, die man liebt, egal ob es der Partner, Kinder, Eltern, Freunde oder wer auch immer ist. Bitte, wann immer du das Bedürfnis hast, die Engel der Liebe, sie mögen einen geliebten Menschen von dir mit ihrer Energie segnen.

Das Ritual dauert nur ein paar Sekunden. Ich schließe einfach kurz die Augen und bitte in Gedanken: »Liebe Engel der Liebe und Harmonie, ich bitte euch, die Person XY und mich mit eurer Liebe und Harmonie zu segnen. Ich danke euch von Herzen.«

Natürlich kannst du deine Bitte auch in deine Worte kleiden, wie es sich für dich richtig anfühlt. Wichtig ist nur, dass du dich auch selbst in das Ritual mit einbeziehst. Und es sollte wirklich bedingungslos sein. Es sollte nie die Absicht dahinter sein, den anderen mit Liebe zu manipulieren, oder aus einem Mangel heraus geschehen. Mach dieses Ritual nicht erst, wenn zum Beispiel die Beziehung nicht mehr so gut läuft und deine Absicht dahinter ist, dass dich dein Partner wieder mehr liebt. Du solltest es nur ausführen, weil du der Person XY einfach Liebe und Harmonie schenken möchtest, egal ob du etwas zurückbekommst oder nicht. Aber du wirst feststellen, wenn deine Absicht stimmt, wird gerade in Beziehungen der Umgang miteinander noch liebevoller und schöner werden.

Partnerritual mit dem Engel der Liebe

Falls du einen Partner hast, der offen für die Geistigen Wesen ist, ist dies ein wunderschönes Ritual. Nehmt euch dafür genügend Zeit. Besonders schön wird es mit Kerzen, Duftöl (Rose eignet sich sehr gut) und sanfter Musik. Setzt euch gegenüber, nicht zu weit entfernt voneinander, sodass ihr euch gut mit den Händen berühren könnt. Ihr solltet bequem sitzen, sodass ihr eine längere Zeit still sitzen könnt. Schaut euch dann zuerst eine Zeit lang in die Augen, und zwar möglichst entspannt. Ihr dürft dabei auch blinzeln, es sollte kein starrer Blick sein. Haltet es etwa fünf Minuten aus. Allein das ist schon ein Ritual mit einer sehr starken Wirkung. Wenn wir dem Partner wieder einmal tief in die Augen schauen und versuchen, seine Seele zu erkennen. Dann schließt langsam die Augen. Ihr werdet beide merken, wann der richtige Zeitpunkt da ist, um die Augen zu schließen. Sobald ihr sie geschlossen habt, nehmt euch bei den Händen und bittet die Engel der Liebe, sie sollen eure Liebe segnen und euch helfen, die Liebe in dieser Beziehung zu leben. Dann bleibt die nächsten paar Minuten in der Energie, die von den Engeln der Liebe kommt. Lasst euch Zeit dafür.

Dieses Ritual schätze ich besonders, weil die spirituelle Übung mit den Liebesengeln eine liebevolle Verbindung in die Beziehung bringt. Du kannst dieses Ritual auch mit einem guten Freund machen, und wenn es für dich stimmiger ist, statt der Engel der Liebe, die Engel der Freundschaft anrufen.

Falls du dieses Ritual mit einem Erzengel durchführen oder zusätzlich einen hinzuziehen möchtest, empfehle ich dir den Erzengel Chamuel. Sein Name steht auch für »Gott ist mein Ziel oder die Kraft des Herzens Gottes«. Er gehört zu den Liebesengeln. Sein Wirkungsbereich ist vor allem hilfreich, wenn es Spannungen in der Beziehung gibt. Dann hilft seine Energie, dass Klärungen stattfinden können. Er hilft auch, unsere Eigenliebe zu stärken, wenn sie durch trübe, depressive Gedanken behindert wird. Chamuel kann man ebenso sehr schön bei dem Ritual für die eigene Liebe miteinbeziehen.

Ritual, um den richtigen Beruf zu finden

Wenn du einen Beruf oder deine Berufung suchst, können dir dein Hauptgeistführer und die Engel dabei sehr behilflich sein. Wenn du auf Jobsuche bist, kannst du aber nicht einfach deinen Hauptgeistführer bitten, er solle dir einen Job suchen und du selbst bleibst auf der faulen Haut liegen und wartest.

Der erste Schritt ist die Frage, welchen Beruf du suchst und die genaue Definition, als was du arbeiten möchtest. Wenn du das nicht weißt, ist die folgende Übung sehr hilfreich, das herauszufinden. Frag dich, was du am liebsten machen würdest, was du auch machen würdest, wenn du kein Geld dafür bekommen würdest. Wenn du darauf eine Antwort findest, dann hast du bereits deine Berufung gefunden. Oft sagen Menschen: »Meinen Beruf gibt es nicht« oder: »Das, was ich möchte, ist noch nicht erfunden« oder: »Ich kann das nicht.« Ich sage dann häufig: »Es gibt immer eine Lösung, und wenn es den Beruf noch nicht gibt, dann erfinde ihn.«

Meistens suchen wir auch etwas Falsches bei dem Beruf, den wir ausüben, wir suchen nach einer Tätigkeit wie zum Beispiel Bäcker, Verkäufer, Bankkaufmann, Arzt etc., statt zu fragen, was uns Freude macht.

Zur Verdeutlichung ein Beispiel aus einem Seminar. Es ging um eine Frau, die arbeitslos war und keinen Beruf fand, der ihr Spaß machte. Sie fragte mich, was sie arbeiten könnte, was ich denn hellsichtig wahrnehmen würde und was mein Hauptgeistführer dazu sage. Ich sagte ihr, das könne ich ihr nicht sagen, denn mein Hauptgeistführer wollte von ihr wissen, was ihr Freude macht. Sie war zuerst enttäuscht, weil sie erwartet hatte, dass ich sage: »Du musst Friseurin, Kosmetikerin, Lehrerin oder Ärztin werden.« Stattdessen fragte ich sie, was ihr Freude macht. Sie sagte: »Vieles, aber damit lässt sich kein Geld verdienen.«

Ich antwortete: »Das war nicht meine Frage, ob man damit Geld verdienen kann, sondern was dir Freude macht.« Darauf sie: »Na ja, ich möchte unabhängig sein.« – »Das ist schon mal ein Anfang, doch du sollst mir nicht sagen, was dir beruflich wichtig ist, sondern was dir Freude im Leben macht.« – »Aber ich suche doch einen Job!« – »Ich weiß«, entgegnete ich, »doch was macht dir Freude im Leben?« – »Ich reise gern, liebe Sprachen, interessiere mich für Menschen und lese gern über andere Kulturen, und spirituelle Dinge finde ich auch spannend.« – »Super!«, sagte ich. »Und hier ist deine Berufung.« Sie verstand nicht und fragte nach: »Wo soll hier meine Berufung sein?« – »Du hast gern Urlaub, magst Sprachen und Menschen, außerdem liebst du Kulturen und interessierst dich für spirituelle Themen. Warum machst du das nicht zu deinem Beruf und organisierst Reisen für Menschen mit denselben Interessen, quasi spirituelle Reisen, und du bist die Reisebegleitung und machst Urlaub mit verschiedenen Menschen. So sind alle deine Bedürfnisse abgedeckt.« Sie lachte und fand, dass es eine Superidee sei. Heute ist sie Veranstalterin für spirituelle Reisen, und das sehr erfolgreich, und vor allem ist sie glücklich!

Die meisten Menschen machen den Fehler und suchen nach einem Beruf, aber achten nicht darauf, was ihnen eigentlich Freude bereitet. Gehen wir also zum ersten Ritual.

Überleg dir, was dir Freude bereiten würde, woran du Spaß hast und schreib alles auf. Überleg dann, in welchem Beruf das, was dir Spaß macht, gebraucht wird, und ob es schon einen Beruf gibt, der dies alles beinhaltet. Falls ja, geh auf Stellensuche. Falls nein, bitte deinen Hauptgeistführer und die Engel, sie sollen dir in den nächsten Tagen Inspirationen schicken, welchen Beruf du aus deinen Freuden kreieren könntest. Achte auf die Zeichen in deiner Umgebung und auf die Menschen, die in deinem Leben für dich eine Botschaft haben könnten. Schon sehr bald wirst du deinen »neuen« Beruf gefunden haben.

Falls du dafür jetzt eine offene Stelle, Mitarbeiter, Räume oder was auch immer brauchst, schreibe alles auf und mach dann erneut ein Ritual mit deinem Hauptgeistführer.

Schließ deine Augen. Bitte ihn, er möge dir nahekommen und achte darauf, wie sich die Energie um dich herum verändert.

Sobald du seine Energie gut wahrnehmen kannst, erklär deinem Geistführer ganz genau, was du noch brauchst oder wo es noch Hindernisse gibt. Dann bitte ihn um Hilfe und um klare Zeichen von der Außenwelt. Nun bedank dich und achte darauf, welche Zeichen in dein Leben kommen.

Diese Zeichen können ganz unterschiedlich sein, es können beispielsweise Menschen sein, die eine Antwort für dich haben oder die dir weiterhelfen können, es können Berichte in der Zeitung, im TV, Radio, in der Werbung oder andere Situationen sein. Sei einfach offen, dann wirst du die Zeichen erkennen und sehen. Achtung: Oft wirst du Zweifel haben und dir nicht sicher sein, ob es das Richtige ist. Dann denk daran, immer wenn man an seiner Arbeit wirklich Freude hat, kann sie nur erfolgreich werden. Alle wirklich erfolgreichen Menschen haben eins gemeinsam, sie lieben ihre Arbeit und sehen es nicht als Arbeit an, sondern als Berufung. Nur dann kannst du Erfolg haben.

Ritual für ein gutes Gespräch oder Vorstellungsgespräch

Dieses Ritual eignet sich sehr gut für ein Vorstellungsgespräch du kannst es aber auch bei jedem anderen schwierigen Gespräch anwenden; es ist einfach und schnell. Auf dem Weg zu dem Gespräch bittest du in Gedanken deinen Hauptgeistführer, er möge dir Kraft, Selbstvertrauen und Hilfe schicken, damit das Gespräch gut verläuft. Er soll dich auch er-kennen lassen, ob es der richtige Ort und der richtige Vorgesetzte für dich ist. Bedank dich dann und mach dir bewusst, dass dein Hauptgeistführer dich begleitet. Achte auf dein Gefühl, wenn du deinen Chef das erste Mal siehst, meist ist der erste Eindruck entscheidend und auch richtig.

Du wirst an den richtigen Ort kommen, und wenn der Ort nicht gut für dich ist, wird es nicht klappen oder du wirst ein ziemlich unangenehmes Gefühl haben, wenn du deinem Chef begegnest, und wirst dadurch wissen, dass es nicht der richtige Ort ist. Bist du aber von Natur aus nervös darfst du die Nervosität nicht als unangenehmes Gefühl interpretieren. Ist es aber der richtige Ort, dann wird alles wie am Schnürchen klappen.

Rituale für gute Energie im Geschäft

Es gibt immer wieder Situationen, in denen die Energie in Geschäftsräumem nicht besonders gut ist. Entweder fühlt man sich nicht wohl oder hat Probleme im Team. Dagegen helfen die beiden folgenden Rituale.

Schließ deine Augen, wenn du im Geschäft bist, und bitte zwei Wächterengel, ich stelle mir diese immer als Bodyguards vor, sie sollen sich am Eingang des Geschäfts aufstellen und jeden, der reinkommt, mit Liebe segnen und alles Belastende, das nicht förderlich ist für ihn und das Geschäft, in Licht und Liebe auflösen. Bitte die Engel, so lange zu bleiben, wie es für die Mitarbeiter und das Geschäft förderlich ist, und dann bedanke dich bei ihnen.

Das zweite Ritual kannst du zu Hause duchführen. Verbinde dich mit deinem Hauptgeistführer, dem Erzengel Uriel oder dem Lichtengel. Spür die Veränderung und bitte dann um den Segen für dein Gesc häft, dein Büro und dein Zuhause. Stell dir vor, dass die segnende Energie durch dich hindurch und ins Geschäft fließt. Danach segne auf dieselbe Art jeden einzelnen deiner Mitarbeiter. Das Arbeitsklima wird sich innerhalb kürzester Zeit stark verändert. Mach dieses Ritual täglich.

Falls ihr viele Mitarbeiter seid, kannst du dir auch vorstellen, dass alle Mitarbeiter miteinander gesegnet werden, falls das obige Ritual sonst zu viel Zeit in Anspruch nehmen würde. Bedank dich dann bei deinen Freunden in der Geistigen Welt.

Ritual bei Sorgen

Dieses Ritual lässt sich immer dann anwenden, wenn wir Fragen haben und nach einer Lösung suchen. Die Übung eignet sich für jeden, sowohl für Frauen als auch für Männer, auch für Menschen, die ihre medialen außersinnlichen Fähigkeiten noch nicht entwickelt haben oder das vielleicht gar nicht möchten, dennoch aber Antworten von der Geistigen Welt erhalten wollen.

Vielleicht kennst du das Ritual schon und arbeitest bereits damit, nur nicht bewusst. Sicher hat dich schon häufig eine Frage beschäftigt. Du bist dann zum Beispiel in eine Buchhandlung gegangen und hast dort ein Buch mit der Lösung gefunden, oder du hast eine Zeitung aufgeschlagen, jemanden getroffen, Radio gehört, etwas aufgeschnappt oder was auch immer, und so kam die Lösung zu dir. Genauso funktionieren die Antworten aus der Geistigen Welt. Mach es doch einmal bewusst, wenn du eine Frage oder ein Problem hast, und bitte deinen Hauptgeistführer, er solle sich mit dir verbinden. Dann erklär ihm genau, welche Frage du hast oder was dich beschäftigt. Sag ihm in Gedanken: »Bitte schick mir klare Gedanken.« Achte dann die nächsten Tage darauf, was dir begegnet, und erkenne die Zeichen und Antworten.

Doch such nicht danach, sondern lass sie einfach kommen. Nur so kannst du sicher sein, dass es wirkliche Zeichen sind. Oft sagen wir in solchen Situationen: »So ein Zufall!« oder: »Das ist aber lustig, genau daran habe ich schon gedacht.« Wir erkennen es nicht als Zeichen oder wollen noch genauere haben. Ich empfehle dir, die Zeichen von außen als solche zu erkennen und dann auch anzunehmen. Nur bei großer Unsicherheit kannst du noch um ein zweites bitten.

Diese Zeichen können auf verschiedene Arten zu dir kommen. Es gibt dabei keine Grenzen. Hier eine kleine Auswahl möglicher Zeichen: TV-Beiträge, Musik, zufällige Begegnungen, bekannte und unbekannte Personen, Blitzgedanken, Autokennzeichen, Situationen und Ähnliches. Es braucht nur ein bisschen Übung, dann wirst du täglich von Zeichen umgeben sein und sie auch erkennen. Die Übung ist hundertprozentig zuverlässig, wenn man sie oft anwendet.

Ritual, um Gegenstände aufzuladen

Auch dieses Ritual ist sehr einfach. Ich habe es im Zusammenhang mit einem Proxy bereits beschrieben (➛ Seite 176 ff.). Es lässt sich bei diversen Gegenständen oder in unterschiedlichen Situationen anwenden, zum Beispiel:

Du kannst Wasser mit verschiedenen Energien aufladen, verbinde dich dazu immer mit deinem Hauptgeistführer einem Erzengel oder Engel. So kannst du zum Beispiel Heilwasser herstellen oder auch Gegenstände mit Heilenergie oder einfach der gewünschten Energie aufladen. Du kannst Schmuck, Stofftücher, Stofftiere, Steine und Edelsteine mit der gewünschten Energie aufladen und diese dann am Körper tragen oder im Raum aufstellen, zum Beispiel im Büro, zu Hause oder auch als Geschenk für Freunde. Deiner Fantasie sind dabei keine Grenzen gesetzt.

Rituale für Kinder

Die meisten Kinder können Engel und Hauptgeistführer wahrnehmen, wenn auch nicht immer bewusst. Einige spüren nur die Anwesenheit unserer himmlischen Freunde, während bei anderen die narürliche Hellsichtigkeit so stark ausgeprägt ist, dass sie sogar die Freunde der Geistigen Welt wahrnehmen können.

Wenn ich Kinder beobachte, sehe ich häufig, dass sie mit Geistführern oder Engeln spielen, manchmal ist es aber nur ihre Fantasie und nicht ein Wesen aus der Geistigen Welt.

Bei Kindern arbeite ich gern mit einfachen Ritualen, gerade bei Ängsten, Heilung, Schlaflosigkeit und schulischen Schwächen. Kinder reagieren wunderschön darauf, und man kann sie auch sehr gut in die Rituale mit einbeziehen. Kinder lieben Engel-Rituale, und es ist eine schöne Beschäftigung, gemeinsam mit Kindern Rituale zu durchzuführen.

Schlaf-Rituale

Wenn ein Kind normal und ohne Angst ins Bett geht und man möchte, dass das Kind lernt, die Engel mit einzubeziehen, dazu eignet sich das folgende Ritual. Bring dein

Kind normal ins Bett und sag dann beispielsweise mit ihm zusammen: »Lieber Schutzengel, schau in der Nacht auf mich, schick mir angenehme Träume und einen tiefen, heilsamen Schlaf.«

Durch dieses einfache Ritual kann man die Heilung und den Schlaf der Kinder vertiefen und den Kontakt zu den Geistwesen auf natürliche Art verstärken.

Ein anderes Ritual, das bei Kindern sehr gut ankommt, ist das Engelswasser.

Stell dazu ein Glas Wasser auf den Fenstersims und bitte dann den Engel, das Glas mit Engelswasser zu füllen. Lass dann das Kind die Zähne putzen, erzähl ihm eine Gutenachtgeschichte und gib ihm kurz vor dem Schlafen das Engelswasser zu trinken und sag vielleicht dazu: »Schau, das Engelchen hat das Wasser gebracht, damit du tief und fest schlafen kannst.«

Dieses sehr einfache Ritual lieben Kinder. Außerdem ist es sehr wichtig, weil das Kind auf diese Weise noch einmal Wasser zu sich nimmt. Viele Krankheiten hängen mit Wassermangel zusammen, und gerade Kinder sollten viel Wasser trinken.

Es kommt auch vor, dass ein Kind Angst hat, weil es zum Beispiel Verstorbene wahrnimmt.

Eltern sehen die Wesen meist nicht und haben daher die Sorge, dass es sich bei diesen Wesen um etwas Böses oder Schlechtes handelt, doch das ist nicht der Fall.

Wie bereits beschrieben, haben Kinder noch einen natürlichen Zugang zur Geistigen Welt, aber oft noch nicht ganz klar. Sie spüren nur die Anwesenheit eines Geistwesens oder können nur Umrisse erkennen. Das kann den Kindern Angst machen. Auch wenn es Verstorbene sind, die zur eigenen Familie gehören, Engel oder Hauptgeistführer. Natürlich kann auch ein Verstorbener dem Kind Angst machen.

Meistens, wenn ich gerufen wurde, um zu sehen, was los sein könnte, traf ich einen Verstorbenen aus der eigenen Familie, oft Oma oder Opa. Die hatten den Enkel häufig nicht mehr kennengelernt, doch da die Verstorbenen in der Geistigen Welt noch immer existieren und natürlich auch Interesse an unserem Leben haben, schauen sie oft bei uns im Alltag vorbei. Besonders natürlich bei den Kindern, und zwar aus zwei Gründen:

Erstens wollen sie sehen, wie es den Kindern geht, und zweitens, weil Kinder sie noch eher wahrnehmen als Erwachsene. Daher bitten sie häufig die Kinder, den hinterbliebenen Erwachsenen eine Botschaft zukommen zu lassen, in der Regel nur, dass es ihnen gut geht und dass sie noch immer am »Leben« sind.

Für das Kind kann das natürlich sehr beängstigend sein, wenn da zum Beispiel eine Oma ist, die es vielleicht noch nie gesehen hat und die nun versucht, mit ihm Kontakt aufzunehmen und eine Botschaft für die Erwachsenen hat, die wiederum die Oma nicht sehen können. Da ist es dann völlig normal, dass das den Kindern Angst macht.

Stell dir vor, du würdest deinen eigenen Vater nicht kennen und plötzlich steht er in der Nacht neben dir am Bett und spricht mit dir! Keiner würde da entspannt bleiben, wir würden wahrscheinlich alle in Panik ausbrechen und versuchen, so schnell wie möglich von dem Ort wegzukommen!

Auch wenn Kinder den eigenen Hauptgeistführer oder ihren Engel wahrnehmen, kann das Angst auslösen, da die Kinder nicht genau wissen, wer dieses Wesen ist.

Oft können Kinder nicht schlafen oder es entstehen Albträume durch Energien, die von den Eltern oder den Kindern selbst ausgelöst werden. Wenn die Eltern Streit hatten oder wenn die Kinder Probleme mit einem Freund oder in der Schule hatten, speichern Kinder diese negativen Energien ab und haben dann in der Nacht damit zu kämpfen.

Aus meiner Sicht ist das oft der Grund, warum gewisse Medien »bösen Geistern« oder Verstorbenen die Schuld geben, da viele nicht unterscheiden können, dass es sich um unsere eigenen negativen Energien handelt. Fehlt einem Medium die nötige Ausbildung, dann kann es nicht zwischen den verschiedenen Energien unterscheiden, und auf diese Weise entstehen dann oft Schauermärchen über Dämonen und böse Geister.

Diese sensitiven Energien kann man leicht durch Räuchern oder harmonische Musik umschwingen und somit reinigen, natürlich auch durch Gebete oder ähnliche Rituale. Verstorbene, Engel oder Hauptgeistführer kann man durch solche Rituale nicht beseitigen, und es ist auch nicht nötig, da sie positive Energien sind. Ich persönlich würde regelmäßig das Zimmer oder gar die ganze Wohnung reinigen, damit sie energetisch wieder neutral wird. Die einfachste Methode dafür ist harmonische Musik, regelmäßiges Lüften und darauf zu achten, dass das Kinderzimmer regelmäßig aufgeräumt und gereinigt (von natürlichem Schmutz) wird. Durch das Aufräumen, Reinigen und Lüften wird die Energie in Bewegung gesetzt, und wenn wir dann harmonische Musik laufen lassen, wird sie »positiv« umgeschwungen.

Was machen wir aber, sollte wirklich ein Verstorbener die Nachtruhe unseres Kinds stören? Dagegen hilft folgendes Ritual sehr gut, das du zusammen mit deinem Kind, aber auch ohne es durchführen kannst. Beziehe dazu den Erzengel Michael mit ein, der – wie du weißt –der Erzengel der Reinigung ist, der Mut, Kraft und Schutz verleiht.

Sag zum Beispiel laut: »Wir bitten den Schutzengel von Kind XY und den Erzengel Michael, sie sollen diesen Raum reinigen von allen negativen Energien (sensitiven Restenergien).«

Wenn du magst, kannst du dabei auch ein Räucherstäbchen, eine weiße Kerze oder Weihrauch anzünden (Achtung: kein Olibanum, der kann psychoaktiv sein und ist nicht für Kinder geeignet. Am besten ist Sandelholz, indischer Weihrauch, schwarzer oder weißer Copal.) und geh dann mit dem Ritualgegenstand im Zimmer im Kreis umher und räuchere es aus. Öffne danach das Fenster für mindestens zehn Minuten und sag laut oder in Gedanken: »Alle verbrauchte Energie lasse ich raus. Ich bitte den Erzengel Michael, nur reine und heilende Energie in diesen Raum zu lassen.« Während des Lüftens sagst du laut: »Liebe Verstorbene und Geistwesen, ich weiß, ihr wollt nur das Beste für das Kind XY, aber ihr macht ihm Angst.

Bitte verlasst den Raum, damit es in Frieden und Ruhe schlafen kann. Wir wissen, dass ihr da seid, und dafür danken wir euch. Danke, dass ihr dem Kind Ruhe gönnt.«

Danach kannst du das Kind schlafen legen. Sollten wirklich Geistwesen oder Energien für die Angst und Schlaflosigkeit deines Kindes verantwortlich sein, kannst du sicher sein, dass es jetzt die nötige Ruhe findet. Bedenke bitte, in der ersten Nacht könnte es noch aus Gewohnheit Angst oder Unruhe zeigen. Gibt es eine klare Besserung oder verschwindet die Angst, dann führ dieses Ritual täglich durch. Du kannst das Räuchern auch immer wieder einmal mit einer Kerze ersetzen, damit du nicht jeden Abend zehn Minuten Lüften musst. Doch solltest du mindestens einmal in der Woche das Haus oder die Wohnung räuchern.

Abschließend noch eine Bemerkung: Ich habe hier Energien als negativ bezeichnet, was letztendlich falsch ist. Man braucht auch keine Angst zu haben, denn sonst ist die Angst in unserer Resonanz, und das ergibt dann wieder Angstenergie. Ich persönlich halte Schutz und Reinigung aus der Angst heraus nicht für notwendig. Doch sollten wir uns von nicht förderlichen Energien lösen, so wie wir uns auch sonst von nicht förderlichen Dingen lösen sollten.

Wer sein Augenmerk auf das Negative legt, sieht nur noch Negatives, wer auf das Positive setzt, sieht nur Positives. Das ist, wie wenn eine Frau schwanger ist, dann wird sie überall nur noch schwangere Frauen sehen. Die Energie folgt immer der Aufmerksamkeit.

Wer spirituell ist und versteht, um was es geht, braucht keinen Schutz vor irgendetwas. Er ist Licht, und wer Licht ist und den Fokus auf das Licht legt, wird Licht sehen und Licht anziehen. Auch sogenannte negative Dinge werden dann zu Licht.

Rituale zur Unterstützung bei Prüfungen

Auch bei Prüfungen kannst du die Engel und deine Hauptgeistführer um Hilfe bitten. Natürlich ersetzt dies nicht das Lernen, aber gerade bei Prüfungsängsten kann es sehr unterstützend wirken. Diese Rituale sind nicht nur für Kinder geeignet, man kann sie auch bei sich selbst anwenden. Ich erkläre sie einfach für Kinder.

Es gibt zwei Möglichkeiten. Entweder, du bittest die Geistige Welt für dein Kind, oder du führst es mit deinem Kind zusammen vor der Prüfung durch. Wenn du es ohne dein Kind machst, bitte einfach den Hauptgeistführer deines Kindes, er möge es während der Prüfung unterstützen und begleiten. Falls du einen Erzengel mitschicken möchtest, eignet sich Erzengel Gabriel sehr gut dazu.

Schließ deine Augen und bitte in Gedanken den Hauptgeistführer deines Kindes, er möge dir näherkommen, und sag ihm in Gedanken: »Bitte begleite und unterstütze mein Kind bei der Prüfung, schenk ihm Ruhe, Wissen und viel Kraft. Danke für deine Hilfe.« Auch wenn es nur ein paar Minuten dauert, ist es ein enorm wirkungsvolles Ritual.

Falls du etwas mit deinem Kind zusammen machen möchtest, gibt es zwei Formen für dich. Für die erste brauchst du ein Stofftier, einen Stein, ein Engelchen oder einen anderen kleinen Gegenstand.

Setz dich mit deinem Kind hin. Am besten ihr sitzt euch gegenüber, sodass ihr den Gegenstand mit euren Händen umschließen könnt. Schließ deine Augen und sag laut: »Wir bitten den Hauptgeistführer, den Engel oder Erzengel Gabriel, er soll seine Energie durch Kind XY und mich fließen lassen und diesen Gegenstand mit seiner Energie erfüllen damit XY gut durch die Prüfung kommt. Wir bedanken uns dafür.«

Bleibt dann noch ein paar Minuten sitzen. Danach kann das Kind den Gegenstand mit der Energie bei sich in der Hosentasche oder auf dem Schreibtisch während der Prüfung dabeihaben. Hier setzen wir das bereits beschriebene Proxy ein (➛ Seite 176 ff.).

Und noch ein Ritual, das du mit deinem Kind vor einer Prüfung anwenden kannst. Sag deinem Kind, es soll sich hinsetzen und die Augen schließen. Es soll eine Zeit lang den Atem beobachten, wie er ein- und wieder ausströmt. Gib ihm ein paar Minuten, dann sag ihm: »Bitte deinen Hauptgeistführer, er soll dir von hinten näherkommen und dich mit seiner liebevollen Energie umarmen. Vielleicht kannst du ihn sogar spüren, doch das ist nicht wichtig. (Pause)

Bitte jetzt deinen Hauptgeistführer, er möge dich bei der Prüfung begleiten und dir Kraft geben, damit du die Prüfung ohne Probleme bestehst. Bedanke dich dann bei deinem Hauptgeistführer und komm langsam wieder zurück in den Raum.«

Außerdem kannst du immer, wenn dein Kind etwas Schwieriges vorhat, wie zum Beispiel Prüfung, Reise, Gespräch, Vorstellungsgespräch, neue Schule oder Ähnliches, den Geistführer bitten, er möge dein Kind begleiten.

Rituale für Tiere

Es ist immer wieder spannend für mich, dass Tiere sehr gut auf die liebevollen Energien von Geistigen Wesen reagieren. Tiere sind wie Kinder, oft ein Spiegel von uns selbst. Wenn Haustiere Probleme haben, wird uns ein Spiegel vorgehalten. Herrscht zum Beispiel keine Harmonie in der Partnerschaft, dann leiden auch die Haustiere darunter. Das wird oft unterschätzt. Mein Vater war Hundetrainer, und es kamen viele Menschen zu ihm, die Probleme mit ihren Tieren hatten. Mein Vater sagte dann oft: »Ihr Hund hat kein Problem. Das Problem sind Sie.«

Das war für viele nicht leicht zu akzeptieren, doch wenn wir es neutral betrachten, sehen wir oft, dass Menschen Tiere halten, aber keine Ahnung von dem Tier haben. Ich bitte jeden Tierhalter, wenn dein Tier ein Problem hat, schau zuerst dich an! Was will dir dein Tier mit seinem Verhalten zeigen? Viele wollen das Tier verändern, doch müssten sie eigentlich nur ihren Umgang mit dem Tier verändern, und es wäre alles wieder in Harmonie.

Wir nehmen uns aber oft viel zu wenig Zeit für unsere Haustiere oder behandeln sie wie kleine Kinder und erkennen nicht, dass sie keine Menschen sind, sondern eben Tiere. Uns sollte bewusst sein, dass es keine Tierliebe ist, wenn wir sie vermenschlichen, sie nicht artgerecht ernähren und sie nicht so bewegen lassen, wie es für das Tier notwendig wäre.

Überprüfe, ob dein Tier wirklich Tier sein darf und ob es auch so gehalten wird. Ein wunderbares Vorbild für den Umgang mit Tieren war der heilige Franziskus von Assisi. Ihn kannst du bei allen diesen Ritualen um Hilfe bitten.

Heilung für die Tiere dieser Erde

Das erste Ritual kannst du täglich durchführen. Nimm dir kurz Zeit und bitte die Engel der Heilung und, wenn du möchtest, den heiligen Franziskus von Assisi, sie sollen sich mit dir Verbinden, und spür die liebevolle Energie, die dich umgibt. Bitte dann um Heilung für alle Tiere dieser Erde. Nimm wahr, wie die heilende Energie durch dich hindurchfließt, und stell dir dabei vor, wie jedes Tier auf diesem Planeten von der heilenden Energie berührt wird. Nimm dir dafür so viel Zeit, wie es sich für dich richtig anfühlt.

Bei diesem Ritual ist die Auswirkung sicher schwer zu sehen oder zu überprüfen, aber mach dir bewusst, dass dein Gebet und dein Segen bei den Tieren ankommen und deine Zeit nie umsonst ist. Allein die bedingungslose Heilung und den Segen zu spenden, ist für uns alle heilend. Ein Lehrer von mir sagte immer: »Alles, was du bedingungslos segnest, muss dir selbst zum Segen werden.«

Bei ihnen kannst du dasselbe Ritual anwenden wie bei Menschen. Tiere reagieren sehr stark auf die Heilenergie durch Handauflegen. Du kannst hier mit deinem Hauptgeistführer arbeiten oder natürlich auch den Erzengel Raphael um Hilfe bitten.

Setz dich bequem hin, sodass du das Tier gut berühren kannst. Schließ deine Augen und bitte die Engel oder deinen Hauptgeistführer, er soll sich mit dir verbinden. Lass die heilende Energie durch dich hindurchfließen. Verbleibe so einige Zeit und bedanke dich dann bei der Geistigen Welt für die Heilung.

Ritual bei auffälligem Verhalten

Wie ich oben beschrieben habe, ist es wichtig, dass du zuerst deinen Umgang mit dem Tier reflektierst. Wo hast du Fehler gemacht, die bei deinem Tier zu auffälligem Verhalten führten? Wenn dein Hund zum Beispiel alle Möbel anbeißt oder überall herumknabbert, frag zuerst dich, ob dein Hund wirklich eine artgerechte Beschäftigung hat. Viele Tiere zeigen dann Auffälligkeiten, wenn sie nicht artgerecht gehalten oder bechäftigt werden. Falls du das wirklich ausschließen kannst, wende folgendes Ritual an. Es stammt von meinem Vater.

Ich habe erst lang nach seinem Tod erfahren, dass er es bei seinen Hunden angewendet hat. Das war für mich spannend zu erfahren, weil ich nicht wusste, dass mein Vater an diese Art Arbeit glaubte und sie sogar praktizierte. War zum Beispiel ein Hund eines Klienten von ihm aggressiv, dann ist er mit dem Hund allein eine Stunde in den Wald gegangen. Wenn er zurückkam, waren die Hunde meist wie ausgewechselt.

Ich wollte natürlich mehr darüber erfahren, und man hat mir berichtet, was er im Wald gemacht hat. Er hat sich dort mit dem Hund hingesetzt und einfach mit ihm gesprochen. Dann bat er den Hauptgeistführer des Hundes, er solle dem Tier zeigen, wie dieser mit der Aggression umgehen kann. Er habe sich einfach vorgestellt, der Hund würde mit ihm sprechen, und hat das Problem wie bei einem Menschen geklärt. Er hat sich anschließend vorgestellt, der Hund antworte ihm, und hörte dem Hund gut zu. So bekam er viele Vorschläge, was der Halter anders machen kann. Zum Schluss bat er den Hauptgeistführer des Klienten und den des Hundes, sie sollten zusammenarbeiten und beiden die Erkenntnis geben für ein harmonisches Miteinander.

Ich weiß nicht, ob meinem Vater bewusst war, dass er Tierkommunikation und Geistführerarbeit praktizierte oder ob er auf natürliche Weise so handelte. Aber anscheinend hatte er damit großen Erfolg. Denn dieses Ritual bringt Mensch und Tier einander näher.

Achte darauf, dass du deinem Tier wirklich zuhörst. Die Impulse, die du dabei bekommst bzw. die Änderungsvorschläge, die während dieses Gesprächs in deinen Kopf kommen, solltest du auch unbedingt beachten. Erwarte nicht, dass du dabei eine Stimme von außen hörst, sondern achte darauf, während du laut oder in Gedanken mit deinem Tier sprichst, welche Impulse und neuen Ideen auftauchen. Das kann dann die Antwort von deinem Tier sein. Falls du nichts bekommst, bitte deinen Hauptgeistführer und den Hauptgeistführer deines Tieres darum, dir von außen ein Zeichen für eine Lösung zu schicken (➛ Seite 239 ff.).

Dieses Ritual kannst du bei fast allen Auffälligkeiten anwenden, wie zum Beispiel bei Aggressionen, Ängsten, unerwünschtem Verhalten oder auch bei Krankheiten. Sollte dein Tier krank sein, ist natürlich der Gang zum Tierarzt der erste Weg. Ich wünsche euch ein harmonisches Miteinander.

Häufige Fragen

Nachfolgend möchte ich noch auf Fragen eingehen, die mir häufig im Zusammenhang mit Geistführern gestellt werden. Sie sind Ausdruck der permanenten Auseinandersetzung mit dem Thema und bringen Wesentliches noch einmal auf den Punkt. Vielleicht ist ja auch deine Frage dabei.

? *Haben Tiere Geistführer?*
Ja, Tiere haben auch Geistführer, jedoch nicht so individuell wie Menschen. Doch auch Tiere haben Energien an ihrer Seite, die sie unterstützen. Da Tiere keine Lernprozesse durchlaufen müssen wie wir, ist ihr Geistführer weniger präsent, da seine Aufgabe eher übergeordnet ist und nicht wie bei uns Menschen, dass er hilft, jeden Einzelnen zu unterstützen.

? *Haben Pflanzen Geistführer?*
Die Frage lässt sich genauso beantworten wie bei den Tieren. Die Geschichten über Elfen und Feen sind keine Erfindung, sondern es handelt sich dabei um die Geistführer des Pflanzenreiches. Doch wie bei den Tieren hat nicht jede Blume ihren eigenen Geistführer. Das brauchen sie nicht, da auch sie keinen Lernprozess durchlaufen müssen.

? *Ab wann kann ein Baby einen Geistführer haben?*
Ein Baby hat von Anfang an einen Geistführer, eigentlich hat es schon vor der Geburt einen Geistführer. Da uns unser Hauptgeistführer durch alle Inkarnationen begleitet, hat jede Seele bereits vor der Geburt einen Hauptgeistführer. Dieser »beste Freund« bleibt immer an unserer Seite. Ich nahm den Hauptgeistführer meines Sohnes schon vor seiner Geburt wahr, und auch während der Geburt war der Hauptgeistführer präsent und hat alles beobachtet. Dies war für mich spannend zu sehen.

? *Waren Geistführer auch mal Menschen?*
Geistführer waren vor sehr langer Zeit auch einmal Menschen. Doch ihre Entwicklung ist so weit vorangeschritten, dass sie nicht mehr inkarnieren müssen.

? *Werde ich auch mal ein Geistführer?*
Früher oder später wird jeder einmal Geistführer. Wir haben jedoch noch einige Inkarnationen vor uns. Wenn wir aus dem Rad der Wiedergeburt aussteigen, also

nicht mehr inkarnieren müssen, dann wird uns die Aufgabe eines Geistführers übertragen. Dein Hauptgeistführer bleibt dann weiterhin bei dir und unterstützt dich weiterhin bei deiner neuen Aufgabe. Im Grunde ist es so: Je weiter du dich entwickelst, umso weiter entwickeln sich auch deine Geistführer. Somit bleibt unser Freund auch weiterhin bei uns. Ob wir einmal Geistführer werden, darüber sollten wir uns keine Gedanken machen. Mein Hauptgeistführer sagt immer zu mir: »Richte deinen Fokus auf das Leben. Lerne und entwickle dich! Was dann einmal sein wird, ist jetzt noch nicht wichtig. Das ist auch viel zu komplex, um es wirklich zu verstehen. Außerdem wirst du nicht nur auf der Erde inkarnieren, es gibt auch noch andere Orte. Erst wenn du auch dort den Lernprozess durchlaufen hast, wirst du ein Geistführer. Deswegen ist nie ein Verstorbener, den du gekannt hast, als Geistführer an deiner Seite. Auch wenn der Weg der Inkarnationen hier auf der Erde vorbei ist, ist das noch lang nicht das Ende seiner Entwicklung. Die anderen Orte sind einfacher als jene auf der Erde. Nur hier gibt es die Polarität.«

? *Kann ein Geistführer auch über uns verärgert sein?*
Nein. Ärgern ist eine ausschließlich menschliche Emotion. Destruktive Emotionen leben die Geistführer nicht mehr. Sie sind geduldig, auch wenn wir vielleicht Dinge oder Situationen immer wieder falsch machen, würden sie uns nie verurteilen oder deswegen frustriert sein. Sie wissen, dass Menschsein nicht immer leicht ist.

Wenn ein Geistführer uns einmal zeigt, dass er verärgert, unzufrieden oder ungeduldig ist, dann geschieht dies nicht aus menschlicher Sicht. Er benutzt diese Energie vielleicht, damit wir verstehen, was er uns mitteilen möchte, und damit wir erkennen, dass wir handeln und Veränderungen durchführen sollten, nicht jedoch, weil er wirklich so empfindet. Er benutzt diese Emotionen eher symbolisch, weil wir Menschen oft nur dadurch verstehen und erkennen, was er uns sagen möchte. Ein Beispiel: Wenn wir immer wieder den gleichen Fehler machen, dann kann es sein, dass dein Geistführer dir symbolisch zeigt, dass er verärgert ist. Doch nur, damit du verstehst, dass es an der Zeit ist, die Dinge zu lösen und dass du nicht immer wieder dasselbe tust, was für dich nicht gut ist. Doch er ist nie verärgert wie ein Mensch und in dieser Emotion verhaftet.

? *Macht mein Geistführer Urlaub oder habe ich gar keinen?*
Geistführer machen keinen Urlaub. Sie sind auch nie weg und sie schlafen auch nicht. Es kann sich manchmal so anfühlen, weil es Phasen gibt, in denen sie weniger aktiv sind. Oder wenn wir ihn zum Beispiel ständig fragen und er uns eine Antwort gibt, wir aber nie etwas verändern oder umsetzen, was er uns sagt. Dann gibt es Phasen, in denen sich der Geistführer zurückzieht, weil er sich sagt: »Warum fragt er das, wenn er ohnedies nichts ändert in seinem Leben!« Das ist natürlich auf eine sehr menschliche Weise erklärt. Doch immer, wenn Not ist, dann ist er da. Es kann auch Phasen ge-

ben, in denen er nicht so aktiv ist, weil er sehen will, wie du damit umgehst; ob du gleich wieder aufgibst oder ob du die Freundschaft auch dann willst, wenn es einmal etwas schwieriger wird und du etwas investieren musst. Doch im Großen und Ganzen ist er immer da, vor allem immer dann, wenn du ihn wirklich brauchst. Jeder hat einen Geistführer, wirklich jeder.

? *Was sind Lichtwesen?*
Auch Lichtwesen gehören für mich in die Kategorie von Geistführern. Es ist lediglich ein anderer Name für das Gleiche. Genauso wie: Engel, Erzengel, Seraphine, Aufgestiegene Meister, Weiße Bruderschaft, Elfen, Zwerge, Kobolde, Krafttiere und meinetwegen auch Einhörner … Es ist immer dieselbe Energie, doch sie zeigt sich dir je nach Glauben, Philosophie, Religion oder Vorstellung anders.

? *Was ist das Höhere Selbst?*
Wie bereits an anderer Stelle ausgeführt, ist das Höhere Selbst eine interne Intelligenz, die nichts mit der Geistigen Welt zu tun hat. Es ist dein eigenes Wissen, das du über all die Jahre und Inkarnationen angesammelt hast. Man könnte es auch als Speicherungen des Unterbewusstseins und Speicherung der mentalen Aura-Schicht bezeichnen. Es ist dein eigenes Wissen. Das kann wundervoll sein, doch je nachdem, wie weit deine Persönlichkeitsentwicklung und deine spirituelle Entwicklung bereits vorangeschritten sind, kann es noch sehr durchzogen

sein von deinem Glauben, den Mustern und deinem Denken. Es hat jedoch nichts mit der Geistigen Welt zu tun.

? *Gibt es Menschen ohne Geistführer?*
Nein. Jeder Mensch hat einen Geistführer, ob er daran glaubt oder nicht, ob er ihn wahrnimmt oder nicht. Dennoch hat jeder einen Hauptgeistführer und auch Geistführer im Team, die ihn begleiten.

? *Was kann man gegen Blockaden bei der Kommunikation mit dem Geistführer machen?*
Du kannst zum Beispiel eine Situationsheilung dagegen durchführen. Das ist sehr wirkungsvoll. Oder du kannst dir deine Glaubenssätze anschauen und dir bewusstmachen, dass sie nicht stimmen. Das ist ein möglicher Weg. Du findest online unter: www.geistführer.info eine spezielle Spirit-Hypno-Meditation, die dir bei diesem Thema hilft (➛ Seite 87 ff.).

? *Ich bin mir immer noch nicht sicher, ob ich einen Geistführer habe. Was kann ich machen?*
Denk daran, was ich bereits mehrmals ausgeführt habe: Mir ist noch kein Mensch begegnet, der keinen Geistführer hatte. Ich habe viele Menschen kennengelernt, die ihren Geistführer nicht wahrnehmen oder die an der Geistigen Welt zweifeln. Jeder Mensch hat Geistführer, die sich um ihn kümmern. Das solltest du dir bewusstmachen, denn der Zweifel ist das größte Hindernis auf dem Weg zu deinem Geistführer. Denk da-

ran: Du kannst die Geistwesen nicht mit deinem Verstand begreifen, vor allem, solange du zweifelst. Zweifel entstehen ausschließlich im Kopf. Im Herzen, dem wahren Sein, gibt es keine Zweifel. Lass dir Zeit, hab Geduld und bitte deine Geistführer um ein klares Zeichen, und ich bin sicher, du wirst es bekommen.

Doch bedenke, dass es Monate dauern kann. Erwarte also nicht, dass sich alles in der nächsten Minute oder Stunde löst. Lass es reifen und vertrau darauf. Das ist der einzige Tipp, den ich diesbezüglich habe. Ich bin mir allerdings sicher, wenn du wirklich die Übungen in diesem Buch durchführst, und zwar regelmäßig, dann wirst auch du bald deinen Hauptgeistführer wahrnehmen. Sei also sanft und geduldig mit dir.

Sollte auch das nicht helfen, gibt es noch die Möglichkeit, ein Seminar zu besuchen. Vielleicht kann man dir dort die notwendige Sicherheit geben. Die Erfahrungen allerdings musst du immer allein machen. Ebenso musst du das Vertrauen aufbringen. Das kann kein Seminarleiter für dich tun, egal, wie gut er ist.

? *Ich habe die Übungen gemacht, doch ich habe das Gefühl, ich bilde mir alles nur ein!*

Diese Frage höre ich in jedem Seminar, und ich kann sie sogar sehr gut verstehen, da ich auch jemand bin, der immer Gewissheit haben möchte. Und doch kann dir niemand diese Gewissheit geben außer du dir selbst. Woher kommt die Angst, dass wir uns alles nur einbilden könnten? Wenn wir uns mit spirituellen Themen beschäftigen, lernen wir automatisch Menschen kennen, deren Fantasie überschäumend ist. Normalerweise belächeln wir solche Menschen. Aber jetzt haben wir Angst, wir könnten von unseren Mitmenschen selbst nicht für voll genommen werden. Solange du dich fragst, ob du dir das alles vielleicht nur einbildest, solange kannst du davon ausgehen, dass du kritisch genug bist, um nicht in eine totale Fantasiewelt abzudriften. Es ist gut, nicht alles blind zu glauben, und es ist ebenso wichtig, den Zweifel loszulassen. Bedenke: Die Fantasie kann uns helfen, mit dem Übersinnlichen in Kontakt zu treten. Meist ist die Fantasie die Brücke in die reale Geistige Welt. Denk an die »Schizo-Übung« (➛191 f.). Bezüglich der Aura haben Künstler, die eine ausgeprägte Fantasie hegen und meist äußerst kreativ sind, dieselbe Farbe wie ein Medium. Beide haben einen sehr hohen Anteil violetter Farbe in der Aura, und ich glaube, heute ist vielen klar, dass die bekanntesten Dichter, Schriftsteller oder Musiker von der Geistigen Welt inspiriert waren, zum Beispiel Michael Jackson, den wir alle kennen und der nicht schon vor hundert Jahren gelebt hat, sagte von sich selbst, dass er seine Musik von oben bekomme. Ich bin überzeugt, dass er auch künftig Musiker inspirieren wird. Und ich bin auch überzeugt, dass bald einige Medien oder sogenannte Medien kommen und zu singen anfangen und sagen, Michael Jackson singe durch sie! Da würde ich mir dann Sorgen machen und überprüfen, ob die Fantasie wirklich noch Fantasie ist oder ob man es nicht besser als krankhaft bezeichnen sollte. Um die Fantasie von der realen außersinnlichen Wahrnehmung unterscheiden zu lernen, gibt es nur eine Möglichkeit: üben, Erfahrung sammeln und dir und deinem Hauptgeistführer immer wieder kleine Aufgaben stellen, dann wirst du immer eine klare Antwort bekommen. Auf diese Weise hast du viele Erlebnisse, bei denen du positive Erfahrungen machen kannst. Dann entsteht immer mehr Sicherheit. Beginne mit all den Übungen, mit denen du deinen neuen Freund in deinen Alltag integrierst. Das wird dir helfen.

? *Es gibt Menschen, die eigenartige Dinge machen und sagen, sie hätten diese Aufforderung von ihrem Geistführer bekommen.*

Hab keine Angst, dass die Geistige Welt dich zu Dingen auffordern könnte, bei denen du eigenartig oder gar lächerlich wirkst. Solche Aufforderungen kommen nie aus der Geistigen Welt, sondern entstehen in den Köpfen der Menschen. Immer wenn du Botschaften bekommst, die dir eigenartig vorkommen oder die dir Angst machen oder die völlig »abgedreht« sind, kannst du sicher sein, dass sie nicht von deinem Geistführer kommen. Dein Geistführer wird dich auch nie auffordern, andere zu missionieren, zu bevormunden oder ihnen zu sagen, was sie tun und was sie lassen sollen. Das ist ausschließlich dem Ego der Menschen geschuldet, es kommt nie vom Geistführer. Geistführer wollen nur das Beste, sie würden dich nie in eine unangenehme Situation bringen. Sie würden nie wollen, dass du dich lächerlich verhältst oder wegen des Kontaktes zu ihnen belächelt wirst. Ich selbst hatte am Anfang, als ich immer mehr TV-Anfragen erhielt, auch oft Angst. Angst, dass man mich für verrückt halten und ich am Ende vielleicht noch in der Psychiatrie landen würde, wenn ich öffentlich erzählen würde, dass ich Verstorbene und Geistführer sehe. Doch mein Geistführer sagte mir: »Es kommt kein Mensch in die Psychiatrie, weil er mit uns in Kontakt steht. Würden wir sehen, dass unser Schützling in die Psychiatrie kommt, um abzuklären, ob er noch normal ist oder nicht, dann würden wir uns sofort zurückziehen. Denn in der Psychiatrie würde uns das Medium nichts bringen. Davor musst du nie Angst haben.« Dies hat mich sehr beruhigt. 2010 hatte ich die Gelegenheit, Menschen, die an Schizophrenie litten, zu untersuchen und zu prüfen, ob sie vielleicht gar nicht krank, sondern verkannte Medien seien. Doch dies war bei keinem Patienten der Fall. Alle waren psychisch aus dem Gleichgewicht, auch wenn einige Wahrnehmungen hatten, die sich ähnlich anhörten wie die von einem Medium. Auffällig war, dass diese Wahrnehmungen meistens sehr negativ geprägt waren. Damit war mir klar, dass sie nicht von der Geistigen Welt sein konnten.

? *Ich habe einmal eine ganz klare Botschaft von meinem Geistführer bekommen und seitdem nie wieder. Ist er jetzt weg?*

Du kannst sicher sein, wenn du einmal Kontakt zu deinem Geistführer hattest, dass er nicht einfach wieder verschwindet oder weg ist. Vielleicht machst du dir nur enormen Druck, weil es einmal so wunderbar geklappt hat, und deswegen kommt er nicht mehr durch. Oder du willst die Antwort und Information wieder exakt so bekommen wie beim ersten Mal. Doch das ist nicht immer möglich. Entspann dich! Dein Geistführer ist nicht weg. Wenn du dir zu großen Druck machst, ist die sehr feine, empfindsame Kommunikation mit deinem Geistführer nicht möglich. Druck verhindert die sensible Kommunikation mit dem Geistführer oder mit Verstorbenen. Dein Geistführer aber ist immer an deiner Seite. Sobald du loslässt, wirst du ihn auch wieder wahrnehmen. Oft haben Menschen, die noch wenig Erfahrung haben und einfach einmal zum Spaß zu einem Event kommen oder ein Seminar besuchen, die eindrücklichsten Erlebnisse, weil sie eben nicht unter Leistungsdruck stehen. Daher: Nimm den Druck weg, dann fließt es wieder. Meditation kann dir beispielsweise dabei helfen, ohne bestimmtes Ziel von deinem Geistführer etwas zu erfahren oder ihn wahrzunehmen. Dies empfehle ich allen, die noch nichts oder bisher nur wenig wahrgenommen haben. Beginne mit Geistigem Heilen oder mit Meditation, ohne etwas leisten zu müssen.

? *Wenn ich sterbe, treffe ich dann meinen Geistführer?*
Ja. Wenn du das Buch aufmerksam gelesen hast, weißt du, warum dies so ist. Du wirst ihn immer wieder treffen, weil er nie weg ist.

? *Wenn ich nie bewussten Kontakt zu meinem Geistführer hatte oder wenn jemand nicht an Geistführer glaubt, ist man dann allein? Auch im Jenseits?*
Keine Sorge, es ist kein bewusster Kontakt zu den Geistwesen notwendig, damit sie sich um dich kümmern. Jedem, der in die Geistige Welt kommt, wird geholfen, und er wird unterstützt. Genauso wie jeder hier auf der Erde Unterstützung aus der Geistigen Welt erhält. Auch wenn wir diese nicht immer wahrnehmen können, sind wir weder im Diesseits noch im Jenseits allein. Selbst wenn jemand hier im Leben nicht an die Existenz von Geistführern glaubt, ist sein Geistführer an seiner Seite und unterstützt ihn. Sicherlich hat er es dann schwerer, doch es wird niemand hängen gelassen.

? *Kann ich meinen Geistführer bzw. Hauptgeistführer auch zu Familienangehörigen oder zu Freunden schicken, die Hilfe brauchen?*
Das kannst du selbstverständlich machen. Ich mache das beispielsweise häufig. Wenn ich weiß, dass es einer Person schlecht geht oder wenn jemand Heilung braucht und ich keine Zeit habe, mich um sie persönlich zu kümmern, weil ich zum Beispiel gerade im Auto sitze und der Verkehr meine ganze Aufmerksamkeit braucht, bitte ich meine Geistführer, der Person zu helfen bzw. ihr Heilung zu schicken. Das gilt auch, wenn jemand der Unterstützung bei einer Prüfung oder bei einem Gespräch braucht. Du kannst deine Geistführer immer bitten, anderen Menschen zu helfen.

? *Jetzt habe ich eine Frage, die mir peinlich ist: Sehen mir die Geistführer auch auf der Toilette oder beim Sex zu?*

Nein. Bedenke bitte, auch wenn es so wäre, ist es für die Geistführer, da sie sich von ihrem Körper gelöst haben, nicht mehr spannend. Und jemand auf der Toilette zu beobachten ist nicht wirklich interessant. Die Geistführer haben durch ihre Entwicklung auf der Erde und in der Geistigen Welt kein Interesse daran, jemand im Bad oder in der Dusche zu beobachten. Diese Frage muss dir nicht peinlich sein. Sie wird mir häufig im Zusammenhang mit Jenseitskontakten gestellt. Wenn ich mich auf Jenseitsdemonstrationen vorbereite, kommt es manchmal vor, dass sich jemand ausgerechnet in dem Moment meldet, da ich auf der Toilette bin. Ich habe dazu auch schon meinen Geistführer befragt, warum das so ist. Er hat mir erklärt, dass das immer in Situationen passiert, in denen ich extrem angespannt bin. Da ich mich auf der Toilette aber entspanne, können sie in dem Moment eher mit mir Kontakt aufnehmen. Es hat also mit der Entspannung zu tun. Aber selbst dann hatte ich nie das Gefühl, dass mich jemand beobachten will oder mir etwas »wegschauen« möchte. Man braucht wirklich keine Angst zu haben. Auch beim Sex bin ich zu sehr mit anderen Dingen beschäftigt und kümmere mich nicht um Geistwesen. Ich bin mir sicher, dass die Geistführer respektvoll genug sind und sich später melden werden. Unser Geistführer ist auch nicht ständig um uns herum. Ich nehme auch nicht rund um die Uhr Geistwesen oder Verstorbene wahr. Es gibt Zeiten, da ist niemand hier, und es gibt Zeiten, da sind ganz viele anwesend. Da es ja in der Geistigen Welt keinen Raum und keine Zeit gibt, ist er innerhalb eines Bruchteils einer Sekunde da, falls wir ihn brauchen. So schnell können wir gar nicht denken. Deine Angst ist wirklich unbegründet.

? *Du hast geschrieben, dass ich meine Geistführer zu anderen Personen schicken kann. Geht es auch umgekehrt? Kann ich auch zu Geistführern anderer Personen Kontakt aufnehmen? Zum Beispiel zu deinem?*
Auch das ist möglich. Du kannst mit jedem Geistführer Kontakt aufnehmen, wenn er es zulässt. Es gibt viele Medien, die mit denselben Geistführern arbeiten. Es kann sein, dass zum Beispiel dein Hauptführer, also der, den du im Moment hast, noch eine Art «Nebenjob» bei jemand anderem hat oder einfach ab und zu bei einem anderen Menschen vorbeischaut. Wenn ich mein Geistführer-Seminar gebe, gibt es einige Geistführer aus meinem Team, die dann mit den Kursteilnehmern zusammenarbeiten. Mein Hauptgeistführer, der Große Bär, ist während eines Kurses auch bei vielen Kursteilnehmern und hilft ihnen. Es kommt sogar immer wieder vor, dass er sich ihnen zeigt. Doch wenn ich für einen Klienten oder für mich mit dem Geistführer arbeite, arbeite ich immer mit meinem eigenen Team.

? *Ist ein Geistführer nur für eine Person da? Oder kann ein Geistführer mehrere Personen begleiten?*

Der Hauptgeistführer ist hauptsächlich nur für dich da. Das heißt nicht, dass er nicht auch einmal kurzfristig jemand anderen unterstützt oder mit ihm arbeitet. Doch seine Hauptaufgabe bist immer du. Bei Geistführern, die sonst in meinem Team sind, die mich einfach bei einer bestimmten Tätigkeit unterstützen, ist es durchaus möglich, dass sie auch noch andere Menschen mitunterstützen.

? *Nennt der Geistführer den Namen, den er in einer seiner Inkarnationen gehabt hat?*
Das kann sein, ist aber eher die Ausnahme, dafür gibt es keine Regel. Bedenke, dass dein Geistführer – oder einige Aspekte von ihm – sich vielleicht schon mehrfach inkarniert hat, also auch schon viele Namen hatte. Der Name ist nicht so wichtig. Oft hat dein Geistführer einen ganz gewöhnlichen Namen, wie zum Beispiel Peter. Es kann natürlich sein, dass sich dein Geistführer mit einem Namen vorstellt, den er in einem Leben gehabt hat, doch das ist eher die Ausnahme.

? *Mir gefällt der Name nicht, den mein Geistführer mir genannt hat, kann ich ihn wechseln? Er erinnert mich an meinen Ex-Freund.*
Das gibt es häufig, dass wir einen Namen mit einer noch lebenden Person verknüpfen. Doch wie bereits mehrmals ausgeführt, sind die Namen für uns wichtig, unserem Geistführer ist der Name jedoch egal. Wenn dir der Name nicht gefällt, bitte deinen Geistführer um

einen anderen Namen oder mach es wie ich: Nenne ihn einfach deinen Freund. Doch oft ist es so, dass gerade dann, wenn dir ein Name nicht gefällt, wenn du ihn nie auswählen würdest für deinen Hauptgeistführer oder Geistführer, die Chance groß ist, dass er nicht vom Verstand kam, weil dir der Name eher unangenehm ist oder sich nicht richtig anfühlt. Du kannst eigentlich deiner Wahrnehmung vertrauen. Anders ist es, wenn dir der Name einer Person sehr wichtig ist, wenn du eine Person sehr schätzt oder wenn es jemand ist, den du vermisst, dann ist es eher so, dass der Name durch deine Sehnsucht aus dem Unterbewusstsein kommt und nicht von deinem Geistführer.

? *Mir fällt auf, dass bei vierzig Seminarteilnehmern alle einen männlichen Namen für ihren Hauptgeistführer erhalten haben. Gibt es bei den Geistführern keine Frauen?*
Natürlich gibt es genauso viele Frauen in der Geistigen Welt wie Männer, und das Privileg, ein Geistführer zu sein, ist nicht nur Männern vorbehalten. Die meisten, die schon länger mit Geistführern arbeiten, haben genauso viele Frauen wie Männer im Team. Hauptsächlich Anfänger bekommen einen männlichen Namen genannt, und das ist gesellschaftlich begründet. Viele haben leider immer noch das Bild in sich, dass Männer mehr beschützen oder Schutz geben. Auch wenn es um Weisheit oder Unterrichten geht, ist immer noch unbewusst in uns verwurzelt, dass das Männer besser könnten als Frauen. Natürlich ist das völliger Blödsinn.

Überleg dir selbst: Wenn du an einen Beschützer denkst, denkst du dann eher an einen Mann oder an eine Frau? Wenn du an Weisheitslehrer denkst, kommen dir mehr Männer oder mehr Frauen in den Sinn? Es gibt natürlich genauso viele weise und starke Frauen wie Männer! Bei den Weisen bin ich davon überzeugt, dass es mehr Frauen gibt als Männer. Da sich Geistführer immer so zeigen, wie wir es annehmen können, sind Prägungen auch der Grund dafür, warum mehr männliche als weibliche Hauptgeistführer wahrgenommen werden. Gerade bei Geistführern, die mit Heilern arbeiten, wenn es also um emotionale Themen geht, ist der Anteil an Geistführerinnen größer. Im Grunde genommen ist die Energie neutral, der Geistführer oder die Geistführerin nimmt einfach eine Form an, die du annehmen kannst, und gibt dir ein Aussehen, das stimmig für dich ist.

? *Wie sieht die geistige Welt aus? Haben Geistführer auch Freunde? Was machen sie den ganzen Tag?*

Das ist eine äußerst komplexe Frage, die mir immer wieder gestellt wird. Ich gebe zu, dass ich keine wirklich befriedigende Antwort darauf geben kann. Die Geistige Welt selbst habe ich noch nie gesehen. Vielleicht fragst du dich jetzt, wie das sein kann. Immer wenn ich Geistführer oder Verstorbene wahrnehme, dann sind sie nicht in einer anderen Welt, sondern hier bei uns. Sie sind einfach feinstofflicher, aber hier auf der Erde. Ich habe meinen Hauptgeistführer auch schon gefragt, doch er erklärte nur: »Du wirst mit deinem menschlichen Intellekt nie verstehen können, wie die Geistige Welt ist. Denn das würde bedeuten, dass sie eine feste Form und Zeit hat. Doch in der Geistigen Welt gibt es weder Raum noch Zeit. Somit kann das dein Gehirn nicht verarbeiten. Die Geistige Welt ist kein physischer Ort und trotzdem ist sie physisch, doch nicht in eurem Sinn. Sie ist ein wundervoller Ort, so viel kann ich dir sagen, doch ich kann sie dir nicht beschreiben. Dafür gibt es keine Worte. Man kann diese Welt nur erfahren, jedoch nicht erklären.« Das war in etwa seine Antwort. Ich verstehe die Worte, doch darunter vorstellen kann ich mir nichts.

Auf die Frage ob Geistführer Freundschaften pflegen und was sie so machen, erhielt ich folgende Antwort: »Da wir alle eins sind, pflegen wir auch Freundschaften, doch nicht so, wie du dir das als Mensch vorstellst. Wir sind alle individuell und doch sind alle eine Einheit. Es findet ein ständiger Austausch statt, mit dem einen Aspekt der Einheit mehr und mit einem anderen weniger, und doch sind wir immer verbunden. Es gibt aber auch Aspekte (Geistführer), die mehr zusammenarbeiten, weil wir dieselbe Aufgabe haben, doch sind die anderen deswegen nicht unwichtig oder von uns getrennt. Wir haben Aufgaben, wir sind Experten auf gewissen Gebieten und entwickeln uns ständig weiter. Das ist es, was wir den ganzen Tag machen. Das ist allerdings auf sehr menschliche Art erklärt. Unser Leben kann man nicht mit menschlichem Leben vergleichen. Versuch dich auf dein Leben zu fokussieren, versteh das Leben und mach dir keine allzu großen Gedanken darüber, was wir tun und wie wir leben. Du wirst das alles erfahren, wenn du da bist. All dies kannst du nur erfassen, wenn du die Erfahrung machst. Doch dafür ist jetzt noch nicht die Zeit gekommen. Sobald du im Jenseits bist und den physischen Körper verlassen hast, wirst du das alles verstehen.« Mir fällt es schwer, die Antwort wirklich zu verstehen. Deswegen höre ich auf seinen Rat und warte, bis meine Zeit gekommen ist.

Nachwort und Danksagung

Nun sind wir am Ende des Buches angekommen. Ich hoffe, dass ich dir die Verbindung zu deinem Geistführer näherbringen konnte. Ich wollte in diesem Buch zum Thema »Geistführer« möglichst alle Aspekte abdecken. Einige Dinge werden dir bestimmt bekannt vorkommen, wenn du meine anderen Bücher schon gelesen hast oder meine Videos auf YouTube kennst. Auch wenn ich mich zum Teil wiederholt habe, war es mir wichtig, alle Erfahrungen, Techniken, Übungen, die ich in den letzten 25 Jahren kennengelernt habe, möglichst in einem Buch zu versammeln. Ich habe versucht, das Thema ganzheitlich darzustellen. Dennoch bin ich mir sicher, dass ich den einen oder anderen Aspekt nicht oder nur unzureichend beschrieben habe. Mit diesem Buch hast du alle notwendigen Werkzeuge in der Hand, um eigene Erfahrungen mit deinem Geistführer machen zu können und dir die Dinge, die ich nicht beschrieben habe, von deinem Geistführer erklären zu lassen. Jetzt liegt es an dir, wie diese Reise weitergeht: Ob das Buch in einem Regal zusammen mit der Verbindung zu deinem Geistführer verstaubt oder ob du beginnst, ihn in deinen Alltag zu integrieren und immer wieder einmal das Buch zur Hand nimmst, um dich inspirieren zu lassen. Mehr kann ich dir für heute nicht mit auf den Weg geben. Du hast deinen Hauptgeistführer an deiner Seite, der dir alles zeigen und erklären wird, was du in Zukunft brauchst. Ich hoffe, mir ist es gelungen, mit meinem Wissen und meiner Erfahrung diese Verbindung zwischen euch herzustellen. Lass dir einfach Zeit. Es ist eine Reise, die nicht von heute auf morgen geschieht. Setz einen Fuß vor den anderen, dann wirst du sicher an dein Ziel kommen.

Danke für dein Vertrauen, danke, dass ich dich begleiten durfte. Vielleicht sehen wir uns in der einen oder anderen Form wieder. Du findest mich auch auf Facebook, falls du dir weiterhin Inspirationen von mir wünschst, oder du kannst auf meiner Homepage meinen Newsletter abonnieren. Ich wünsche dir das Beste auf deinem Weg.

Mit diesem Buch erhältst du auch vier Meditationen als Geschenk, von mir selbst gesprochen. Diese kannst du dir gratis online anhören auf:
www.geistführer.info

Dank

Ich möchte an dieser Stelle den Menschen danken, die zu diesem Buch beigetragen und mich dabei unterstützt haben. Ohne Euch wäre das Buch in dieser Form nicht möglich gewesen. Als Erstes möchte ich Sabine Giger, meiner Verlegerin, danken. Seit 2006 darf ich mit dir zusammenarbeiten, keiner von uns hätte damals damit gerechnet, dass unsere Zusammenarbeit so wertvoll und erfolgreich wird. Danke für die tolle Zusammenarbeit, für die tiefe Freundschaft und dass ich mich immer wieder neu erfinden darf. Es ist schön zu wissen, einen Verlag an seiner Seite zu haben, der auch hinter einem steht, wenn einmal nicht alles rundläuft, dem es um den Menschen und nicht nur um den Autor geht. Ich fühle und weiß, es wird noch einiges Großartiges kommen. Danke von Herzen.

Danke meinem Lektor Josch Pöllath. Wir haben inzwischen schon einige Bücher zusammen gemacht, und es ist immer wieder eine Freude, mit dir zusammenzuarbeiten. Oft arbeitet der Lektor im Hintergrund beim Entstehen eines Buches. Ich kann mich einfach auf dich verlassen, auch wenn es Änderungen gibt, weiß ich, es ist immer in meinem Sinn. Danke auch für die wirklich unkomplizierte Zusammenarbeit, es macht einfach Spaß, und ich bin sehr dankbar.

Zum Schluss möchte ich Grazia danken. Sie ist es, die mein Leben mit mir teilt. Sie ist es, die die Geistführer genauso liebt wie ich. Danke für deine Liebe, die Inspiration, für all die schönen Momente. Worte können nicht beschreiben, wie sehr ich dich liebe. Du hast mein Herz in einer Art und Weise berührt, wie dies noch niemand vor dir geschafft hat. Ich hatte immer Zweifel, ob es Dualseelen gibt. Jetzt weiß ich es zu tausend Prozent: Es gibt sie, und wir waren schon immer und sind für immer vereint. Du bist eine wunderbare Heilerin. Durch dich konnte ich die Geistige Welt noch viel intensiver erfahren und konnte viel dazulernen. Danke dafür!

Über den Autor und Kontakt

Pascal Voggenhuber wurde 1980 in der Schweiz geboren und verbindet spirituelles Wissen mit einer humorvollen, bodenständigen Art. Er ist trotz seines jungen Alters eines der bekanntesten Psychic-Medien in Europa. Bekannt wurde er vor allem durch seine präzisen Jenseitskontakte zu Verstorbenen. Außerdem ist er ein beliebter Referent und Seminarleiter im In- und Ausland.

Seit 2007 hat er vierzehn Bücher veröffentlicht, die alle in den Top Ten der Schweizer-Sachbuch-Bestsellerliste platziert waren. Sein Buch Nachricht aus dem Jenseits 2.0 wurde sogar ein Spiegel-Bestseller. Seine Bücher wurden in mehrere Sprachen übersetzt.

2013 hatte Pascal Voggenhuber eine eigene TV- Sendung, die DAS MEDIUM – Nachricht aus dem Jenseits hieß und auf SAT1 in der Schweiz mit sehr guten Einschaltquoten lief.

2017 hatte Pascal Voggenhuber bei RTL eine dreiteilige TV-Sendung bei Punkt 12. Obwohl Pascal Voggenhuber schon immer Geistige Wesen und Verstorbene gesehen hat, hat er sich intensiv über mehrere Jahre in der Schweiz und in England zum Medium ausbilden lassen. Er sieht es als seine Berufung an, den Menschen die Geistige Welt nä-

herzubringen und vor allem zu zeigen, dass es ein Leben nach dem Tod gibt.

Pascal Voggenhuber ist der Begründer des Labels Enjoy this Life®, bei dem er den Menschen helfen möchte, wieder mehr Freude im Leben zu haben und selbst Schöpfer des eigenen Lebens zu werden. Vielleicht möchtest du Pascal Voggenhuber einmal persönlich kennenlernen und an einem Event teilnehmen. Er bietet Vorträge, Seminare, Online-Kurse, Ausbildungen und Workshops in Europa an.

Alle Informationen findest du hier:
www.pascal-voggenhuber.com

Informationen über seine Autorentätigkeit findest du auf seinem Blog:
www.autor-pascal-voggenhuber.com

Oder besuche ihn einfach auf Facebook oder YouTube.